会話分析の広がり

平本 毅・横森 大輔・増田 将伸・戸江 哲理・城 綾実 編
Takeshi Hiramoto, Daisuke Yokomori, Masanobu Masuda, Tetsuri Toe, Ayami Joh

Expanding Horizons
of
Conversation Analysis

ひつじ書房

はじめに

　本書の題名は『会話分析の広がり』である。会話分析 (Conversation Analysis) は 1960 年代に社会学者の Harvey Sacks と Emanuel Schegloff の手によって産声を上げた。そのとき周囲に集まった人の数は 10 に届くかどうかであったが、彼らは確かに 1 つの研究分野の土台を作り上げた。それからおよそ半世紀の時を経たいま、その土台の上に築かれたものは小さな山の輪郭をとりつつあり、小山の裾野は「広がり」続けている。会話分析者の会合のうち世界最大の規模を誇る国際会話分析会議 (International Conference on Conversation Analysis) の第 5 回大会は 2018 年 7 月——この文章の執筆時点からだいたい半年後——に開催されるが、そこで報告される口頭発表の件数は 600 弱に達したらしい。会話分析は世界の様々な地域に普及し、人材の頭数は増え、知見は蓄積され、多様なデータが使われるようになり、扱うトピックも多岐にわたるものになった。社会学の枠を軽く飛び越え、言語学、人類学、認知科学等々様々な分野に波及した現在の会話分析の広がりの様相を、漏らさず説明し尽くすことは難しいだろう。だが現時点で手元にある網をとりあえず投げ、どれだけその広がりを掬い取ることができるか、その手応えを得ることに意義を求めてみたい。

　本書は会話分析の広がりを捉えるために書かれた論考を集めた、おそらく本邦初の成果物である。近年、日本国内で会話分析の入門書が相次いで刊行され（高木・細田・森田 2016, 串田・平本・林 2017）、基礎的な学習環境が整いつつある。本書の出版はその基盤から小さな、しかし確かな一歩を踏み出すために企画された。それゆえ本書の内容には入門の範疇を超える情報が含まれる。会話分析が言語学やコミュニケーション論などの諸分野で議論されてきたこととどうかかわっていくか、また会話分析が扱うトピックがどんな多様性をもつかが、それぞれの分野とトピックを専門とする研究者たちに

より論じられる。とはいえあくまでそうした「広がり」を平易に説明する形式で筆を進めるので、論述が専門的すぎて読みにくいということはないだろう。加えて、実際のデータからの例示をなるべく多く盛り込むよう心がけた。

　各章が1つずつ専門的なトピックを扱う。第2章で連鎖組織、第3章で相互行為言語学、第4章でマルチモダリティ、第5章でフィールドワーク、第6章で行為の構成、第7章で認識的テリトリー、第8章で多言語比較について論じる。ただし例外的に最初の第1章は会話分析の広がりを全般的に紹介し、第2章以降の展開につなげるガイドの役割を担っている。また最後の第9章は今後会話分析がどの方向に向かっていくか、行き先を見通すための手がかりを得ようとする野心的な内容になっている。そのようなわけで本書に含まれる情報量は多い。会話分析の基本的な考え方を確認する、分析の進め方を知る、入門書がカバーしていない情報を得る等々の、様々な使い方ができよう。会話分析に興味をもつあらゆる人びとが、本書の想定読者層である。

　本書の編者5名は、関西の地でともに会話分析の訓練を受けたメンバーである。なかでも本書第6章執筆者の串田秀也氏が大阪教育大学で開く授業、月に一度開催される会話分析研究会、国内外の熟練の研究者に教えを受けることができるセミナーなどがわれわれにとって中心的な学びの場となった。授業が開かれる大阪教育大学柏原キャンパスは大阪と奈良の県境、生駒山系の山中に位置し、まるで本当の修行のようだ、などと思いながらわれわれは山に登り、分析の仕方の訓練を受けた。本書第8章執筆者の林誠氏は度々関西を訪れ研究会やセミナーで指導してくださり、本書第7章執筆者の早野薫氏からは研究会や学会などの機会に多くのことを吸収させていただいた。そんななか、2012年9月の社会言語科学会（第30回研究大会）で「会話分析のスペクトラム―その広がりと可能性―」と題したワークショップを開催する機会を得た。当時まだわれわれは駆け出しに毛が生えたような身だったが、そろそろ人に教えてもらうだけでなく自分たちでも何か貢献しなければならない、と思い立ち、敢えて手に余りそうな仕事に挑んだのだった。このワークショップが本書の企画の母体である。当日の運営は拙かっただろうが、指

定討論者をお願いした西阪仰氏（本書第9章執筆者）のご助力もあって編者陣は多くを学び、またありがたいことに参加者の方々から多数のフィードバックを頂くことができた。そのうちいくつかにはワークショップ報告論文（平本ほか2014）で答えたが、向き合うべき問いと明らかにすべき事柄はまだ無数にある。本書が少しでもそれらに答えるものになっていれば望外の喜びである。

　本書の執筆の過程では多くの方々から援助や助言を得た。木村英莉子さん、陳力さん、呉青青さん、大石真澄さんには文献リストの整備など、編集作業の一部を補助していただいた。また本書の一部は、関西EMCA互助会でその内容を議論していただいた。何より、ひつじ書房の松本功社長は、上述のワークショップ報告論文を載せた『社会言語科学』が刊行されて数日も経たないうちに（！）「これを1冊の本にしませんか」と提案してくださった。本書を出版までこぎつけることができたのは、遅筆で経験も浅い編者陣を辛抱強くサポートしてくださったひつじ書房の方々、とくに編集担当の海老澤絵莉さんの尽力あってこそである。末筆ながら、本書の内容についての責任は各章の筆者が負うことを申し添えておく。

編者一同

引用文献

平本毅・城綾実・戸江哲理・増田将伸・横森大輔・西阪仰 (2014)「第30回研究大会ワークショップ：会話分析のスペクトラム―その広がりと可能性」『社会言語科学』17(1): pp.134–141. 社会言語科学会

串田秀也・平本毅・林誠 (2017)『会話分析入門』勁草書房

高木智世・細田由利・森田笑 (2016)『会話分析の基礎』ひつじ書房

目　次

はじめに　　　　　　　　　　　　　　　　　　　　　　　　　　　　　iii

トランスクリプトについて　　　　　　　　　　　　　　　　　　　　　x

第1章　会話分析の広がり　　　　　　　　　　　　　　平本 毅　1

1.　はじめに　　　　　　　　　　　　　　　　　　　　　　　　　　1

2.　会話分析の基本方針　　　　　　　　　　　　　　　　　　　　　2

3.　会話分析の「わかりやすさ」：言語学への展開を例に　　　　　　12

4.　会話分析の歴史的展開とその広がり　　　　　　　　　　　　　　15

5.　会話分析の現代的展開　　　　　　　　　　　　　　　　　　　　20

6.　おわりに　　　　　　　　　　　　　　　　　　　　　　　　　　26

第2章　連鎖組織をめぐる理論的動向　　　　　　　増田 将伸　35

1.　はじめに　　　　　　　　　　　　　　　　　　　　　　　　　　35

2.　連鎖組織概説　　　　　　　　　　　　　　　　　　　　　　　　36

3.　応答を働きかける仕組みの検討　　　　　　　　　　　　　　　　40

4.　連鎖組織の基本単位をめぐる議論：3つの発言順番の組について　45

5.　おわりに　　　　　　　　　　　　　　　　　　　　　　　　　　57

第3章　会話分析から言語研究への広がり
——相互行為言語学の展開　　　　　　　　横森 大輔　63

1.　はじめに　　　　　　　　　　　　　　　　　　　　　　　　　　63

2.　会話分析と言語学の邂逅　　　　　　　　　　　　　　　　　　　63

3.　相互行為言語学における3つの視点　　　　　　　　　　　　　　67

4.　相互行為言語学的アプローチの実践例　　　　　　　　　　　　　75

5.　おわりに　　　　　　　　　　　　　　　　　　　　　　　　　　89

第4章　相互行為における身体・物質・環境　　　　城 綾実　97

1. はじめに　　　　　　　　　　　　　　　　　　　　　　　97
2. マルチモダリティ研究の背景　　　　　　　　　　　　　98
3. トピックごとの歴史と広がり　　　　　　　　　　　　103
4. 相互行為資源の複合的なはたらき：観光場面を例に　107
5. おわりに　　　　　　　　　　　　　　　　　　　　　　120

第5章　会話分析とフィールドワーク
──やりとりのしくみの解明と社会的世界の解明
　　　　　　　　　　　　　　　　　　　　　　戸江 哲理　127

1. 会話分析とフィールドワークを連絡する2つのルート　127
2. 社会的世界とエスノグラフィ　　　　　　　　　　　　129
3. 会話分析とエスノグラフィの関係の整理　　　　　　131
4. 会話分析にエスノグラフィックな情報を使う　　　　135
5. 会話分析で社会的世界を解明する　　　　　　　　　143
6. フィールドワークと社会的世界らしいやりとり　　　145
7. 社会的世界への新たな気づきを可能にするもの　　151
8. どんなふうに連絡されていたのか　　　　　　　　　156

第6章　発話デザイン選択と行為の構成
──精神科診療における処置決定連鎖の開始　　串田 秀也　163

1. はじめに　　　　　　　　　　　　　　　　　　　　　163
2. 行為の構成と発話デザイン　　　　　　　　　　　　165
3. 精神科医が処置決定連鎖を開始する発話のデザイン　169
4. 結論　　　　　　　　　　　　　　　　　　　　　　　184

第7章　認識的テリトリー
　　　　——知識・経験の区分と会話の組織　　　　早野 薫　193

1. はじめに　　　　　　　　　　　　　　　　　　　　　　193
2. 経験・知識の区分と発話の組み立て　　　　　　　　　　195
3. 経験・知識の主張と交渉　　　　　　　　　　　　　　　203
4. 行為の組み立てと認識性　　　　　　　　　　　　　　　207
5. 認識性と応答の確保　　　　　　　　　　　　　　　　　209
6. 認識的主張とその「正当化」：
　　ハンド・マッサージ場面からの事例の分析　　　　　　212
7. おわりに　　　　　　　　　　　　　　　　　　　　　　219

第8章　会話分析と多言語比較　　　　　　　　　　林 誠　225

1. はじめに　　　　　　　　　　　　　　　　　　　　　　225
2. 会話分析と言語構造　　　　　　　　　　　　　　　　　225
3. 英語以外の言語の会話分析から多言語比較研究へ　　　　228
4. 「付随効果」と多言語比較研究の展開　　　　　　　　　231
5. ディスカッション　　　　　　　　　　　　　　　　　　243
6. おわりに　　　　　　　　　　　　　　　　　　　　　　246

第9章　会話分析はどこへ向かうのか　　　　　西阪 仰　253

1. 3つの主題　　　　　　　　　　　　　　　　　　　　　253
2. 成員カテゴリー化装置　　　　　　　　　　　　　　　　254
3. 適合配列・優先関係・共感　　　　　　　　　　　　　　260
4. 相互行為における触覚と感覚　　　　　　　　　　　　　267
5. 「身体性」を取り戻すこと　　　　　　　　　　　　　　274

　索引　　　　　　　　　　　　　　　　　　　　　　　　281
　執筆者紹介　　　　　　　　　　　　　　　　　　　　　285

x

トランスクリプトについて

　本書各章における会話断片の転記(トランスクリプト)に用いられている記号・記法は以下の通り。

凡例	意味
うん.(.)はい.	0.2 秒未満のわずかな無音区間がある箇所は (.) と記す。
うん.(0.2)はい.	0.2 秒以上の無音区間は、秒数を小数点第 1 位まで記す。
うん.=はい.	ある語句と次の語句が隙間なく続いている場合、その間に = を記す。
A: うん.= B: =はい.	ある発話と次の発話が隙間なく続いている場合、先行発話の末尾と後続発話の冒頭に = を記す。
A: う[ん] B: 　[は]い	複数の話者の声が重なった場合、[ ] でその区間を示す。なお、データの性格や分析の目的に応じて、重なりの終了位置は示さない場合もある。
.h	吸気音（「引き笑い」の音声も含む）。長く続く場合は、その長さに応じて h を増やす。また、音が大きい場合は大文字の H を用いる。
h	呼気音（笑い声も含む）。長く続く場合は、その長さに応じて h を増やす。また、音が大きい場合は大文字の H を用いる。
tch	非語彙的な音声はローマ字で表記する。例えば、tch は舌打ちのような音が鳴ったことを示す。
は(h)い	言語音が、笑い声など呼気音まじりで産出されている場合、その音を表す文字の直後に (h) と記す。
¥はい¥	笑い声は起きていないが、笑いの表情を伴ったような声色の場合、その区間を¥で囲む。
<u>はい</u>	強い音や大きい音は、その区間に下線を施す。
↑は↓い	音の高さに有標な上下がある場合、その直前に矢印を記す。
°はい°	小さい音は、その区間を°で囲む。

#はい#	かすれている音は、その区間を # で囲む。
(はい)	音声がはっきり聞き取れない区間は、聞き取りの候補を（ ）で囲む。
（　）い	音声がまったく聞き取れない区間は、空白を（ ）で囲む。
<はい>	周囲の語句より、相対的にゆっくりと産出されている区間は<>で囲む。
>はい<	周囲の語句より、相対的に早口で産出されている区間は >< で囲む。
<はい	発話が急いで開始されている場合、その発話の冒頭に < と記す。
はい.	下降音調を示す。書き言葉と異なり、統語的・意味的な切れ目や、行為の種類（疑問か断定かなど）とは独立である（以下も同様）。
はい_	平板な音調を示す。
はい?	上昇する音調を示す。
はいど	やや上昇する音調を示す。
はい,	後に言葉が続きそうな音調を示す。
は−	産出しかけた言葉を途中で切ったことを示す。
'い	語頭などで特定の音がほとんど聞こえない（発音が省略されている）ことを示す。
はい:	音が引き伸ばされていることを示す。長く続く場合は、その長さに応じて : を増やす。
((Aに視線))	会話断片の背景情報、非音声的行動、各種の記号で表現できない音声上の特徴など、補足情報は二重括弧で記す。
→ ⇒	その断片の分析において特に注目する行を示す。

・非音声的な要素（視線や身体動作など）は、発話に関する補足情報として、当該行内で二重括弧に括って記される場合もあるが、分析の焦点となる場合などは独立した行に記されることもある。その場合の記法については、その都度与えられる説明を参照のこと。
・先行研究や公開されているコーパスから引用された会話断片の場合、冒頭に出典が記されている。なお、日本語以外の言語の会話断片に添えられた日本語訳は、断りがない限りその章の筆者によるものである。

第1章 会話分析の広がり

平本 毅

1. はじめに

　この本は会話分析（Conversation Analysis）と呼ばれる領域の、近年の展開を概観する論文を集めたものである。

　この仕事が求められる背景には多様化を極める領域の現状がある。会話分析は1960年代に、社会学のエスノメソドロジー（Garfinkel 1967）を基盤として、Harvey Sacks と Emanuel Schegloff らの手によって創始された。会話分析とエスノメソドロジーの関係については諸説あろうが（Livingston (1987), Lynch (1993=2012), Pollner (1991)など）、さしあたりここではエスノメソドロジー研究のうち相互行為の中でのトーク（talk-in-interaction：相互行為を構成する発話など）の素材を扱うものを会話分析と考えておこう。会話分析の創始からほぼ半世紀の時が流れ、2013年にこの領域をリードする研究者たちによって会話分析のハンドブックが刊行されたが、これは800頁を超す文字通りの「大著」となった（Sidnell and Stivers 2013a）。この分厚さは経験的な分析の枠組みを備えた学としての会話分析の知見の蓄積を実感させるものである。そしてそれらの知見は社会学のみならず様々な分野で提出されている。ハンドブックの第5章では「諸分野に跨がる会話分析」と題し、会話分析と社会学、コミュニケーション論、人類学、心理学、言語学それぞれの関係が論じられている。これ以外にも教育学、情報学、情報工学、組織論といったさまざまな分野の人びとを、会話分析関連の研究会や学会[1]に参加すると目にすることになる。ようするに会話分析は極めて多岐に渡る分野と接点をもつ研究領域である。こうした他分野との接点の多さは、イノベー

ションであれ摩擦であれ、交流による効果を様々にもたらす。社会学の一領域として出発した会話分析はその出発地点から拡散し、その先々で良くも悪くも変貌を遂げつつある。その普及と変貌は、調査を行うフィールド、扱うトピック、方法論などに「広がり」をもたらす。

第1章ではこの広がりの様子を簡単に概説し、各章での詳説への接ぎ木とする。同時に、会話分析の基本的な考え方[2]を確認しながら、なぜそのような拡散と変貌が生じたかを考察したい。そこで論じたいことは、「会話分析」という名のわかりやすさとその中身の共鳴しやすさが――じつはそのどちらも表面的なものでしかないのだが――この枠組の普及と発展に寄与したいっぽうで、変貌の一因にもなっているということである。

まずは本書を読み進める指針にするために、会話分析の基本方針を、その目的（2.1節）と使用するデータおよびその扱い方（2.2節）の面から簡単に確認しておき、分析の一例を示す（2.3節）のがよいだろう。

2. 会話分析の基本方針

2.1. 会話分析の目的

会話分析の目的を端的にいえば、人が日常生活の中で従事する多種多様な実践的諸活動――会話、会議、診察、面接、ゲーム、授業、接客等々――を構成する出来事や人びとの振る舞いが、いかにしてその場で常識的に合理的な理解可能性を備えるものとして成立しているか、この秩序を産出するための社会成員の「方法」（Garfinkel 1967）を、発話をはじめとする相互行為中の振る舞いの観察を通じて明らかにすることにある。人が行っていることの意味や、生じた出来事の意味が、その場の実際的な都合に鑑みて問題ない程度に（＝常識的に合理的に）互いにわかっているからこそ、会話は会話として、授業は授業として、会議は会議として、診察は診察として、社会生活の多様な有り様は、それぞれの形をとって成立する。またそれらの場面で生じる社交や互助、支配、逸脱[3]等々の人の間の社会関係も、社会成員の理解のうちに成立する。そしてその理解可能性は、場当たり的に適当に作り出される

のではなく、それぞれの形に即して、特定の仕方で、方法的に産出されている。別の言い方をすれば会話分析は、社会に社会としての形を与えるための、社会成員の能力に照準する研究プログラムである。

　人間が行う行為の観点から言い換えれば、社会成員にとってそのようなものとして公的に——その社会で暮らす能力をもつ者なら誰でもアクセスできるように——認識可能（recognizable）（Sacks 1972）な形で産出された行為の組み立て方を調べることが、会話分析のもっとも重要な課題のひとつである。実践的諸活動が、社会学者が調べる前にすでに日常生活者の側で秩序立ったものとして成立しているなら、それら諸活動を構成するひとつひとつの手は、その場の人びとにとって、公的な認識可能性を有したものでなければならないはずだ。

　たとえば「物語」について考えてみよう。日常生活者はしばしば、昨日こんなことがあって、こうなってというふうに、会話の中で物語を語る。物語の特徴は、それがふつう、一言、二言話すより長く語り続けることによりなされるということである（Sacks 1992b: 222）。このとき、その場の人びとにとって、まさにいま物語が語られていると認識可能な形で発話が産出されていれば、聞き手はそれを最後まで聞くように動機づけられる。そうでなければおそらく物語は語られないし、聞き手が物語に応じた反応を返すこともないだろう。それゆえ会話分析者が行うことは、たんに出来事が時系列順に並べて語られているという事実をもってある行為を「物語を語ること」と記述するのではなく、人びとにとって認識可能な物語の産出の方法を調べることである（cf. Sacks 1992b: 222–223）。

　そのような方法の候補のひとつとして「昨日面白いことがあったんだけど」のような「前置き」（Sacks 1974）を挙げてみよう。この前置きは、続けて語られることがある程度の長さと「オチ（面白いこと）」を備えた、「昨日」の出来事であることを聞き手に予測可能にする。これに聞き手が「なになに？」と興味津々に応じることも、逆に「今忙しいから長い話は後にして」と断ることも、話し手が語ろうとしているものが物語になることを理解した反応である。語られた出来事が事実として時系列順に並んでいるかどうかで

はなく、その場の人びとにとっての物語としての理解可能性の方に照準すること。このことを強調しておきたい。会話分析が調べる「方法」が産み出す秩序は、事実として表れたことのパターンとしての秩序ではなく、それらがどう理解されるべきかという規範[4]の水準での秩序である。

　このような「方法」を見つけ出していくにあたって、既存の社会学・言語学・心理学等々の学問で発見されてきた人間の行為を説明するためのモデルや概念は基本的に採用できない。というのも、そうしたモデルや概念の多くは現実の社会秩序を科学的に合理的な検証に耐えうるものに抽象化する過程で使われるものだからである。それらは、日常生活者がそのような概念の下に自分たちの行いを理解しているかどうかとはかかわりなく、またそれを表象する言葉の意味を厳密に定義することを通じて、分析に使われる。他方会話分析者は、物事の常識的に合理的な秩序を、日常生活者が理解している通りに記述していこうとする。言い換えれば会話分析は、研究者側の手続き（理論構築、一定の分析手法の採用、概念やモデルによる人間行為の抽象化 etc.）を使って現象に秩序を与えるのではなく、現象の側に備わっている秩序をそのまま（＝直接）観察しようとする学問である。だから、なんであれ研究者の側で作ったモデルや概念を用いた人間行為の説明は、それが演繹的な仕方で導き出されたものか帰納的な仕方で導き出されたかにかかわらず、少なくともそのままの形では会話分析研究には採用されない。もちろん、こうしたモデルや概念を用いた人間行為の説明が間違っていると言いたいわけではないし、そうした分析の結果得られた知見を否定するものでもない。会話分析（エスノメソドロジー）研究とそれ以外の立場──後者を Garfinkel and Sacks (1970) は「構築的（形式的）分析 (constructive analysis)」と呼んでいる──は、Garfinkel の言葉を借りれば、「同じ基準で計れない (incommensurable)」ものである (Garfinkel 1991)。

　同じ基準で計れないものではあるけれど、前者は後者を参照できないわけではない。たとえば、既存の構築的分析において「集団」「組織」「階層」「支配」等々の概念で表現されていた社会の有り様を表す事柄は、日常生活の実践的諸活動の中では人びとによってどのように理解され、区別され、参

照されているのか。構築的分析において人間行為の秩序性を説明する枠組みとして記述（＝特定化）されたモデルや概念を、社会成員の理解に差し戻し、日常生活の諸活動に埋め込まれたものとして記述し直していく作業のことをGarfinkel は「再特定化（respecification）」と呼んでいる（Garfinkel 1991）。この再特定化作業を通じて、会話分析者は他領域の科学的知見から多くを学ぶことができるし、それらの領域に貢献していくこともできるはずだ。

2.2. データとその扱い方

　会話分析者は常に、「自然に生起した（naturally-occurring）」具体的な相互行為の素材を使う。この素材こそが、唯一、具体的な社会的状況に遭遇した日常生活者の振る舞いを正確に映し出すものだからである。自然に生起したという修飾が意味しているのは、収録がなくても生起し得た出来事であるということである。たとえば日常会話や会社の会議は、データ収録のために人を集めたとしても、それがなくとも自然に生じる事柄である。自然に生起した出来事を収録することによって、会話分析はありのままの日常生活を分析対象にするという指針に沿おうとしている。

　このことから帰結することのひとつは、会話分析の扱うデータが、自然に生起した相互行為（これを「社会生活」と呼んでも差し支えないだろう）自体なのであって、それを書き起こしたもの（トランスクリプト）がデータではないということである。会話分析を行うに際しては録音・録画素材を独自のシステム（Jefferson 2004）を使って書き起こす。その際に、とくに録画素材の場合、何を書き起こすかは選択的なものにならざるをえない。視線や姿勢の変化、指一本の微妙な動きに至るまで、書き起こしに含まれうるものは無数に存在し、それら全てを書き起こすわけにはいかないからである。実際の書き起こしの過程では、相互行為の進行にとって、あるいは検討しようとしている「方法」の種類に鑑みて関連があるもの（＝当該の相互行為の参与者が、自分たちが行っていることに関連しているとみなしているもの）が選ばれる。この作業により作成されたトランスクリプトは、分析を行う際に参照する道具、あるいは研究報告を行う際に分析を提示する道具であって、デー

タそのものではない。

　会話分析では書き起こし資料に加えてエスノグラフィックな資料（調査対象についての事実関係を表す、文書や口述の資料）も分析に利用する。その場で何が起きているか調査者にまったくわからなければ、分析のしようもないからである。ある実践的活動を秩序立ったものとして成立させるための固有の方法を同定し、記述する作業は、その場面の秩序性をみてとることができる成員としての能力を要する。この要請のことを、Garfinkel と Wieder は「固有の適合性（unique adequacy）の要請」と呼んでいる（Garfinkel and Wieder 1992）。エスノグラフィックな資料は、この要請を満たすための資料として使われうる。ただし、すでに述べたように、会話分析はその場で生じたことが事実として何であったかを調べるものではない。だから、たとえばある会話の場でＡさんが咳き込んだ理由が、先日引いた風邪が治りきっていなかったためである等々の事実（と、それに基づいた因果関係）を同定するためにエスノグラフィックな資料を使うのではない。会話分析研究におけるエスノグラフィックな資料の使用については、第 5 章でより詳しく論じる。

　会話分析の分析結果の発表には時折、その解釈が正しいかどうか、被調査者に聞いてみてはどうかという助言が寄せられることがある。しかし、行為や出来事の公的な理解可能性を産出する仕組みを調べるにあたって、当人の証言は必要だろうか。その当人の証言は、分析対象とした相互行為とは別の、調査者による聞き取りという相互行為の中で、その相互行為を構成する手（たとえば「正当化」「辻褄合わせ」）としてもたらされたものである。しかも、そうして得られた証言に、行為や出来事の公的理解可能性を記述するにあたって優先的な地位を与える理由はない。

　たとえば駅のホームで、行列に割り込んで電車に乗り込もうとした客に対して、後ろに並んでいた別の客が「割り込むなよ！」と声を荒げたとする。これに対し割り込もうとした客が「すみません」と謝って引き下がる。この、声を荒げた客の行為を「文句を言っている」あるいは「注意している」と記述した際に、その分析結果をみた当人が、まったく文句など言っていない、注意もしていないと反論したらどうだろうか。本当のところは割り込ん

だ人に否定的な感情などいっさい抱いていないけれど、たまたましていた発声練習の台詞が「割り込むなよ！」だっただけだ、だから「文句を言っている」「注意している」という分析は間違っている、と。だが、明らかにこの言い分のほうが、そのふるまいを常識的にどう理解できるかという分析を行ううえでは疑わしい。

　もちろんこれは分析者の独断や主観で分析を行ってよいと言っているわけではない。行為の公的な理解可能性の記述は常に誤りうるし、会話分析のデータセッション（複数人の研究者がデータを持ち寄って観察し合う集い）に参加してみればいやになるほどわかるように、分析者間で記述が一致しないことなど日常茶飯事である。だがこれはあくまで、その行為自体がもつ曖昧さの問題[5]、あるいは分析の不十分さの問題であって、分析者による発話者や動作主の意図の解釈が前提になっているからではない。われわれは日常生活者として、電車の行列に割り込むことや、それに文句を言うこと、注意すること、謝ること等々の秩序性を、実際上十分にみてとることができる。その理解可能性を常識的に記述できればそれで十分であって、その際に意図の解釈など、ふつうは行っていないはずだ。あらゆる人の行いの意味をいちいち解釈しなければわからないようなものとして捉えることは、日常生活者の態度から外れた懐疑的な見方によるものである。

2.3.　分析の一例

　ここまで述べてきた方針と方法から導き出される会話分析の作業は、録音・録画機器を使って収録した具体的な相互行為の素材（典型的には会話）を観察に用い、外部から分析概念を持ち込むことなく、相互行為の参与者自身がその状況をどう理解しうるか／しているかを、細部まで丹念に調べ上げるというものである。繰り返し述べてきているように、この作業と対比されるのは、人の行いの実際に対し、研究者側が作った概念やモデルを当てはめることによって解釈を与え、その合理性を説明（explain）しようとするような研究の行い方である。

　たとえば、会話データの中である人が「自転車」と「チャリ」というふた

つの名詞を使い分けていることが観察されたので、その理由を説明しようとするケースを考えよう。すでに言葉表現の使い分けにかんする（社会）言語学的な研究の結果、場の性質がフォーマルなものかどうか、話し相手が身内かどうか、話者の感情が込められているかどうか等々、さまざまな説明の仕方があることがわかっている。研究者側の専門的概念を当てはめる研究の場合、それらの説明のうちどれが正しいか、データとつき合わせて合理的な解釈を与えようとするだろう。次の断片では 01 行目で「自転車」と表現していたカシマが、10 行目のナカヤマの「チャリで?」という問いかけに反応して、11 行目で「チャリ」と言い換えている。

（1）[Bicycle]

```
01  カシマ    :  ↑自転車で台湾まで行けへ(h)ん(h)huhu
                  ((8行分省略))
10  ナカヤマ  :  チャリで?=
11  カシマ    : → =京都から,チャリで,(.)°行かはった°
```

　この言い換えの理由を、たとえばスピーチアコモデーション（speech accommodation）という専門的概念により説明できるかもしれない。ナカヤマはカシマの友人なので、彼女との心理的な近さを示すために同じ表現（「チャリ」）を用いた、というわけである。この説明が当たっているかどうかはわからない。複数人で解釈を行なってその一致度を測ったり、この説明がどれだけ日本語話者の感覚として正しいかを論じたり、フォローアップインタビューでカシマに言い換えの意図を聞いたり、どれだけこの種の言い換えが頻繁に起きるかを数えたり、その頻度の分布が他の種の言い換えが生じる頻度の分布と比べてどれだけ偏っているかを調べたりといった専門的な手続きが、説明の正しさを保証するために施されるだろう。こうした専門的概念と分析手法の適用によって、この会話は一定の秩序（＝合理性）を備える（スピーチアコモデーションが生じている）ものとして見ることができるようになる。これが 2.1 節で「研究者側の手続きを使って現象に秩序を与える」と

表現した研究の進め方である。

　他方で会話分析者はこうした説明の仕方をしないだろう。というのも上記の説明は、現象の側に元々備わっていた秩序をそのまま観察した結果導き出されたものではないからである。現象の側に備わる秩序とは、互いになぜ、いまそれをするのか訳がわかる（accountable）仕方で人びとがふるまうことを通じて——たとえば相手に認識可能な「物語」を語り、それに適切に反応することを通じて——参与者自身が作り上げるものである。言い換えれば、そもそも人の行いの理由を説明（account）することは、訳がわかる仕方でふるまうことを通じて、相互行為の参与者自身が互いに行っていることなのである。この、相互行為の参与者自身が行なっている説明のありようを記述するには、データの中で生じている具体的な事柄の細部にこだわり、あくまでデータの内部にとどまったままで記述を行わなければならない。たとえば以下のような具合である。断片をもう少し詳しくみると、知り合い（台湾出身と推察される）が京都から「ヨネダさん」（03行目）の実家がある「熊本」（06行目）まで「自転車」（01行目）で行ったことがカシマ（とタカダ）の口から語られていた。カシマによる「自転車」から「チャリ」（11行目）への言い換えはその途中で、ナカヤマの「チャリで?」（10行目）という問いかけに反応して行われたものだった。

（2）[Bicycle]
```
01  カシマ    ：↑自転車で台湾まで行けへ(h)ん(h)hu [hu
02  サコン    ：                              [ahuhh
03  タカダ    ：>ちゃうちゃうちゃう<ヨネダさんの実家にってこ [と
04  カシマ    ：                                [ヨネダ=
05  サコン    ：= [うん　うん
06  カシマ    ：  [さん　の-(.)熊も [と　 ](.)と [こま]で,
07  ナカヤマ  ：              [えっ ]
08  タカダ    ：                          [ほら]
09               (.)
10  ナカヤマ  ：チャリで?=
```

11　カシマ　　：＝京都から,チャリで,(.)°行か[は]った°
12　ナカヤマ　：　　　　　　　　　　　　　[え]
13　ナカヤマ　：え:::↑::

　こうしてデータを詳しく見てみると、先ほどとは少し違う事情が見えて
くる。まずおさえるべきことは、10行目の「チャリで?」という質問がカシ
マの発話の途中でなされているということである。カシマはこの前に「ヨ
ネダさんの熊本とこまで」(04, 06行目)と言っていたが、その末尾は継続調
の音調(,)を伴っており、まだこの発話は完結していない。ここでもしカシ
マがナカヤマの「チャリで?」に「そう」などと答えたなら、彼女の発話が
いったん途切れてしまうことになる。つまりカシマは、自分の発話の続きの
中にナカヤマの発話への応答を、相手に明確にわかるように埋め込む(「自
転車」を「チャリ」という表現に言い換える)ことによって、ナカヤマの質
問に答えると同時に自分の発話の続きを話しているのである。カシマの話
に「え:::↑::」(13行目)と驚いて反応しているのがナカヤマであることに注
意しよう。こうすることにより、ナカヤマもまたカシマが自分の発話の継続
にこだわったことをわかっていることを示し、同時にカシマの発話の中に自
分の問いへの応答が埋め込まれていたことを理解していることをも示してい
る。
　カシマが自分の発話の続きを話すこととナカヤマの質問に答えることのふ
たつの問題に直面していることは、データに内在的な、この場の人びとに
とっての具体的な問題である。「自転車」から「チャリ」への言い換えは、
この問題への対処としてなされていた。このように、相互行為の特定の時点
でなぜあることを行うのか(「自転車」を「チャリ」に言い換えるか)を説明
すること(正確には「ナカヤマの質問に答えると同時に自分の発話の続きを
話すために行なっている」ことが相手にわかるようにふるまうこと)は、そ
もそも相互行為の参与者にとっての実際的な問題なのである。これを通じ
て、カシマが知り合いの行いについて語り、他の者がそれを聞くという活動
が秩序立ったものとして成立する。言い換えれば互いにとって訳がわかるよ
うにふるまうことは、同時にその活動や場面が何として成立するか、このこ

とと分かち難く結びついている。これはたとえば、教壇に立って話すことが教師として自然にふるまう手段であると同時に、授業という活動や教室という場面を成立させる手段にもなっていることと重なる。この、互いに訳がわかるように（＝説明可能なように）ふるまうことと、それが場面や活動の一部となっていることとの分かち難い関係のことを、エスノメソドロジーでは相互反映性（reflexivity）（Garfinkel 1967）という。研究者側の専門的概念を当てはめていく分析の進め方では、その説明が当該場面における参与者相互の説明とは無関係であるがゆえに、日常的諸活動がそれを構成する個別のふるまいと相互反映的な仕方で秩序立ったものになる、そのあり方を細かに記述するところまで辿り着かない。だから会話分析者は、研究者の解釈によってそれを説明するのではなく、あくまでデータの細部に根拠を求めながら、相互行為の参与者自身が互いの行いに与える説明を記述していく。

　以上の会話分析の方針を一言で示すなら、分析に際して参与者の「志向（指向）」を示すことに拘ること、と表現することができよう。本書では参与者の志向という表現を何度か使うが、これは人びとが具体的な状況の下で、自分たち自身にとっての相互行為上の課題に向き合い、互いに訳がわかる仕方でふるまおうとする、その合理性を捉える表現である。決してそれは、ある人個人の内面の意図や気持ちを意味するわけではない。先の断片における「自転車」から「チャリ」への言い換えをスピーチアコモデーションの概念で説明することは、その場の参与者の志向に基づかない説明であるという意味で会話分析的な記述ではない。しかしだからといって、会話分析研究においてスピーチアコモデーション概念が意味をなさないわけではない。話し手が相手との心理的近接性を示すために言語表現を近づけることは実際にあることだろうし、それが参与者にとっての具体的な相互行為上の関心事になることもあるだろう。スピーチアコモデーションという専門的概念はこのことを示唆し、具体的な相互行為の展開の中で、参与者の志向に基づく仕方で、心理的近接性を示すために言語表現を近づける行いがどうなされているかを調べるための手がかりを与えてくれる。これは 2.1 節で「再特定化」（Garfinkel 1991）と呼んだものの一種である。

3. 会話分析の「わかりやすさ」：言語学への展開を例に

　具体的な相互行為の素材を使い、参与者自身がその状況をどう理解しうるか／しているかを、細部まで丹念に調べ上げるという会話分析の作業過程は、けっしてわかりにくいものではない[6]。それどころか、これは議論の位置取り（先行研究との関連を述べる、新規性を主張する etc.）を行うという研究活動の中で、むしろわかりやすい手として利用可能な要素を含んでいる。もう少し平易にいえば、研究者にとって会話分析は、ある分野の（会話分析以外の）既存研究と自らを差異化したい際に、「作例ではなく実際の会話例を用いる」「会話の細部を詳細に検討する」等の、明確な主張を行いやすい特徴をもっている。この節で主張したいことは、この「わかりやすさ」が、会話分析の普及と変貌の双方に寄与しているということである。その例のひとつとして、ここでは言語学領域への近年の会話分析の展開を取り上げたい。なお、言語学と会話分析の関わりについてより詳細な議論は第3章で行う。

　この本の読者には言語に興味をもつ者も多いだろう。会話分析は、その名から想像できるように、言語の研究にいくぶんかの貢献を果たしてきた。たとえば1974年に発表された初期の記念碑的論文「会話のための順番交替の組織」（Sacks, Schegloff, and Jefferson 1974=2010）は、米国言語学会の *Language* 誌に載った論考のなかでもっとも多く引用されているものとして知られる。

　言語学に舞台を移したとき、分析の結果得られる知見は、1節で述べた会話分析の目的と適合的なものになるだろうか。言語学の研究対象は当然のことながら言語の仕組みにあるが、会話分析者は言語自体には特別な興味をもたない（Sacks 1992a: 622）。日常生活の自然な成り立ちを調べる際に、電話会話は収録しやすく、繰り返し検討しやすいものであった。このために発話交換が中心的に取り上げられてきただけであって、会話分析は言語自体の分析法ではない。この意味で「会話分析」という名称は、じつはその中身に鑑みて適切なものではない（西阪 2008）。「エスノメソドロジー的相互行為分析」とでも呼んだほうが、その内実を正確に表している。

実際の言語使用場面のデータを用いて文脈を重視した分析を行うことや、発話産出上の間違いなどの非流暢性も分析に含めること、話者の言語行動だけでなく聞き手の行動にも着目して言語使用の相互行為的側面に光を当てること、発話が置かれる連鎖上の位置（position）の効果を考慮することなどに従来の言語研究との差分を求めると、会話分析が言語学に果たしうる役割を導出することができよう。分析単位を文から発言順番と発話連鎖へ、データを作例から実際に生起した会話へ、文脈を剥ぎ取られた発話の分析から文脈に埋め込まれた発話の分析へ、観察対象を話者の言語行動から相互行為へ、現象の成立根拠を話者の認知機構から参与者の相互行為的達成へ。こうした「拡張」の言説は、言語学への貢献として一定程度わかりやすく納得のいくものだろうし、わかりやすいものだからこそ、受け入れる者も現れた。さらに「会話分析」という名称自体、「談話分析」のように、分析対象とする言語使用の単位を文から拡張する試みとして聞かれうるものである。これらの差分は、従来の言語学を基本軸に、その射程を伸ばしたものと考えることができる。その限りにおいて、会話分析を取り入れた一部の言語学的研究の知見は——それ自体は疑いなく意義深いものであるにしても——、会話分析（エスノメソドロジー）と対比されるところの構築的分析（日常生活の社会秩序を、研究者側が定める手続きに従って変換し、それにより科学的に合理的な秩序を作り出す立場）の側に属しているということもできよう。

　たとえば、ある語 X の談話における機能が、従来の言語学では Y と言われていたが、実際の相互行為のデータを使って分析を行ったところ Z であることがわかった、という類の議論は、既存の言語学の概念や枠組み（たとえば「語 X」）を用いて行われ、貢献先を明確に言語学に置く（＝語 X の機能のレパートリーを修正／拡張する）ものである。このとき、分析者は参与者の志向に基づいた分析を行う（2.3 節）という方針に厳密である必要はない。こうした相互行為言語学研究が会話分析として行われるなら、会話分析はたんにその範囲を広げるだけでなく、それ自体が変貌している。他方、Fox et al.（2013）がいくつもの例を挙げて示しているように、既存の概念をそのまま用いるのでなく、発話の位置（発言順番冒頭か末尾か等々）や構成（撥音や

長音が含まれるか否か等々）を精査することによって、そもそもの文法カテゴリーの使い分け自体を問い直す研究も数多くなされている（第3章参照）。

　このように会話分析は、他分野でも一定程度通用する「わかりやすさ」を備えるがゆえに社会学の枠を超えることができた。もちろんその性質が「わかりやすい」ものになる背景には、各分野のパラダイムの変遷があるだろう。単純化を承知でいえば、社会学に限らず人文・社会科学の多くの分野で、社会事象を論理実証－本質－客観－実在といった語で性格づけられる素朴な科学観で説明しようとする従来の見方への批判として、解釈－相対－主観－構築といった性質を強調する立場（「主義」）が現われ、またこの2者の相克を、その中間項（たとえば「実践」）に着目することにより乗り越えようとする試みがみられる。会話分析がもつ、定量でなく定性、個人の認知や行動による出来事の生起ではなく相互行為的達成、状況を剥ぎ取られた現象の静的な記述から状況に埋め込まれた動的な記述へ、状況外在的な規則による人間行為の決定論からの解放、といった命題群と親和性の高い性質は、おおまかにいえば解釈－相対－主観－構築や、実践などの中間項の軸に自身の立場を回収させ、それにより会話分析は各分野内で「わかりやすい」ものになる。

　こうして、なんらかの軸（「主義」）に回収されて行われた会話分析研究の貢献先は、先ほども述べたように既存の構築的分析になりうる[7]。加えて会話分析の「わかりやすさ」は、会話分析に（その「わかりやすさ」に鑑みて）足りないものが何かを可視化し、このことがまた翻って会話分析研究を内と外の両側から変貌させる要因となる。たとえばそれは、既存の会話分析は①ミクロな相互行為ばかりみているので、マクロな社会構造や制度にも目配せしよう、②ごく短い相互行為場面だけをみているので、エスノグラフィックな資料をもっと積極的に活用して記述を厚くしよう、③発話交換ばかりみていて言語中心主義的だから非言語的な事柄も分析に取り入れよう、④英語会話にあらわれたパターンでしかないものを一般化していて欧米中心主義的だから他の文化と比較しよう、⑤数少ない断片の定性的解釈を行う主観的な立場だから、定量的分析と組み合わせて両者の良いところを接合しよう、といった言説の形をとる。

もちろん、これらすべての主張を一概に否定できるものではないし、会話分析は確かに解釈－相対－主観－構築的な立場や実践論等々と関係をもっている。会話分析の広がりは、それが様々な分野で使われ、またそれらの分野から刺激を受けるという肯定的な側面と、本来の会話分析の利点を失いかねないという否定的な側面の両面を備えるだろう。だがここではその判断には立ち入らない。この節で主張したいのは、会話分析の外面的な「わかりやすさ」が、上で述べたような仕方で、会話分析の普及と変貌の双方に関わっているということだけである。

4. 会話分析の歴史的展開とその広がり

この節では、会話分析の歴史を簡単に押さえつつ、それがどのように他分野に広がっていったかを概観する。会話分析の出現が Sacks の独創的なアイデアの賜物であったことは間違いないように思われる。大学で法学を学んでいた Sacks は 1959 年に始まる Garfinkel との交流を通じて、当時萌芽しつつあったエスノメソドロジーの考え方に大きく影響を受けた[8]。彼が会話分析の着想を得る前の 1963 年に書いた「社会学的記述」と題された論考（Sacks 1963=2013）に、その影響を色濃くみてとることができる[9]。この論文で Sacks は、既存の社会学が社会生活を記述する際に自然言語を分析の資源として用いながらも、その言語使用の常識的に合理的な性質を主題にしてこなかったことを批判している。たとえば「自殺」がどの社会集団で生じやすいかを論じる際に、そもそも何を自殺とみなすか、自殺という言葉で表されるものは何かということを社会成員自身が常識的に理解し、見分けているはずなのに、社会学者は言語の常識的用法にまつわる曖昧さを避けるためにその意味を厳密に定めようとして科学的定義を作り出し、言語使用の秩序立った性質を産み出す社会成員の常識的知識を主題にすることはなかった。これに対し Sacks は、社会学者が記述に用いている自然言語の、社会成員による使用法自体を記述することを提案している。この論文には、社会成員の常識的知識、言語の指標性、分析資源の主題への置き換え（Zimmerman and

Pollner 1971）といった、エスノメソドロジーの中心的テーマへの Sacks の取り組みがみられる。

　Schegloff が記す 1964 年晩冬の Sacks とのエピソード（Schegloff 1992a: xvi–xvii）は、会話分析が産声を上げたかもしれない瞬間のひとつとしてよく知られるものである。2 人で歩く道すがら、Sacks が Schegloff に、彼が考えている「すごい（wild）」可能性について話し出した。それは、直接名前を尋ねずに相手の名前を知る方法と、それを回避する方法についてのものだった。

（3）[Sacks 1992a: 3]
```
01 A: This is Mr Smith may I help you
       (こちらはスミスです　どうされましたか)
02 B: I can't hear you.
       (聞こえないのですが)
03 A: This is Mr Smith.
       (こちらはスミスです)
04 B: Smith.
       (スミスさん)
```

　Sacks が当時興味を示していたことは、彼が当時扱っていた自殺防止センターのデータの中で、センターにかかってくる電話をとる際に、スタッフがどういうわけか、最初に自分の名を名乗るということだった。スタッフが自分の名を名乗ると、電話をかけてきた相談者もまた、最初の発話で（上の断片でいえば 02 行目に）名乗ることが多い。このことから Sacks は、スタッフの名乗りが、直接尋ねることなく相談者の名前を知るための方法になっていると考えた。スタッフが相談者の名前を直接尋ねた場合（たとえば「お名前は？」）、相談者は「なぜ名乗らなければならないのですか？」と理由を聞くことによって、それに抵抗することができる。だが、「こちらはスミスです」と自分から名乗ったなら、そもそもスタッフは名前を尋ねていないのだから、相談者は「なぜそうするのか」と理由を聞いて抵抗することができない。

　他方この断片では 02 行目で、相談者が「聞こえないのですが」と聞き返

している。もし電話をとったスタッフが自分から名乗ることが、直接尋ねずに相手の名前を知るための方法であるとすれば、これに対する相談者の聞き返しのほうは、名乗りを回避する方法になっているのではないか。じっさい、03 行目で部分的に繰り返されたスタッフの発話を聞いて、04 行目で相談者は相手の名を繰り返すだけで、自分は名乗っていない。こうみていくと、わずかの間のやりとりの中で、スタッフと相談者の言葉一言ごとに行為が方法的に産出され、それにより会話が成り立っている様をみてとることができる。相互行為がこのような細かさで秩序立っているということは、はたしてありうるのだろうか。エスノメソドロジーが探究する、日常生活の秩序を成り立たせる人びとの方法論を、具体的なトークの水準で調べる研究プログラムは可能なのだろうか。

　半世紀後から振り返って考えてみると、この可能性は、確かに「すごい」ものだった。会話——具体的な人同士の相互行為のあらわれ——は確かに細部にわたって秩序立っていて、研究者はその秩序を、実際のトークの素材から取り出してくることができる。

　ただし、現在の会話分析者が行っているような体系的な分析が行われるようになるまでは、何段階かの発展が必要だった。その第一のものは、素材の細部を書き表し、検討するための表記法である。これは Sacks に雇われた Jefferson が開発したシステム (Jefferson 2004) により解決された。彼女の表記法は、発話のオーバーラップ (Jefferson 1973)、笑いの勧誘 (Jefferson 1979) などの、形態素や音素の水準で細かく調整されている事柄を調べるのに適しており、この表記法の開発により、相互行為のあらゆる場所に秩序をみてとることができる (order at all points) (Sacks 1984: 22) [10] という会話分析の主張の正しさを確認することができるようになった。

　第二に、分析の正しさを主張するにあたって、相互行為の場にいる参与者自身の理解が利用されるようになった (Schegloff 1992a: xliii)。2 節で説明したように、会話分析は、公的に理解可能な行為、すなわち認識可能な行為の組み立て方を調べる。こうして記述した行為が本当にその場の参与者にとってそのようなものとして受け取られたかは、典型的には [11] 次の発言順番

での発話を調べることによって確認することができる。この、「次の発言順番での証明手続き（next turn proof procedure）」（Sacks, Schegloff, and Jefferson 1974: 728–729）によって、参与者の志向に基づいた記述を行うという会話分析の方針を、具体的な素材の検証に基づいて追求することができるようになった。

　第三に、分析に使う素材が、単一事例からデータコレクションへと変化した（Schegloff 1992b: xxi）。大規模なデータから類似事例を集めてきて比較検討する手法は、個別具体的な状況に埋め込まれて使われる社会成員の「方法」が、繰り返し利用可能なものであることを示し、またその「方法」の包括的な分類を作ることによってその使い分けに示される参与者の志向を明らかにし、そして例外ケース（Schegloff 1968）を調べることによって、通常通りでない状況に直面した際の参与者の志向を明らかにすることができる。

　1964年に始まるカリフォルニア大学での講義の記録は、Sacks のアイデアとその考え方の変遷に触れることができる貴重な資料である（Sacks 1992a, 1992b）。この講義録や、そのイントロダクションとして書かれた Schegloff の解説（Schegloff 1992a, 1992b）を読むと、Sacks が社会学だけではなく、Evans-Pritchard らの人類学、Wittgenstein らの日常言語哲学、Chomsky の生成文法や Austin の言語行為論をはじめとした言語学、精神医学といった、多種多様な分野の研究に刺激を受けながら会話分析の基となるアイデアを形作っていったことがわかる。紙幅の都合上ここではそのひとつひとつには触れないが[12]、会話分析の発想の源は、元々幾多の知的潮流が交差する場所にあったということができるだろう。その意味では、会話分析が社会学の外側に広がっていく潜在力をもっているのは自然なことである。

　そもそも、初期の会話分析研究の発表媒体は、社会学以外の分野であることが多かった（Heritage 2008: 300）。*American Anthropologist*（Schegloff 1968）、*Semiotica*（Schegloff and Sacks 1973）、*Language*（Sacks, Schegloff, and Jefferson 1974=2010）などの雑誌がそれである。この背景には、当時の社会学業界がまだ会話分析研究の貢献を認めていなかったことがある。Psathas (1979)、Sudnow (1972)、Schenkein (1978) のような、論文集の形での論

文の公刊が続いたことも、この事情を反映したものである（Heritage 2008: 300）。

　論文のアウトプットもさることながら、学術分野の確立と制度化には研究者の増加と範囲の拡大、非熟練者の教育、概説書や教科書の刊行、アカデミックポストの確保などの多面的な展開が必要になる。Sacks はそのあまりに早い 40 歳での逝去（1975 年）のゆえに教育に携わることができた年数は限られたものであったが、Anita Pomerantz や Gene Lerner は短い期間ながら彼の下で学んで会話分析者になった。彼に雇われていた Jefferson は 70 年代後半に英国に渡って、同じく渡英した Pomerantz とともに英国での会話分析の普及に一役買った（Sidnell and Stivers 2013b: 4）。その英国では John Heritage が *Garfinkel and Ethnomethodology*（ガーフィンケルとエスノメソドロジー）（Heritage 1984a）を著し、エスノメソドロジーと会話分析の架橋に大きく貢献した。同年に刊行された Heritage と Maxwell Atkinson の編著 *Structures of Social Action*（社会的行為の諸構造）[13]（Atkinson and Heritage 1984）には 12 名の著者が論考を寄せており、会話分析者の増加をうかがい知ることができる。他方言語学の領域では Stephen Levinson の *Pragmatics*（語用論）の中で会話分析がかなりの頁を割いて取り上げられ、言語行為論との関係が説明された。この間 Schegloff は UCLA で教鞭をとり、同校が会話分析のメッカとなっていく。

　この後、米国のみならずヨーロッパやアジアの大学でも教職に就く者が増え、エスノメソドロジー・会話分析というカテゴリーの下で、様々な媒体に研究成果が発表されるようになる。コミュニケーション論を母体とした *Research on Language and Social Interaction*（言語と社会的相互行為研究）（1987 年発刊）などの、会話分析者の貢献が認められやすい学術誌も登場した。また日常会話だけではなく、法（Atkinson and Drew 1979, Maynard 1984）、教育（Mehan 1979）、医療（Heath 1986）、メディア（Clayman and Heritage 2002）、組織（Boden 1994）といった、いわゆる「制度的場面（institutional settings）」（Drew and Heritage 1992）を対象にした会話分析研究が増え、社会制度と構造に対する社会学者の関心にも応えるようになった。加えて 2000

年代に入ると、2002年に国際会話分析会議（International Conference on Conversation Analysis）が開催される。すでに会話分析とエスノメソドロジーの乖離を指摘する声はエスノメソドロジストの側からあがっていたが（代表的なものとして Lynch 1993=2012）、ここに至って会話分析はエスノメソドロジーと分離した研究コミュニティを形成するようになる。以上のような普及の過程で、会話分析は広範な分野に広がった。日本でも、1970年代後半以降の社会学におけるエスノメソドロジーの紹介を経由して会話分析が輸入され、国内で一定の普及をみている（代表的な成果として串田（2006）、西阪（2008））。また、米国等への留学を経て国際的に活躍する研究者の仕事もみられる（たとえば Hayashi 2003, Mori 1999, Tanaka 1999）。

5. 会話分析の現代的展開

この節では、会話分析領域の近年の展開を6つのトピックに分けて概説する。また、本書の各章で詳述するものについてはその旨を記す。

5.1. 行為連鎖組織と行為の構成

会話分析の最初の公刊論文は、隣接対の定式化（Schegloff 1968）から始まった。隣接対に代表される行為連鎖組織は、会話分析研究の中でもっとも知見の蓄積が厚いもののひとつであり、Schegloff の *Sequence Organization in Interaction*（相互行為における行為連鎖組織）（Schegloff 2007）をその集大成とみることができるだろう。この本は、隣接対を行為連鎖組織の基本単位とみなし、その前方—中間（挿入）—後方への拡張を論じていく構成をとっている。近年の会話分析研究のトレンドのひとつは、この、「隣接対とその拡張」から外れる、あるいはそこで十分に論じられていない行為連鎖組織を記述していくというものである。みっつの発言順番からなる行為連鎖（Kevoe-Feldman and Robinson 2012）の研究や、「第1評価—第2評価」などの、2つ目の発話の生起への期待が隣接対より弱い（2つ目の発話が生起しなくともそれほど不自然でない）と考えられてきた行為連鎖の研究（Stivers and

Rossano 2010）などを、その例として挙げることができよう。行為連鎖組織研究の近年の展開については、第 2 章でより詳しく論じるほか、第 9 章でも一部議論する。

また、隣接対第 1 成分（「質問」「依頼」「提案」等々）に代表されるような、連鎖を開始する行為（Lerner 1993）の組み立ては、既存研究において体系的に解明されてきたわけではなかった（Heritage 2012a: 1–3）。近年、「依頼」（Curl and Drew 2008）や「申し出」（Curl 2006）といった連鎖を開始する行為が、発言順番の文法的構成によってどのように細かいニュアンスを伴って使い分けられているかを調べる研究が増加している。この点については、第 6 章で取り扱う。

5.2. マルチモダリティ

Sacks、Schegloff と共にエスノメソドロジーを学んだ David Sudnow は、1968 年に開かれたエスノメソドロジーの会議（パーデュー・シンポジウム）に、街頭の人びとの様子を映した動画素材を持ち込んで、これを Sacks のアイデアに引きつけてどう分析すべきか、問題提起を行った（Hill and Crittenden 1968: 52–141）。けっきょく、この後会話分析者はより分析しやすく、データを入手しやすい素材から分析を始めることを選び、電話会話の発話交換が中心的に扱われてきたが、他方で身体動作などの非音声言語的事柄もまた、一貫して分析の俎上に上げられてきた（Goodwin 1981, 2000, Heath 1986, Sacks and Schegloff 2002, Schegloff 1984a, 1998）。

小型で安価なビデオカメラの普及は、非音声言語的事柄をより積極的に取り上げようとする動きを呼び込むことになった。近年、Charles Goodwin, Marjorie Harness Goodwin 夫妻や Lorenza Mondada らの影響の下に、そうした研究は「マルチモダリティ（multimodality）の分析」や「マルチモーダルな相互行為（multimodal interaction）の分析」、あるいは「身体化された相互行為（embodied interaction）の分析」と称される（Streeck, Goodwin, and LeBaron 2011, Mondada 2014）。身振りや視線、指差しや表情などの身体動作の相互行為における複合的はたらきや、自然物、工具、情報通信機器などの物との

相互作用（Nevile *et al.* 2014）がそのテーマである。2010 年の会話分析国際学会のテーマが「マルチモーダルな相互行為（Multimodal Interaction）」であったことからも、この一派の勢いをうかがい知ることができよう。

　ここに、会話分析の「わかりやすさ」にまつわる問題をみてとることができる。「マルチモダリティ」「マルチモーダル」概念は、コミュニケーション論や記号論と強く結びついた、他領域から輸入された概念である。コミュニケーション論の内部で、人工的な手段で単純化されたコミュニケーションばかりをみるのではなく、自然なコミュニケーションの複雑な様態を調べるべきだという問題意識が高まってくるにつれ、自然に生起した素材を、その細部にわたって検討する会話分析（の「わかりやすさ」）への期待も高まっていった（Beach 2013）。会話分析への「マルチモダリティ」「マルチモーダル」概念の輸入は、このコミュニケーション論と会話分析の合流点を経由してのものであるようにみえる[14]。「マルチモダリティ」「マルチモーダル」の名を冠した分析はしばしば、従来の会話分析研究を音声言語中心的な営みに措定し、それからの差異として研究の新規性を特徴づける。ここでも、会話分析の変貌が生じている（平本 2015b）。「マルチモダリティ」研究の動向は、第4章で敷衍する。また第9章でも関連するトピックが紹介される。

5.3.　認識性

　かつて Sacks は、ある出来事を目撃した者と人伝えに聞いただけの者とでは、その出来事を語る「権利」が異なることを指摘した（Sacks 1992b）。この権利は、出来事の語り口に反映される。出来事を伝え聞いただけの者が、あたかもその場にいたかのように臨場感たっぷりに何が起こったかを語ったら、それは不自然なものと聞かれるだろう。この権利が表すような知識や経験の相互行為上の扱いに関わる規範的性質は、認識論の歴史の中で、幾多の切り口から議論されてきたものである。

　会話分析者も、相手の知っているべき事柄について自分が知っている部分的な情報を提供することによって相手から語りを引き出すこと（Pomerantz 1980）、質問の応答を受け取る際に発話冒頭に間投詞 oh を発することによっ

て応答に含まれる情報の受け取りを示す（登録する）こと（Heritage 1984b）
など、知識や経験にまつわる個別のプラクティスを記述してきた。近年、
「認識性（epistemics）」の名の下に、それら個別の研究を整理して体系的に論
じる動きが生じている（Heritage 2012a, 2012b, Stivers, Mondada, and Steensig
2011）。この動向については第7章で解説する。

5.4. 比較分析

　すでにみたように会話分析は米国で始まった。この分野が多領域に、多文
化に広がっていくにつれて、当然のことながら様々な言語体系の下での会
話のデータが蓄積されていくことになるし、また会話に限られない、様々
な状況下での活動のデータが収録されるようになる。このことは、それぞ
れのデータから得られる知見を比較しようとする動きに結びつくことにな
る。比較研究に先鞭をつけた試みとして、Sacks の友人の人類学者 Michael
Moerman が行った、タイ・ルー族の会話の調査を挙げることができよう
（Moerman 1988）。Moerman は順番交替組織、修復組織等の、米国の会話を
扱った既存の会話分析研究の知見をベースに、それがルー族の人びとの会話
にどれだけ当てはまるかを調べ、その結果、このふたつの言語の会話におけ
るそれらの相互行為組織が、基本的に同じものであることを見出した。

　人類学者が他文化をフィールドとしてデータを集めるだけではなく、
UCLA などの米国の大学に留学した英語非母語話者が母語の会話を分析し
たり、ヨーロッパやアジアの大学で各国の会話が分析されたりといったこと
が、会話分析の制度化に伴い行われるようになる。日本語会話から例を挙げ
れば、日本語の統語構造が、発言順番の組み立てにおける投射に影響を与え
ることを指摘した Hayashi（2003）や Tanaka（1999）がある。この、言語間の
比較分析の論点については、第8章で詳しく紹介する。

　比較の軸は言語だけではない。日常生活と診察場面、電話会話と対面会
話、非公式的な会議と公式的な会議といった、場面間の比較研究が行われて
いる（Sidnell 2009）。順番交替の仕組みや行為連鎖の形式といった、相互行
為のプラクティスは場面間で異なった形をとりうる。Drew（2003）による、

心理療法の面接、視聴者参加型のラジオ番組、ニュースインタビュー、労使
交渉というよっつの場面間での定式化実践の比較が、その典型的な試みであ
る。

5.5. 現場との関係と介入

　会話分析者は様々な仕事場（workplace）で、実際に職場の人びとが仕事を
している様子を収録し、分析を行う（Luff, Hindmarsh, and Heath 2000, 水川・
秋谷・五十嵐 2017）。このため会話分析の知見は時に、現場の人びとが仕
事を行ううえで役立つものになる。たとえば、Drew（2005: xix）の語るとこ
ろによれば、政治家がスピーチで拍手を得る方法についての Max Atkinson
の研究の場合、英国の議員がみな彼の本（Atkinson 1984）を持っていると信
じられていたという。ビジネスの現場で観察を中心にした定性的手法が脚
光を浴びるようになるにつれて、また情報通信機器の発展により仕事場で
の CSCW（Computer-Supported Collaborative Work：コンピュータに支援さ
れた協同的作業）や HCI（Human-Computer Interaction：人とコンピュータ
の相互作用）の研究の需要が高まるにつれて、それらの現場で相互行為を分
析する者が増え（代表的なものとして Goodwin and Goodwin 1996, Suchman
1987）、また、現場の人びととの協働が課題となってきた。近年、そうした
場面の分析の結果得られた知見をどう現場に還元していくか、あるいはより
広くいって、会話分析者がどう現場と関わり、介入していくかが議論される
ようになっている（Antaki 2011, Robinson and Heritage 2014）。

　この文脈で議論されているのは、たんに分析結果を現場の人びとに提示す
るだけではなく、教育プログラムの開発や講座の開設などを通じて、より積
極的に現場のオペレーション改善や人材育成に貢献するにはどうしたらよい
か、また、会話分析者がそのように主体的に現場の仕事に介入していくこと
の是非などである。ここでもまた、会話分析の「わかりやすさ」にまつわる
問題がみられる。現場の人びとにとってわかりやすい会話分析の利点とは、
定性的な手法のうちで、録画素材を詳しく、細かく検討する枠組みであると
いうものである。だから会話分析はしばしば、「インサイト（洞察）を得る」

「仮説を発見する」ための定性的手法と位置づけられてきた。他方で会話分析の知見はふつう、「X のためには Y をすればよい」というような、わかりやすい命題に変形しにくい。CSCW ／ HCI 研究隆盛の時代からすでに、現場の人びとの協働において会話分析（エスノメソドロジー）研究の特殊性をどれだけ分野外の人間に翻訳し伝えるか、どれだけ現場に介入していくか、ということが論じられてきた（Button and Dourish 1996）。

5.6.　定量的研究との接合

　会話分析はしばしば、その「わかりやすさ」ゆえに定性的な研究手法であると位置づけられ、一般的な定性的手法の性質——普遍性ではなく個別性を重視する、帰納的である、意味解釈を重視する etc.——を備えているものと理解される。このため、トライアンギュレーションやマルチメソッドの名の下に、会話分析を定量的研究と接合しようとする試みが行われることになる。元々会話分析研究でも、現象の偏りを示すために度数分布が使われることはあった。典型的には、優先（preference）構造が存在することの部分的証拠として、現象の偏りが観察された。たとえば Raymond（2003）は、Yes/No 質問に対して Yes/No の形式で応じたケース（これを「型一致応答」という）が、Yes/No 以外の形式で応えたケース（これを「型不一致応答」という）の約 3 倍生じていたことをもって、Yes/No 質問に対して型一致応答をもたらすことへの優先構造が存在するという主張の部分的証拠としている。また、一定の事実としての度数分布が示された後に、その分布の偏りを説明するものとして相互行為のプラクティスが分析されることがある。たとえば Sacks, Schegloff, and Jefferson（1974=2010）では、3 人以上の会話でも発話交換の分布が特定の二者間に偏ることがあることが述べられ、この偏りを説明する要因として、聞き返しや理解の確認によって、次の発話の話者としてひとつ前の発話の話者が選ばれるプラクティスが存在することが指摘されている。

　近年、会話分析研究の内側から、より積極的に定量的手法を取り入れるべきだと主張する動きがみられる（Heritage and Stivers 2013, Stivers 2015）。確かに、会話分析の結果を相関分析に組み入れて、どの属性がある相互行為的

プラクティスの産出と関連するのかを調べたり、相互行為の成功／失敗にはどんな変数が寄与するかを解明したりすることは、意味のあることだろう。だがそれは、2.1節で述べた会話分析研究の目的が、定量的手法の組み入れによってより効果的に探求されるものであることを意味しない（cf. Nishizaka 2015）。実践的諸活動の秩序立った性質を、参与者の志向に基礎付けることによって調べるという方針を、定量分析と折り合わせることが可能かどうか（cf. Schegloff 1993）が問われなければならない。

6. おわりに

この章では、会話分析の考え方を簡単に説明したうえで、その歴史的展開を追い、近年の会話分析研究の広がりをトピック毎に概観した。そこでのポイントは、会話分析がある意味で様々な分野の人びとにとって「わかりやすい」ものであったがために、社会学の枠を超えて普及する潜在力をもっていたことと、その「わかりやすさ」が同時に、現在の会話分析業界の多様性が表している変貌の原因のひとつにもなったということだった。このあたりで筆を置いて、より発展的な議論は各章の詳述に任せることにしたい。

注

1　会話分析の国際会議（International Conference on Conversation Analysis）は4年に1度の間隔で開かれている。
2　会話分析の考え方、方法論と基礎的な概念について、より詳しく知りたい場合は串田・平本・林（2017）をみてほしい。
3　会話分析は時折、社会秩序の成立を対象にするという性質上、争いや逸脱といった、秩序から外れた（と考えられる）事柄を扱うことができないものとみなされる。しかしながら、そもそも人と争うためには争いの対象を相手と共有できていなければならないし、逸脱するためには正常な状態がわかっていなければならない。つまり争いや逸脱も、それ自体秩序立って行われなければならないから、それらはすぐれて会話分析の研究対象になりうる。

4 ここでいう規範は、それに従えば褒められ、背けば罰されるような、道徳的な水準のものではない。会話分析の立場からは、道徳的判断は次のように捉えることができるだろう。何かを道徳的／不道徳的なものとみなすためには、そうした事柄がまず理解され、区別されていなければならない。この理解と区別の枠組みを調べるのが、会話分析である。

5 あるふるまいが何を行っているかが参与者にとっても曖昧なものとして差し出されることは、当然ありうる (Schegloff 1984b)。

6 ここでいう「わかりやすさ」と、分析技術の習得しやすさは別のものである。会話分析の分析技術を独学で習得することは困難である。

7 だからこそ、社会学者は会話分析 (エスノメソドロジー) がこれらの軸に単純には還元されないものであることを論じてきた。例として、主観主義に対して山崎 (1991)、実践論に対して Llewellyn and Spence (2009) をみよ。

8 Sacks は UC バークレー校で、Schegloff とともに Erving Goffman に学んだ。このことも、会話分析の誕生に寄与しているだろう。とくに、Goffman が相互行為それ自体の秩序を社会学的探究の俎上に挙げたことは、相互行為の学としての会話分析の確立に大きな貢献をもたらした。だが Goffman からの影響は、Garfinkel からのそれと比べると限定的なものであった (平本 2015a)。

9 Sacks が 1962–1963 年の間に書き、1999 年に世に出た "Max Weber's Ancient Judaism" (マックスウェーバーの『古代ユダヤ教』について) も、エスノメソドロジー研究の一つとしてみることができ、また『社会学記述』と問題関心を共有している (Schegloff 1999)。

10 「order at all points」を「あらゆる場所に秩序をみてとることが〈できる〉」と訳したのには理由がある。Schegloff (2004; 17–18) がいうように、もしあらゆる場所に秩序が〈ある〉ことがわかっているのだとしたら、それが秩序立っていることをことさら示すことに意味はないだろう。会話分析の利点のひとつは、あらゆる場所に〈ありうる〉(これを Schegloff は「order possible at any points」と表現している) 秩序を取り出すことができることにある。

11 「典型的には」という留保をつけたのは、次の発言順番でまったく当該の発話や身体動作への反応が生じなかったり、発話ではなく身体的な反応だったり、当該の発話や身体動作の途中で相手が反応したりといったことがあるからである。

12 Sacks のアイデアの源流の解説としては、Maynard (2013) をみよ。

13 このタイトルは Talcott Parsons の名著 *The Structure of Social Action* (社会的行為の構造) (Parsons 1949) を捩ってつけられたものである。

14 より正確にいうと、相互行為資源の複合的使用を主題とする研究は、1990 年代以降の Charles Goodwin の一連の仕事 (とりわけ Goodwin (2000)) の影響を強く受けている。

引用文献

Antaki, C. (ed.) (2011) *Applied Conversation Analysis: Intervention and Change in Institutional Talk*. Basingstoke: Palgrave Macmillan.

Atkinson, J. M. (1984) *Our Masters' Voices: The Language and Body Language of Politics*. London: Psychology Press.

Atkinson, J. M. and P. Drew. (1979) *Order in Court: The Organisation of Verbal Interaction in Judicial Settings*. London: The Macmillan Press Ltd.

Atkinson, J. M. and J. Heritage. (eds.) (1984) *Structures of Social Action: Studies in Conversation Analysis*. Cambridge: Cambridge University Press.

Beach, W. A. (2013) Conversation Analysis and Communication. In Sidnell, J. and T. Stivers. (eds.) *The Handbook of Conversation Analysis*, pp.674–687. Oxford: Wiley-Blackwell.

Boden, D. (1994) *The Business of Talk: Organizations in Action*. Cambridge: Polity Press.

Button, G. and P. Dourish. (1996) Technomethodology: Paradoxes and Possibilities. In *Proceedings of the SIGCHI Conference on Human Factors in Computing Systems*, pp.19–26. New York: ACM.

Clayman, S. and J. Heritage. (2002) *The News Interview: Journalists and Public Figures on the Air*. Cambridge: Cambridge University Press.

Curl, T. S. (2006) Offers of Assistance: Constraints on Syntactic Design. *Journal of Pragmatics* 38(8): pp.1257–1280.

Curl, T. S. and P. Drew. (2008) Contingency and Action: A Comparison of Two Forms of Requesting. *Research on Language and Social Interaction* 41(2): pp.129–153.

Drew, P. (2003) Comparative Analysis of Talk-in-Interaction in Different Institutional Settings: A Sketch. In Glenn, P., C. D. LeBaron, and J. Mandelbaum. (eds.) *Studies in Language and Social Interaction*, pp.293–308. London: Routledge.

Drew, P. (2005) Foreword: Conversation Analysis and Applied Linguistics. In Richards, K. and P. Seedhouse. (eds.) *Applying Conversation Analysis*, pp.xiv–xx. Basingstoke: Palgrave Macmillan.

Drew, P. and J. Heritage. (eds.) (1992) *Talk at Work: Interaction in Institutional Settings*. Cambridge: Cambridge University Press.

Fox, B. A., S. A. Thompson, C. E. Ford, and E. Couper-Kuhlen. (2013) Conversation Analysis and Linguistics. In Sidnell, J. and T. Stivers. (eds.) *The Handbook of Conversation Analysis*, pp.726–740. Oxford: Wiley-Blackwell.

Garfinkel, H. (1967) *Studies in Ethnomethodology*. Englewood Cliffs: Prentice Hall.

Garfinkel, H. (1991) Respecification: Evidence for Locally Produced, Naturally Accountable Phenomena of Order, Logic, Reason, Meaning, Method, etc. in and as of the

Essential Haecceity of Immortal Ordinary Society (I) an Announcement of Studies. In Button, G. (ed.) *Ethnomethodology and the Human Sciences*, pp.10–19. Cambridge: Cambridge University Press.

Garfinkel, H. and H. Sacks. (1970) On Formal Structures of Practical Action. In McKinney, J. C. and E. A. Tiryakian. (eds.) *Theoretical Sociology: Perspectives and Developments*, pp.338–366. New York: Appleton-Century-Crofts.

Garfinkel, H. and D. L. Wieder. (1992) Two Incommensurable, Asymmetrically Alternate Technologies of Social Analysis. In Watson, G. and R. M. Seiler. (eds.) *Text in Context: Contributions to Ethnomethodology*, pp.175–206. New Jersey: Sage.

Goodwin, C. (1981) *Conversational Organization: Interaction between Speakers and Hearers*. New York: Academic Press.

Goodwin, C. (2000) Action and Embodiment within Situated Human Interaction. *Journal of Pragmatics* 32(10): pp.1489–1522.

Goodwin, C. and M. H. Goodwin. (1996) Seeing as Situated Activity: Formulating Planes. In Engeström, Y. and D. Middleton. (eds.) *Cognition and Communication at Work*, pp.61–95. Cambridge: Cambridge University Press.

Hayashi, M. (2003) *Joint Utterance Construction in Japanese Conversation*. Amsterdam: John Benjamins.

Heath, C. (1986) *Body Movement and Speech in Medical Interaction*. Cambridge: Cambridge University Press.

Heritage, J. (1984a) *Garfinkel and Ethnomethodology*. Cambridge: Polity Press.

Heritage, J. (1984b) A Change-of-State Token and Aspects of its Sequential Placement. In Atkinson, J. M. and J. Heritage. (eds.) *Structures of Social Action: Studies in Conversation Analysis*, pp.299–345. Cambridge: Cambridge University Press.

Heritage, J. (2008) Conversation Analysis as Social Theory. In Turner, B. (ed.) *The New Blackwell Companion to Social Theory*, pp.300–320. Oxford: Blackwell.

Heritage, J. (2012a) Epistemics in Action: Action Formation and Territories of Knowledge. *Research on Language and Social Interaction* 45(1): pp.1–29.

Heritage, J. (2012b) The Epistemic Engine: Sequence Organization and Territories of Knowledge. *Research on Language and Social Interaction* 45(1): pp.30–52.

Heritage, J. and T. Stivers. (2013) Conversation Analysis and Sociology. In Sidnell, J. and T. Stivers. (eds.) *The Handbook of Conversation Analysis*, pp.659–673. Oxford: Wiley Blackwell.

Hill, R. J. and K. S. Crittenden. (eds.) (1968) *Proceedings of the Purdue Symposium on Ethnomethodology*. Purdue Research Foundation.

平本毅 (2015a)「会話分析の「トピック」としてのゴフマン社会学」中河伸俊・渡辺克

典編『触発するゴフマン：やりとりの秩序の社会学』pp.104–129. 新曜社

平本毅（2015b）「会話分析研究におけるマルチモダリティ概念の使用について」『社会言語科学会第 36 回発表論文集』pp.94–97. 社会言語科学会

Jefferson, G. (1973) A Case of Precision Timing in Ordinary Conversation: Overlapped Tag-positioned Address Terms in Closing Sequences. *Semiotica* 9(1): pp.47–96.

Jefferson, G. (1979) A Technique for Inviting Laughter and its Subsequent Acceptance/ Declination. In Psathas, G. (ed.) *Everyday Language: Studies in Ethnomethodology*, pp.79–96. New York: Irvington Publishers.

Jefferson, G. (2004) Glossary of Transcript Symbols with an Introduction. In Lerner, G. (ed.) *Conversation Analysis: Studies from the First Generation*, pp.13–31. Amsterdam: John Benjamins.

Kevoe-Feldman, H. and J. D. Robinson. (2012) Exploring Essentially Three-Turn Courses of Action: An Institutional Case Study with Implications for Ordinary Talk. *Discourse Studies* 14(2): pp.217–241.

串田秀也（2006）『相互行為秩序と会話分析：「話し手」と「共‐成員性」をめぐる参加の組織化』世界思想社

串田秀也・平本毅・林誠（2017）『会話分析入門』勁草書房

Lerner, G. H. (1993) Collectivities in Action: Establishing the Relevance of Conjoined Participation in Conversation. *Text* 13(2): pp.213–246.

Levinson, S. C. (1983) *Pragmatics*. Cambridge: Cambridge University Press.

Livingston, E. (1987) *Making Sense of Ethnomethodology*. London: Routledge and Kegan Paul.

Llewellyn, N. and L. Spence. (2009) Practice as a Members' Phenomenon. *Organization Studies* 30(12): pp.1419–1439.

Luff, P., J. Hindmarsh, and C. Heath. (eds.) (2000) *Workplace Studies: Recovering Work Practice and Informing System Design*. Cambridge: Cambridge University press.

Lynch, M. (1993) *Scientific Practice and Ordinary Action: Ethnomethodology and Social Studies of Science*. Cambridge: Cambridge University Press. （マイケル・リンチ　水川喜文・中村和生監訳（2012）『エスノメソドロジーと科学実践の社会学』勁草書房）

Maynard, D. W. (1984) *Inside Plea Bargaining: The Language of Negotiation*. New York: Springer.

Maynard, D. W. (2013) Everyone and No One to Turn to: Intellectual Roots and Contexts for Conversation Analysis. In Sidnell, J. and T. Stivers. (eds.) *The Handbook of Conversation Analysis*, pp.9–31. Oxford: Wiley-Blackwell.

Mehan, H. (1979) *Learning Lessons: Social Organization in the Classroom*. Cambridge: Harvard University Press.

水川喜文・秋谷直矩・五十嵐素子編（2017）『ワークプレイス・スタディーズ：はたらくことのエスノメソドロジー』ハーベスト社

Moerman, M. (1988) *Talking Culture: Ethnography and Conversation Analysis*. Philadelphia: University of Pennsylvania Press.

Mondada, L. (2014) The Local Constitution of Multimodal Resources for Social Interaction. *Journal of Pragmatics* 65: pp.137–156.

Mori, J. (1999) *Negotiating Agreement and Disagreement in Japanese: Connective Expressions and Turn Construction*. Amsterdam: John Benjamins.

Nevile, M., P. Haddington, T. Heinemann, and M. Rauniomaa. (eds.) (2014) *Interacting with Objects: Language, Materiality, and Social Activity*. Amsterdam: John Benjamins.

西阪仰（2008）『分散する身体：エスノメソドロジー的相互行為分析の展開』勁草書房

Nishizaka, A. (2015) Facts and Normative Connections: Two Different Worldviews. *Research on Language and Social Interaction* 48(1): pp.26–31.

Parsons, T. (1949) *The Structure of Social Action*. New York: Free Press.

Pollner, M. (1991) Left of Ethnomethodology: The Rise and Decline of Radical Reflexivity. *American Sociological Review* 56(3): pp.370–380.

Pomerantz, A. (1980) Telling My Side: "Limited Access" as a "Fishing" Device. *Sociological Inquiry*, 50(3/4): pp.186–198.

Psathas, G. (ed.) (1979) *Everyday Language: Studies in Ethnomethodology*. New York: Irvington Publishers.

Raymond, G. (2003) Grammar and Social Organization: Yes/No Interrogatives and the Structure of Responding. *American Sociological Review* 68(6): pp.939–967.

Robinson, J. D. and J. Heritage. (2014) Intervening with Conversation Analysis: The Case of Medicine. *Research on Language and Social Interaction* 47(3): pp.201–218.

Sacks, H. (1963) Sociological Description. *Berkeley Journal of Sociology* 8: pp.1–16. (ハーヴェイ・サックス　南保輔・海老田大五朗訳（2013）「社会学的記述」『コミュニケーション紀要』24: pp.77–92. 成城大学)

Sacks, H. (1972) An Initial Investigation of the Usability of Conversational Data for Doing Sociology. In Sudnow, D. (ed.) *Studies in Social Interaction*, pp.31–74. New York: Free Press.

Sacks, H. (1974) An Analysis of the Course of a Joke's Telling in Conversation. In Bauman, R. and J. F. Sherzer. (eds.) *Explorations in the Ethnography of Speaking*, pp.337–353. Cambridge: Cambridge University Press.

Sacks, H. (1984) Notes on Methodology. In Atkinson, J. M. and J. Heritage. (eds.) *Structures of Social Action: Studies in Conversation Analysis*, pp.21–27. Cambridge: Cambridge University Press.

Sacks, H. (1992a) *Lectures on Conversation, Volume 1*. Oxford: Basil Blackwell.

Sacks, H. (1992b) *Lectures on Conversation, Volume 2*. Oxford: Basil Blackwell.

Sacks, H. (1999) Max Weber's Ancient Judaism. *Theory, Culture and Society* 16: pp.31–39.

Sacks, H. and E. A. Schegloff. (2002) Home Position. *Gesture* 2(2): pp.133–146.

Sacks, H., E. A. Schegloff, and G. Jefferson. (1974) A Simplest Systematics for the Organization of Turn-taking for Conversation. *Language* 50: pp.696–735. (ハーヴェイ・サックス，エマニュエル・シェグロフ，ゲイル・ジェファーソン　西阪仰訳 (2010)「会話のための順番交替の組織：最も単純な体系的記述」『会話分析基本論集』pp.7–153. 世界思想社)

Schegloff, E. A. (1968) Sequencing in Conversational Openings. *American Anthropologist* 70(6): pp.1075–1095.

Schegloff, E. A. (1984a) On Some Gestures' Relation to Talk. In Atkinson, J. M. and J. Heritage. (eds.) *Structures of Social Action: Studies in Conversation Analysis*, pp.266–296. Cambridge: Cambridge University Press.

Schegloff, E. A. (1984b) On Some Questions and Ambiguities in Conversation. In Atkinson, J. M. and J. Heritage. (eds.) *Structures of Social Action: Studies in Conversation Analysis*, pp.28–52. Cambridge: Cambridge University Press.

Schegloff, E. A. (1992a) Introduction. In Sacks, H. *Lectures on Conversation, Volume 1*, pp.ix–lxii. Oxford: Basil Blackwell.

Schegloff, E. A. (1992b) Introduction. In Sacks, H. *Lectures on Conversation, Volume 2*, pp.ix–lii. Oxford: Basil Blackwell.

Schegloff, E. A. (1993) Reflections on Quantification in the Study of Conversation. *Research on Language and Social Interaction* 26(1): pp.99–128.

Schegloff, E. A. (1998) Body Torque. *Social Research* 65(3): pp.535–596.

Schegloff, E. A. (1999) On Sacks on Weber on Ancient Judaism: Introductory Notes and Interpretive Resources. *Theory, Culture and Society* 16(1): pp.1–29.

Schegloff, E. A. (2004) Whistling in the Dark: Notes from the other side of Liminality. *Texas Linguistic Forum* 48: pp.17–30.

Schegloff, E. A. (2007) *Sequence Organization in Interaction: A Primer in Conversation Analysis, Vol.1*. Cambridge: Cambridge University Press.

Schegloff, E. A. and H. Sacks. (1973) Opening up Closings. *Semiotica* 8(4): pp.289–327.

Schenkein, J. (ed.) (1978) *Studies in the Organization of Conversational Interaction*. New York: Academic Press.

Sidnell, J. (2009) Comparative Perspectives in Conversation Analysis. In Sidnell, J. (ed.) *Conversation Analysis: Comparative Perspectives*, pp.3–33. Cambridge: Cambridge University Press.

Sidnell, J. and T. Stivers. (eds.) (2013a) *The Handbook of Conversation Analysis*. Oxford: Wiley-Blackwell.

Sidnell, J. and T. Stivers. (2013b) Introduction. In Sidnell, J. and T. Stivers. (eds.) *The Handbook of Conversation Analysis*, pp.1–8. Oxford: Wiley-Blackwell.

Stivers, T. (2015) Coding Social Interaction: A Heretical Approach in Conversation Analysis? *Research on Language and Social Interaction* 48(1): pp.1–19.

Stivers, T., L. Mondada, and J. Steensig. (eds.) (2011) *The Morality of Knowledge in Conversation*. Cambridge: Cambridge University Press.

Stivers, T. and F. Rossano. (2010) Mobilizing Response. *Research on Language and Social Interaction* 43: pp.3–31.

Streeck, J., C. Goodwin, and C. LeBaron. (eds.) (2011) *Embodied Interaction: Language and Body in the Material World*. Cambridge: Cambridge University Press.

Suchman, L. A. (1987) *Plans and Situated Actions: The Problem of Human-Machine Communication*. Cambridge: Cambridge University Press.

Sudnow, D. (ed.) (1972) *Studies in Social Interaction*. New York: Free Press.

Tanaka, H. (1999) *Turn-taking in Japanese Conversation: A Study in Grammar and Interaction*. Amsterdam: John Benjamins.

山崎敬一 (1991)「主体主義の彼方に：エスノメソドロジーとは何か」西原和久編『現象学的社会学の展開』pp.213–252. 青土社

Zimmerman, D. H. and M. Pollner. (1971) The Everyday World as a Phenomenon. In Douglas, J. D. (ed.) *Understanding Everyday Life,* pp.285–295. London: Routledge and Kegan Paul.

第2章　連鎖組織をめぐる理論的動向

増田　将伸

1.　はじめに

　ある人が「依頼」の発話をすると相手が「受諾」し、それに対して依頼者が「感謝」するというように、発言順番においてなされるいくつかの行為が一定の秩序に従って連なり、ひとつのまとまりを構成することがある。このような連なりにおける秩序のことを「行為連鎖組織（action sequence organization）」、あるいは単に「連鎖組織（sequence organization）」と呼ぶ[1]。

　第1章の2.1節で論じられているように、ある行為の理解を会話分析で問題にする際には、その行為がなされた場で常識的・合理的にどのように理解可能であるかということが問題になる。このような「その場での理解可能性」は分析者にとっての問題というより、むしろその場にいる参与者にとって実際的な問題になる。相手の発言順番でなされた行為に対して適切な反応を返すためには、その行為を理解する必要があるからである。

　このように発話によってなされる行為の理解可能性を問題にする際には、発話そのものだけではなく、その発話がどういう行為連鎖組織内のどのような位置で産出されたのかということが、理解の上で重要な資源になる。例えば、「すみません」という発話を理解する場合のことを考えてみよう。それまで話していなかった相手が近づいてきて初めに「すみません」と言った場合、この発話は「呼びかけ」を行っていると理解される。しかし、依頼を断った人が拒絶の後に「すみません」と言った場合は、この発話によって「謝罪」がなされていると理解される。このような理解は参与者が日常的に行っていることであり、その理解を成り立たせている連鎖組織は、参与者の日常のふ

るまいを分析するうえで極めて重要なものである。

　本章では、以下のような構成で連鎖組織について論じる。2 節では、連鎖組織の基本単位をなす「隣接対」と、対となる 2 つの行為の間にはたらく関係について最小限の概説を行う。3 節では、応答を働きかける発話を取り上げ、その働きかけの仕組みについて議論する。4 節では、「働きかけ−応答」という基本単位が後方に拡張し、そこで応答に対して反応する発話がなされる場合について取り上げる。この反応発話を含めた 3 つの発話の組を行為連鎖の基本単位とする考え方について議論する。なお本章で「働きかけ」という語は、相手に応答を必須のものとして要求するような（2.1 節で見る隣接対の第 1 成分が行うような）ものから、3.2 節で見るように相手に応答を強くは要求しないようなものまで様々な程度の働きかけを包含する語として用いられている。

2.　連鎖組織概説

　本節では、連鎖組織の概説を行う。ただし本節の記述は 3 節・4 節での議論に必要な範囲に限定されており、体系的に連鎖組織の全体像をとらえたものではない（例えば、前方拡張については記述していない）。本節で扱えない事項を含めた、より体系的な概説については串田・平本・林（2017）、Schegloff（2007）、Sidnell（2010）、高木・細田・森田（2016）等を参照されたい。2.1 〜 2.3 節では、連鎖組織の中核をなす隣接対、条件的適切性、優先組織について概説する。

2.1.　隣接対
　隣接対（adjacency pair）とは、以下の特徴を持つような 2 つの発話の対である（Schegloff and Sacks 1973, Schegloff 2007）。

　a. 2 つの発話が異なる話者により発話される。
　b. 2 つの発話が隣接した位置にある[2]。

c. 2つの発話は「第1成分」と「第2成分」であり、発話される順序は第1成分が第2成分に先行する。第1成分はやりとりを開始する行為タイプの発話である。第2成分は第1成分への応答となる行為タイプの発話である。

d. 第1成分と第2成分は行為タイプが対をなす。例えば質問−回答、依頼−受諾／拒否、告知−受け取りなどである。

　隣接対の第1成分によって何らかの行為が開始され、その受け手が第2成分でこれに応答する。このように、隣接対は行為連鎖の基本単位となり、連鎖は最小の場合には1つの隣接対により構成されると言える。そうでない場合には、隣接対の前後や間に他の発話や隣接対が加わり、1つの隣接対が拡張する。模式的に表すと下図のようになる。

図1　隣接対の拡張

　前方拡張については、紙幅の関係で本章では記述を省略する。挿入拡張の例を(1)で挙げておく。なお、(1)は後方拡張の例でもあるが、この点については4節で論じることとする。

（1）[CallHome, JPN0743_0302–0312（MacWhinney 2007）]
01　A: だか　あたしもまた1週間ぐらいしたら(d)−(.)　ファックス
02　　　送って↑みるけど会社に:
03　B: ん:.=
04→A: =うん↑なんかあったら悪いけどで↑んわしてくんないかな:
05　　　(0.2)

06⇒ B: アキラさんに:¿=
07⇒ A: =う:ん.
08→ B: あわかったわかっ [た:
09　 A:　　　　　　　　[うん. (.) それでね:?

　(1)では、04行目のAの依頼と08行目のBの受諾が隣接対を構成しており、その間に別の質問－応答の隣接対（06行目と07行目の対）が挿入されている。

2.2. 条件的適切性

　前節末で、「(1)では、04行目のAの依頼と08行目のBの受諾が隣接対を構成して」いると記した。ただ、04行目の依頼と08行目の受諾は隣接した位置関係にはない。しかし、それでもこれらの2発話を対としてとらえることに違和感はないだろう。では、実際に隣接していない2発話を、隣接しているかのように対としてとらえられるのはなぜだろう。

　(1)のAは、04行目でBに電話するように依頼をしている。この後の位置である05行目は、この依頼に対する応答が現れることが期待される位置であるが、実際には05行目で応答は現れていない。しかし、これを見て、「Bは依頼に応答せず、別の質問を行った。04行目の依頼による働きかけは無視されており、失敗に終わった。」とは理解されないのではないだろうか。むしろ、「Bが依頼に応答する前に、「電話をかける相手は誰か」という、応答にあたって確認しておくべき事柄について尋ねた」と理解できるはずである。この例では第1成分の働きかけに対する応答が遅れてはいるが、応答が現れることへの期待が失われないうちに08行目で応答がなされている[3]。

　上記のように、隣接対の第1成分に対する応答が次の発言順番で実際には現れなかったとしても、規範的にはその位置で応答が現れると予期することができる。このように、第1成分が発話された際にそれと対応したタイプの第2成分が発話されることを常識的・合理的に期待でき、逆に第2成分が発話されない場合に「本来あるべきものがない（noticeably absent）」と思われるような第1成分と第2成分の関係を「条件的適切性（conditional relevance)」と言う[4]。この条件的適切性は隣接対の重要な特徴であり、隣接対を単に隣接した2発話の対から区別するものである[5]。逆に言うと、「隣接対」と言うときの隣接関係はこのように規範的なものであり、実際に第1成分と第2成分が隣接した位置関係にあることを必ずしも指さない。

2.3. 優先組織

連鎖組織の概説の最後に、優先組織(preference organization)について述べる[6]。隣接対において、第1成分と行為タイプが対応する第2成分は1つではない。例えば第1成分の「誘い」に対して条件的適切性がある応答には「受諾」「拒否」の2つがある。しかしこれらの現れ方には違いがある。(2a)と(2b)を比べてみよう。

(2a) [Atkinson and Drew 1979: 58]

```
01  B: Why don't you come up and see me some [times
       (時々会いに来たら)
02→ A:                                        [I would like to
                                              (行きたい)
```

(2b) [Atkinson and Drew 1979: 58]

```
01  B: Uh if you'd care to come over and visit a little while
       (あの　もし午前中にちょっと来てくれるなら)
02     this morning I'll give you a cup of coffee.
       (コーヒー1杯ごちそうするよ)
03→ A: hehh Well that's awfully sweet of you,
       (hehh ああ　どうもご親切に)
04→    I don't think I can make it this morning
       (今朝は無理だと思う)
05→    .hh uhm I'm running an ad in the paper and- and uh
       (.hh うーん　新聞に広告を出していて　それで- それで　あの)
06→    I have to stay near the phone.
       (電話の近くにいないといけないんだ)
((原論文から4行略))
```

（2a）では受諾がすぐに、他の要素を伴わずになされている。一方（2b）では、拒否だけでなく誘いへの感謝や釈明など他の要素が発話に加えられている。また応答の冒頭に誘いへの感謝が加えられることで、拒否そのものの出現は遅れている。前者のように簡潔になされる行為タイプの応答を「優先的（preferred）」、後者のように遅延や冗長性を伴う行為タイプの応答を「非優先的（dispreferred）」と呼ぶ。なお、これらの特徴は発言順番や行為連鎖の構造について述べたものであることに注意されたい。すなわち、ある個人が誘いを本当は断りたいというような心理的要素や、ある個人が発話産出が遅れがちだったり余分な情報を付け加えがちだったりするというような話し方の特徴とは無関係に、応答の可能性として2つの行為タイプが考えられる場合にどちらが通常社会的に優先され、簡潔に構成されるかという、個別の話者の特徴にかかわらない構造や社会的規範の問題としてとらえる必要がある。優先的応答が行為として無標（unmarked）で、非優先的応答が有標（marked）だと言ってもよい（Levinson 1983: 6.3 節）。

3.　応答を働きかける仕組みの検討

　隣接対に代表されるように、発話による働きかけとそれに対する応答は行為連鎖の中核をなす単位となる。3.1 節では、発話による働きかけについて斬新なモデルを提示している Stivers and Rossano（2010a）の議論を検討する。3.2 節では、典型的な隣接対の第1成分には含まれないが相手に応答を働きかける発話に関する近年の研究を検討する。

3.1.　Stivers and Rossano（2010a）による応答駆動モデル

　2 節で見たように、誘いや依頼など特定の行為タイプを持った働きかけが隣接対の第1成分として働き、応答となる第2成分が現れることを条件的に適切にするというのが一般的な理解であるが、Stivers and Rossano（2010a）（以下 SR）はこのとらえ方に疑義を唱えた。彼女らは、以下の資源のうちいくつかを用いることで話者が応答を駆動させる（mobilize）ことができると

論じている。カッコ内の具体的記述は、彼女らの議論に基づいて本章著者が補足したものである。

a. 話者により産出される社会的行為
b. 社会的行為がなされる連鎖中の位置
c. 発言順番の構成上の特徴
 1. 疑問文の形態・統語的特徴（疑問詞や疑問の終助詞を用いる、英語等の一部の言語では主語と動詞を倒置させる）
 2. 疑問文の韻律（発話末を上昇音調にする）
 3. 受け手に焦点を当てた認識性[7]（応答者の経験や応答者が詳しい事柄など、応答者の認識領域に属する事柄に言及する）
 4. 話者の視線（応答者に視線を向ける）

　上記 c の発言順番の構成上の特徴については、SR の調査では英語とイタリア語の情報要求発話 336 例の多くにおいて上記の 4 つの特徴が用いられていた（最も少なかった特徴 c4 で 61％、最も多かった特徴 c2 で 89％）。逆に、これらの特徴が 1 つも用いられていない例はなかった。

　この特徴付けによる利点は、隣接対の第 1 成分のように規範的に応答を要求する発話と、3.2 節で述べるような、相手に応答を強く要求しない発話による働きかけを同じ分析軸でとらえられることである。同様に、第 2 順番の発話が第 3 順番での相手の応答を促す場合の働きかけも同じ分析軸によりとらえることができる。また、働きかけの発話にこれらの特徴が複数備わることにより働きかけが強まるという主張は、働きかけの強弱を説明できるという点で注目すべき視点である。

　しかし問題も多い。まず、SR では「話者が応答を駆動させる」のように話者を働きかけの主体に据える記述を行っている。しかし、典型例として隣接対の場合を考えればわかるように、働きかけはその応答との間の行為タイプの規範的な結びつきによって応答を引き出しうるのである。したがって、話者の意図にかかわらず、行為連鎖の構造により応答が引き出される（本章

で「話者による」ではなく「発話による働きかけ」という表現を用いているのはこのためである）。この点から、SR の記述は話者中心的であるとして、彼女らの論文と同じ誌上に同論文への論評として掲載された Schegloff（2010）により批判されている。

ただし Stivers らは誌上で再反論し、話者が相互行為の目的に合わせて行為連鎖のデザインを使い分けているという点を指摘した（Stivers and Rossano 2010b）。どういう行為をどういうデザインで行うかということは話者が主体的に決定しているのである。本書第 6 章でもその一例が示されている通り、話者が行為をどのように構成するかということは重要な相互行為上の現象である。ただ本章では、そのような話者の「主体性」は認めながらも、働きかけは行為連鎖の構造および社会的に共有された規範に起因するもので、個別の話者の意図によるというよりは公的に構成されているということを確認しておきたい。

「話者により産出される社会的行為（上記 a）が応答を駆動させる資源となる」という記述には、もう 1 つ問題がある。ある発言順番でどのような社会的行為がなされているのか認識するためには、まさに本章で論じているように、その発言順番の連鎖中の位置を認識することが不可欠であるし、発言順番の形態的特徴など、発言順番の構成に関わる特徴を認識することも不可欠である[8]。つまり、上記資源 a はその中に資源 b・c を内容として含まざるをえないものである[9]。とすると、「発言順番でなされる社会的行為を受け手が認識すると、応答する適切性が生じる。社会的行為を認識するための資源としては、発言順番の連鎖中の位置や発言順番の構成に関わる特徴が挙げられる。」というような記述の方が、SR で指摘されている資源に言及しつつ働きかけと応答の関係の実態に近付くと考えられる。しかしこの記述は、会話分析で従来考えられてきた内容（Sidnell 2010: 第 4 章）と比べて特に新しいものではない。

また、SR での記述は主に上記資源 c を扱っている。上記 c を発話の受け手から何らかの反応を引き出す資源とすることにはうなずける面もあるが、働きかけ発話と行為タイプの対応した応答を引き出すには、上記 c だけでは

不十分である。働きかけをベクトルとして考えると、SR での議論はベクトルの大きさを定めるやり方に主に注目しており、ベクトルの向きを定めるやり方は十分に言及されていないと言えるだろう。発話が行為タイプの対応した応答を引き出すのは上記資源 a・b によるところが大きいが、前段落で論じたように、その点を扱うには隣接対と条件的適切性を軸にした従来の（本章で論じているような）とらえ方で足りる[10]。

3.2. 応答を強く要求しない発話による働きかけ

SR では、応答を要求する規範が弱い発話の具体例として以下の a 〜 c を挙げている（Stivers and Rossano 2010a: 9）。

a. 告知　（例：マルコが月曜に来るって言ってたよ）
b. 気付き（例：雪が降りだした）
c. 評価　（例：外はいい天気だ）

SR では、これらの発話が応答を強く要求しないと考えられる理由として「応答しなくても制裁を受けない」、「応答しないことが応答の不在（failure）として指向されない」の 2 点を挙げている。平たく言うと、これらの発話には応答しなくても非難されず、「あるべき応答がなかった」という風には指向されないということになろう[11]。これらは確かに標準的な隣接対の規範とは異なっている。

このような発話による働きかけをいくつかの特徴に還元させてとらえようと試みたのが 3.1 節で見た SR の議論であった。Schegloff（2010）はそのようなとらえ方を批判し、SR で挙げられている例がほぼ全て「継続している会話（continuously sustained talk）」ではなく、同じ活動をしているが会話以外のことに注意を払っているような「会話が潜在的に可能な持続状態（continuing state of incipient talk）」[12] の中で現れているものだという点を指摘した。参与者の注意が会話以外のことに向いている場合は、働きかけの後に応答が現れないことが参与者にとって特に問題にならないことがある（複数

人で一緒に作業をしながら会話をしている場面を思い浮かべるとわかりやすいのではないだろうか）。したがって、働きかけが応答を要求する程度もこのような状況では異なってくる。

　この点に関しても誌上で議論がなされているが（Couper-Kuhlen 2010, Schegloff 2010, Stivers and Rossano 2010b）、そこに結論を出すにはまだ研究の蓄積が必要である。このような「会話が潜在的に可能な持続状態」について、応答を強く要求しないような発話の研究が近年なされつつある。（3）はその例で、日本語学習者の Brown と Hill が英語で話している会話を示している。矢印(→および⇒)は本章著者がトランスクリプトに付加したもので、それぞれ「(強くないやり方で)反応を働きかけている発話」と「それに対する応答となっている発話」を示している。

（3）[Mori and Hasegawa 2009: 79]
((原論文から6行略：ここでBrownは日本語の例文を作ったが、「探す」という語を"sagosh"と発話した。))

```
07→ Brown: what's sugu-
                    ┗((Brownは教科書に手を伸ばし始める))
            (何が「スグ」-)
08→ Brown: what's I'm looking for [(.)that's uh (.)=
                                  ┗((Brownはページをめくり始める))
            (僕が探しているのは  あれは)
09   Hill:                        [he he he
10→ Brown: =sagosu?
            (「サゴス」?)
11          (1.5)
12→ Brown: [>I'm gonna look this up.<
            (調べよう)
13⇒ Hill:  [(°saga°)
            (「サガ」)
14→ Brown: is it sagashi? okay. [(.) yeah. sa[gasu.
            (「サガシ」かな?  そうだ      うん  「サガス」)
```

```
15⇒ Hill:                       [it's        [sagasu.
                                (            「サガス」だ)
```

((原論文から2行略))

　(3)では Brown が「探す」という語を思い出そうとしている。(3)での Brown のふるまいについて特徴的なのは、視線を教科書に向け、発話形式を他者に明確に宛てないものにすることで、このふるまいが Brown 自身に向けられているのか Hill に向けられているのかはっきりわからないようにしていることである[13]。これらの特徴は、応答を駆動させる際の発言順番の構成上の特徴として SR で挙げられたもの(3.1節)と一致するが、そこに含まれていない Brown のふるまいの特徴として、07〜08行目および14行目での発話内容や身体動作(教科書のページをめくっている)が「適切な単語を探している」という自分の認知過程を Hill に確認できる形で表していることや、12行目で自分が今からする行為を言葉に出していることがある。これらは、進行中の授業内の活動に言及することで同じ活動をしている他の参与者に活動を進展させることに指向させるという働きをしており、発話がなされている状況に即した行為連鎖組織となっている。

　このように発話がなされている状況に指向しながら、明示的でなく応答を働きかけるやり方の例が、教室場面のピア活動(Ford 1999, 増田・城 2017)、職場でのミーティング(Stevanovic 2013)、家族間のやりとり(Ogiermann 2015)、子育てひろばでのやりとり(戸江 2008, 2018: 第7章)について指摘されている。このように様々な場面について研究を蓄積していくことで、「会話が潜在的に可能な持続状態」での行為連鎖組織や、応答を強く要求しないような発話による働きかけといった課題にも糸口が見えてくると考えられる[14]。

4. 連鎖組織の基本単位をめぐる議論： 3 つの発言順番の組について

　2.1節で述べたように、連鎖組織の基本単位は隣接対であるというのが基

本的な考え方である。後で見る（4b）のように「働きかけ−応答−評価」から成る 3 つの発言順番の組を考えてみよう。連鎖組織の基本単位は隣接対であるとする立場に立つと、「働きかけ−応答」の後に第 3 順番で「評価」がなされているこのような例は、「隣接対の後方拡張」ととらえられる[15]。つまり、3 つの発話が組になっているように見えても、第 3 順番の発話は連鎖組織の基本単位として必須のものではなく、あくまで付随的なものとしてとらえられる。なお、（1）でも「依頼（04 行目）−受諾（08 行目）−受け取り（09行目「うん」）」という 3 つの発言順番の組が見られるが、これも同様に隣接対の後方拡張としてとらえられる。

　ただし、このような 3 つの発言順番の組について、第 3 順番まで含めて連鎖組織の基本単位であるとする考え方もある。本節ではその点を検討する[16]。

4.1. 教室場面の連鎖組織

　3 つの発言順番の組を連鎖組織の基本単位だとする考え方は、教室場面の相互行為の分析に基づいて主張されることが多かった（Mehan 1979a, 1979b, Sinclair and Coulthard 1975 他）。これらの研究で指摘されているように、教室場面の特徴は、質問の回答を知っている教師が生徒に質問するということである。したがって、日常会話で回答を知らない者が回答を求めて質問をする場合と異なり、生徒の回答が教師の求めたものと一致するかどうかということが問題になり、生徒の応答が教師による評価の対象となる[17]。Mehanは、日常会話では（4a）のように第 3 順番に受け取りが現れるが、教室場面では（4b）のように第 3 順番に評価が現れると論じ、教授連鎖（instructional sequence）では第 3 順番に評価が現れることが義務的だと主張している（Mehan 1979b）。

(4a) [Mehan 1979b: 285]（（日常会話））
```
01  A: What time is it, Denise?
       (何時ですか、デニス？)
```

02 B: 2:30
　　　（2:30です）
03 A: Thank you, Denise
　　　（ありがとう、デニス）

（4b）[Mehan 1979b: 285]（（教室場面））
01 A: What time is it, Denise?
　　　（何時ですか、デニス？）
02 B: 2:30
　　　（2:30です）
03 A: Very good, Denise
　　　（とてもよくできました、デニス）

　教室場面で質問連鎖の第 3 順番に評価などの発話が現れることには生徒も指向している。第 2 順番の後ですぐ教師が発話しない場合には、教師に受け入れられる回答が第 2 順番でなされなかったものとして指向され、生徒が第 2 順番を別の回答でやり直すことが適切になる（Lerner 1995）。（5）では第 2 順番で何人かの生徒たちが回答をしているが、教師による評価がなされないので、最初の質問に対する回答のやり直しが次々になされている[18]（05 〜 09 行目）。

（5）[Lerner 1995: 116]
01 Simson: If you were big, if you were big,
　　　　　（もしあなたが大きかったら　もしあなたが大きかったら）
02 　　　　bigger than anybody in this whole classroom
　　　　　（このクラス全体の誰よりも大きかったら）
03 　　　　(.) how could you solve (.) that problem.
　　　　　（どうやってあなたはその問題を解決できますか）
04 Erica: um
　　　　　（うーん）
05 Juan: cutting your legs ((laughs)) no huh huh
　　　　　（脚を切る　　　　　　（（笑う））　　いや huh huh）

```
06 Erica: bend dow::n::?
          (しゃがむ)
07 Juan:  get on your knees
          (ひざ立ちする)
08 Daniel:(to exercise)
          (運動する)
09 Juan:  get on yr knees
          (ひざ立ちする)
10 Juan:  no:::
          (違う)
11        (2.0)
12 Juan:  do you know it Miss Simson?
          (わかりますかシムソン先生)
```

　教師が求める回答が第2順番でなされた場合には、(4b)のように第3順番に評価が現れて行為連鎖が終了する。一方、そうでない応答が第2順番でなされた場合には、(5)の11行目のように第3順番の発話の産出が遅延されたり、(6)の03行目のように第3順番で否定的評価、回答の促し、訂正がなされたりして行為連鎖は拡張する。(6)で、話者名のTは教師、Pは生徒を表す。

(6) [Coulthard 1985 [1977]: 125=1999: 205[19]]

```
01 T: What does the food give you?
      (食べ物は君たちに何を与えてくれますか)
02 P: Strength.
      (力です)
03 T: Not only strength we have another word for it.
      (力だけでなく別の言い方があるでしょう)
04 P: Energy.
      (エネルギーです)
05 T: Good girl, energy, yes.
      (そのとおり。エネルギーですね)
```

このように、教室場面で教師が開始する質問連鎖において 3 つの発言順番の組が一定の秩序のもとで連鎖組織を形成しているという考え方には一定の妥当性がある[20]。しかし、3 つの発言順番の組を教師の質問に限らず連鎖組織全般の基本単位と考えるには、課題として残された点が多い。その点については 4.4 節で論じるが、その前に 4.2 節で Kevoe-Feldman and Robinson (2012) の議論を概観し、教師の質問以外の例を確認したい[21]。

4.2. 教室場面以外の連鎖組織：製品の修理状況照会

Kevoe-Feldman and Robinson (2012)（以下 KR）は電器店の社内修理施設に客からかかってくる電話を分析し、製品の修理状況を尋ねる行為連鎖は本質的に 3 つの発言順番から構成されていると主張している。彼らの議論によると、第 1 順番でなされる製品の修理状況照会に対しては製品の「現在の所在」と「修理完了時期の見積もり」の情報を含む応答が第 2 順番で条件的に適切 (conditionally relevant) となる。この 2 つの情報を含む応答がなされれば (7) のように第 3 順番で客はそれを受け入れる。

以下の (7) ～ (9) で、「1 →」のような数字付きの矢印は、矢印の付いた発話が行為連鎖の何番目の順番かを表している。(7)・(8) で、REP は従業員、CUS は客である。

（7）[Kevoe-Feldman and Robinson 2012: 220]
```
01          ((電話の呼び出し音))
02    REP:  Jack Camera. This is Tara speaking. May I help you?
            (ジャックカメラです　タラが承ります　どういったご用ですか)
03          (.)
04    CUS:  Hi. Uhp- My- uhm laptop was se:nt onta thuh:
            (こんにちは　あ- 私の- うーん ラップトップが)
05          Toshiba factory from- uh:m other r'pairs.
            (東芝の工場に他の修理から送られたんです)
061→        How do I check thuh status of that.
            (その状況はどうやって確認できますか)
```

((16行略：従業員が修理確認番号を客に尋ね、電話口を離れて番号を見つけてから戻って来る。))

```
23    REP: H'llo?
           (もしもし)
24         (1.2)
25    CUS: Hi:.
           (もしもし)
26 2→ REP: Okay. Yeah. It's returned from
           (はい そうです 戻って来ています)
27 2→     thuh manufacturer as of t'day.
           (製造元から今日)
28 2→     So: it actually should be going back
           (ですから もうお手元に戻るはずです)
29 2→     to you: .h uhm within thuh next
30 2→     two business days.
           (う:ん 2営業日以内に)
31 3→ CUS: Oh. okay.
           (ああ わかりました)
32    REP: Okay?
           (いいですか)
33    CUS: Thank you.
           (ありがとうございます)
34    REP: No problem.[Bye:]
           (いえいえ 失礼いたします)
35    CUS:           [Bye.]
                     (失礼いたします)
```

　KR では、このように第 2 順番で述べられた修理状況が第 3 順番で受け入れられる場合が優先的で、拒否される場合や受け入れが遅延される場合が非優先的だと論じている。この場合、従業員は修理状況が受け入れられるまで行為連鎖を拡張する。(8)はその例である。(8)については、原論文には矢印が付いておらず、原論文の記述に基づいて本章著者が矢印を付加している。

（8）[Kevoe-Feldman and Robinson 2012: 227]

```
01              ((電話の呼び出し音))
02      REP: G'd afternoon Jack Camera Michele speaking.
              (こんにちは ジャックカメラのミシェルです)
03              (.)
04 1→   CUS: Yea::h=I wan'ed duh check on ay:=uh: repair status,
              (こんにちは 修理状況を確認したかったんです)
05              (.)
06 2→   REP: Okay what is thuh work order number?
              (わかりました 作業注文番号は何番ですか)
((11行略))
18 2→   REP: We:ll it looks like it was entered into our
19 2→        system on thuh ten:th? (0.2) a::nd (0.2) currently
              (あの 製品はうちのシステムに10日に入ったようです)
20 2→        been in line since thee eleventh. These repairs are
              (それで今は11日から順番待ちの状態です)
21 2→        taking fifteen tuh thirty business days. °°right now.°°
              (こうした修理は15〜30営業日かかります 今は)
22 3→   CUS: Sh::ew Go:d.
              (なんてことだ)
23              (0.4)
24      REP: So it's still in l[i:ne.   ]
              (ですので製品はまだ順番待ちの状態です)
25      CUS:                   [So they] haven't even looked
26           at it yet.
              (じゃあまだ製品を見てもいないんですね)
27              (.)
28      REP: No:. not y[et.]
              (はい まだです)
29      CUS:           [>Wu]nder how it< took six days tuh get
              (どうしたら着くのに6日かかったんだろう)
30           there.=I sent it second da:y. ai:r. I mean secon-
              (「2日便」で送ったんです 航空便で)
```

```
31            yeah. second day DHL:.
              (はい DHLの「2日便」で)
32    REP: Y:ep, we: entered it on thuh tenth.
              (はい 10日に((システムに))入れました)
33         (1.0)
34    CUS: (        ) I sent it second day. It shouldn'=uh
              (「2日便」で送ったんです)
35          .hhhhhhhh uh took (.) fi:ve six days tuh
              (着くのに5, 6日かかるはずがない)
36          get there. b't (.) no:w (tha') I guess it did-
37          what it did.
              (でも じゃあかかったんでしょうね)
38         (3.2)
39    CUS: O::ka:y then uh=hhhh guess that's (.) all we can do.
              (わかりました じゃあ 私達ができるのはそれだけですね)
40    REP: That's all thuh status that we have as of right now.
              (現在こちらで把握している状況はそれだけです)
41         (0.2)
42    CUS: O:kay. Thank you.
              (わかりました ありがとうございます)
43    REP: Arigh' you're welcome.
              (はい どういたしまして)
44    CUS: Buh Bye.
              (さようなら)
((通話が終わる))
```

　第3順番（22行目）で否定的評価が現れた次の位置で、従業員は21行目で一旦は完了した応答発話を再完了させている（24行目）。これは、修理状況を述べることで次の位置で客が応答することを再び適切にし、客による製品状態の受け入れを追求するやり方だとKRでは論じられている[22]。この後客が「じゃあかかったんでしょうね」と言って諦めを表明（36〜37行目）したところで行為連鎖は終了に向かっている。

4.3. 3 つの発言順番の組を連鎖組織の基本単位と考えうる例の特徴

本節では、3 つの発言順番の組を連鎖組織の基本単位と考えうる例の特徴について論じる。KR では、4.2 節で見たような「製品の修理状況照会」の例では「間主観性がそれほど保証されていない」と論じられており、それは「教師の質問」にも当てはまるとされている。わかりやすいと思われる「教師の質問」の例の方を先に挙げると、どういう応答が教師に受け入れられるかということは、質問者である教師にはわかっていても、応答者である学生には明らかではない。したがって、「教師の質問」においては参与者間に間主観性が保証されていないというのである。「製品の修理状況照会」の場合は、顧客が照会している情報は価値中立的なものではなく、顧客にとって「よい／悪い知らせ」になりうるものであると KR で論じられている。したがって、どういう応答が質問者である顧客にとって受け入れられるものであるかは応答者である電器店の従業員にはわからず、参与者間に間主観性が保証されていないということになる。このように間主観性が保証されていない行為連鎖においては、第 2 順番での応答について第 3 順番で承認を与える必要性が出てくると考えうるということになる[23]。

KR では、(9) のように訪問時間を調整する行為連鎖の例も挙げられている。話者名の DAN は Dana、GOR は Gordon を表す。

（9）[Kevoe-Feldman and Robinson 2012: 238]

```
01    DAN: Do you wan'me t'pop over.
            (寄ってほしい)
02    GOR: Please.
            (お願い)
03         (0.3)
04 1→ DAN: Okay. 'bout what ti[me.
            (わかった　何時頃)
05 2→                         [u-.hhhh h-Uh:: up to you. In
            (う-          あ::  任せる)
```

```
06          the afternoon.
            (午後に)
07          ((ガチャンという音))
08 3→ DAN:  Okay.
            (わかった)
09          (.)
10    GOR:  .hhhh[h
11    DAN:       [Bye: I'll see you then then
            (さようなら　じゃあそのときにね)
```

このように段取りを調整する行為連鎖の場合も、その段取りに関係する参与者全員がその段取りで支障ないということが共有されるまで（Kevoe-Feldman らの用語に倣うと、間主観性が保証されるまで）は行為連鎖は終了しない。(9) の場合は第 2 順番では Gordon にとって午後が都合のよい時間だということしかわかっておらず、Dana にとっても午後が都合がよいということは第 3 順番にならないとわからない。このように、やりとりをしている双方の（多人数会話ならば関係する全員の）参与者についての情報が互いに共有される必要がある行為連鎖でも、3 つの発言順番の組が連鎖組織の基本単位となっている可能性があると考えられる。

4.4.　第 3 順番の発話は連鎖組織の基本単位に含まれるのか

ここまでで、少なくともある種の行為連鎖においては 3 つの発言順番の組が連鎖組織の基本単位をなすという立場をとる研究を概観した。本節ではそのような立場の妥当性を検討する。

2.2 節で、連鎖組織は最小の場合には「やりとりの開始－それに対する応答」という 1 つの隣接対により構成され、隣接対が連鎖組織の基本単位となると論じた。逆に、3 つの発言順番の組を連鎖組織の基本単位としてとらえるならば、1 つの連鎖組織が終了するには、最小の場合でも第 3 順番の発話まで必要だということになる。確かに、3 つの発言順番の組が基本単位をなすと考えうるような行為連鎖をここまででいくつか確認してきたが、隣接対のみで終了する連鎖組織も多い。したがって、連鎖組織一般について第 3 順

番の発話までが必要だと考えるのは難しいであろう。この点についてより詳しくは、串田・平本・林（2017: 第 4 章 3.3 節）や高木・細田・森田（2016: 第 4 章 1.2.5 節）を参照されたい。

　では、ここまでで見たようないくつかの行為連鎖に限って、連鎖組織の基本単位は隣接対（第 3 順番は後方拡張となる）ではなく 3 つの発言順番の組ととらえてよいであろうか。この問題に答えを出すには、まだ研究の蓄積が必要だと考えられるが、「教師の質問」「段取りの調整」については、3 つの発言順番の組を連鎖組織の基本単位とみなす必然性が比較的高いように思われる。教師は自分が知っている内容を学生に尋ねるので、質問の目的は学生から情報を得ることではなく、学生が正しく答えられるかを知り、それによって学生を評価することである。このことを考えると、学生の応答（第 2 順番）の後の位置である第 3 順番で教師による評価が現れることは、行為の性質に即した妥当性を持つからである。逆に、学生の応答の後で教師が評価を行わないことは、「本来あるべきものがない（noticeably absent）」と感じさせる。「段取りの調整」では、第 1 順番で具体的な候補が提示されていない場合は、（参与者は 2 人以上なので）参与者の都合がわかるのにさらに 2 つ以上の発言順番を要する。そのため、第 3 順番まで進まないと行為連鎖が終了しないことが十分考えられるだろう。ただし、ここで示したように、「教師の質問」と「段取りの調整」で第 3 順番が必要となる要因は異なっている。これらを同じ「間主観性の保証」という分析軸でとらえるよりは、個々の行為連鎖ごとに別々に議論を立てた方がよいだろう。そもそも、KR で論じられている「間主観性」は、「第 2 成分の話者の応答が第 1 成分の話者にとって受け入れられるものであるか」という、応答の受け手にとっての応答内容の価値に関わる問題であることに注意されたい。KR では「間主観性」について Heritage（1984）、Schegloff（1992）の文献名を挙げているが、これらの文献で取り上げられている「間主観性」は先行発話の理解に関わる問題であるので、KR の議論を単純にこれらの文献での議論と同一視できるわけではない。このことも、個々の行為連鎖の分析に根ざした議論が必要となる理由である。

一方、「製品の修理状況照会」において連鎖組織の基本単位が3つの発言順番の組であるというとらえ方には疑問が残る。KRで「間主観性が保証されていない」とされているのは、「どういう応答が質問者にとって受け入れられるものであるかが応答者にわからない」という状態であった。「教師の質問」のように質問者の側が知識を持っている場合は、こういう状態だと言えるであろう。しかし「製品の修理状況照会」においては、応答者の側が知識を持っているので、行為の構造としては、どういう応答が適切かを応答者の側がわかっているはずである。この場合でも「どういう応答が質問者にとって受け入れられるものであるかが応答者にわからない」ということは実際にはあるが、それは行為連鎖の性質ではなく個別の発話状況に即した問題であり、「製品の修理状況照会」以外の質問−応答連鎖や、質問−応答以外の行為連鎖にも当てはまるものである（例えば、「お菓子が余ったからどう？」と勧められた際に、「もらう」「もらわない（遠慮する）」のどちらの応答が質問者にとって受け入れられるものであるかが応答者にわからないことはあるだろう）。したがって、KRで論じられているように「間主観性が保証されていない」という状態が「製品の修理状況照会」という行為連鎖において本質的だと考えるのは疑問である。また、こうした個別の話者の主観に関わる問題を会話分析で扱うことは慎重さを要するだろう（3.1節で記した、SchegloffによるStivers and Rossano (2010a)への批判を想起されたい）。

　本節の最後に、連鎖組織の基本単位として3つの発言順番の組をとらえる場合に注意したい点として挙げたいのは、第3順番が必須か否かは行為の性質に即して検討されるべきだということである。例えば、(4a)で第3順番の発話までが行為連鎖にとって必須であるように思われる読者がいるかもしれない。その場合、第3順番の「ありがとう」が第1順番で開始された行為（時刻の質問）において必須であるのか、相手に対する待遇面で必須と感じられるのかということは少なくとも区別して考えるべきであろう。「自分のためにやってもらった行為に感謝する」というのは待遇面では必須に思われるが、それを行為連鎖の問題として考えるべきかは検討を要する。もしこれを行為連鎖の問題として考えるならば、広く「自分のためにやってもらう」行

為(例えば質問、依頼)の連鎖組織をとらえ直すことになるだろう。

5. おわりに

　本章では、会話の中で行為を理解する上で不可欠の役割を果たし、それゆえ会話分析の最も基本的な論点の1つである連鎖組織について論じた。本章では発話による働きかけおよび連鎖組織の基本単位という論点を取り上げ、これらの論点について斬新なとらえ直しを行っている近年の研究の妥当性を検討しつつ、今後の連鎖組織の研究において鍵となると考えられ、研究の蓄積が期待されるいくつかの方向性を示した。

注

1　「(行為)連鎖組織」と言う場合は、発言順番においてなされるいくつかの行為をひとつのまとまりにするような発言順番間の関係性を指し、単に「連鎖(sequence)」と言う場合は、会話中での連鎖組織の具体的な例を指す。ただし、両者が必ずしも厳密に使い分けられていないことも多い。

2　ただし、この「隣接」のとらえ方については 2.2 節を参照のこと。

3　この記述は著者の推測ではなく、第 1 章の 2.1 節で論じられているような、常識的・合理的な理解可能性であると言ってよいであろう。

4　会話分析における「適切性(relevance)」は「関連性」と訳されることもあるが、いずれにしても関連性理論(Sperber and Wilson, 1995 [1986])における「関連性(relevance)」とは異なる概念であることに注意されたい。英語そのままに「レリヴァンス」と呼ばれることもある。

5　この区別については、串田・平本・林(2017: 第 4 章)で具体例(断片(3))を基に論じられている。

6　優先組織については第 9 章 3 節の議論も参照されたい。

7　認識性については本書第 7 章を参照されたい。特に同章 5 節では、Stivers and Rossano(2010a)からの例が示されている。

8　この点については本書第 6 章も参照されたい。同章では、行為を産出する側に立って発言順番のデザインと行為の関係が論じられている。

9　この記述について、会話分析ワークショップ（2012 年 3 月、関西学院大学）での Stivers and Rossano（2010a）についての議論を参考にした。

10　Schegloff は、隣接対における働きかけが最初に記述されたのは電話会話の呼びかけ－応答連鎖（「もしもし」－「もしもし」）についてであり（Schegloff 1968）、そこでは応答を引き出すために上記資源 c が義務的に用いられていないということを指摘している（Schegloff 2010）。

11　具体例は Stivers（2013: 205–206）を参照のこと。

12　incipient talk を文字通りにとらえると「会話の開始部分」となるが、先行研究をふまえると、「潜在的に会話が可能な状態」ととらえるべきであろう。Berger, Viney, and Rae（2016）でもこのことが指摘されている。

13　語を思い出そうとする際に相手の関与を働きかけるやり方と働きかけないやり方の比較については Brouwer（2003）や Goodwin（1987）を参照のこと。

14　隣接対レベルの応答の要求とはレベルが異なるが、受け手に選択を委ねつつ次の話題になりうる事柄を提示するやり方（平本 2011, Schegloff 2007: 8 章）は、応答を強く要求しないという点で、本節で論じた働きかけと通じる点がある。

15　隣接対の後方拡張には第 4 順番以降まで連鎖が拡張する場合もある。第 3 順番で連鎖を閉じる「最小後方拡張」と第 4 順番以降も続く後方拡張の違いは、連鎖の終了／拡張への参与者の指向を反映する興味深い論点だが、本章ではこの点にはふれない。

16　本節の執筆にあたって Tsui（1989）の考察から多くを学んだ。

17　本章では質問された内容への答えを「回答（answer）」、内容的に質問の答えであるか否かにかかわらず質問発話に反応する発話を「応答（response）」と呼んで区別している。したがって、応答の内容は回答ではない場合もある。

18　(5) では Lerner（1995）の他の断片と違って Simson は「教師」とトランスクリプト上に明記されていないのだが、12 行目で Miss Simson（シムソン先生）と呼びかけられていることから教師だと考えられる。

19　本断片の日本語訳はクールタード（1999)による。

20　ただし近年の研究では、教師が開始する質問連鎖が「自分が知っている知識について教師が生徒に質問をし、生徒がその知識を知っているかどうかを試す」ものだという固定観念に疑問が呈されている（Lee 2007, Nassaji and Wells 2000）。また、学習者中心の教育観に基づいてピア活動などを取り入れている近年の教育現場ではそもそも従来の教師対生徒の構図が揺らぎ、教師や生徒の発話のあり方はより多様になっている（Gardner 2013）。

21　教師の質問以外で 3 つの発話の組を行為連鎖の基本単位とした初期の研究には Jefferson and Schenkein（1978 [1977]）があるが、同論文の注 19 にあるように、隣接対との関係が十分に明らかにされていない。したがって、本章では同論文の議

論を直接扱わず、ここに言及するに留める。

22 第 2 順番の発話によって、相手が第 3 順番で発話することが適切になるという議論であるが、Kevoe-Feldman らはこの適切性を「条件的適切性」とは区別している（Kevoe-Feldman and Robinson 2012: 注 8）。「条件的適切性」は、2.2 節で記したように、隣接対の第 1 成分と第 2 成分の間にはたらく関係性のことだからである。

23 参与者間の知識状態の差と第 3 順番の発話の関係については、高木・細田・森田（2016: 第 4 章 1.7.2 節）でも論じられている。

引用文献

Atkinson, J. M. and P. Drew. (1979) *Order in Court: The Organisation of Verbal Interaction in Judicial Settings*. London: The Macmillan Press Ltd.

Berger, I., R. Viney, and J. P. Rae. (2016) Do Continuing States of Incipient Talk Exist? *Journal of Pragmatics* 91: pp.29–44.

Brouwer, C. E. (2003) Word Searches in NNS-NS Interaction: Opportunities for Language Learning? *The Modern Language Journal* 87(4): pp.534–545.

Coulthard, M. (1985 [1977]) *An Introduction to Discourse Analysis (2nd ed.)*. London: Longman.（マルコム・クールタード　吉村昭市・貫井孝典・鎌田修訳 (1999)『談話分析を学ぶ人のために』世界思想社）

Couper-Kuhlen, E. (2010) Commentary on Stivers and Rossano: "Mobilizing Response." *Research on Language and Social Interaction* 43(1): pp.32–37.

Ford, C. E. (1999) Collaborative Construction of Task Activity: Coordinating Multiple Resources in a High School Physics Lab. *Research on Language and Social Interaction* 32(4): pp.369–408.

Gardner, R. (2013) Conversation Analysis in the Classroom. In Sidnell, J. and T. Stivers. (eds.) *The Handbook of Conversation Analysis*, pp.593–611. Oxford: Wiley-Blackwell.

Goodwin, C. (1987) Forgetfulness as an Interactive Resource. *Social Psychology Quarterly* 50(2): pp.115–131.

Heritage, J. (1984) *Garfinkel and Ethnomethodology*. Cambridge: Polity Press.

平本毅(2011)「話題アイテムの掴み出し」『現代社会学理論研究』5: pp.101–119. 日本社会学理論学会

Jefferson, G. and J. Schenkein. (1978 [1977]) Some Sequential Negotiations in Conversation: Unexpanded and Expanded Versions of Projected Action Sequences. In Schenkein, J. (ed.) *Studies in the Organization of Conversational Interaction*, pp.155–172. New York: Academic Press.（*Sociology* 11(1): pp.87–103 の再掲）

Kevoe-Feldman, H. and J. D. Robinson. (2012) Exploring Essentially Three-Turn Courses of Action: An Institutional Case Study with Implications for Ordinary Talk. *Discourse*

Studies 14(2): pp.217–241.

串田秀也・平本毅・林誠(2017)『会話分析入門』勁草書房

Lee, Y-A. (2007) Third Turn Position in Teacher Talk: Contingency and the Work of Teaching. *Journal of Pragmatics* 39: pp.180–206.

Lerner, G. (1995) Turn Design and the Organization of Participation in Instructional Activities. *Discourse Processes* 19: pp.111–131.

Levinson, S. C. (1983) *Pragmatics*. Cambridge: Cambridge University Press. (S. C. レヴィンソン　安井稔・奥田夏子訳 (1990)『英語語用論』研究社)

MacWhinney, B. (2007) The TalkBank Project. In Beal, J. C., K. P. Corrigan, and H. L. Moisl. (eds.) *Creating and Digitizing Language Corpora, Volume 1, Synchronic Databases,* pp.163–180. Houndmills: Palgrave-Macmillan.

増田将伸・城綾実(2017)「「わからない」理解状態の表示を契機とする関与枠組みの変更」片岡邦好・池田佳子・秦かおり編『コミュニケーションを枠づける：参与・関与の不均衡と多様性』pp.27–46. くろしお出版

Mehan, H. (1979a) *Learning Lessons: Social Organization in the Classroom*. Cambridge: Harvard University Press.

Mehan, H. (1979b) "What Time Is It, Denise?": Asking Known Information Questions in Classroom Discourse. *Theory into Practice* 18(4): pp.285–294.

Mori, J. and A. Hasegawa. (2009) Doing Being a Foreign Language Learner in a Classroom: Embodiment of Cognitive States as Social Events. *International Review of Applied Linguistics in Language Teaching* 47: pp.65–94.

Nassaji, H. and G. Wells. (2000) What's the Use of 'Triadic Dialogue'?: An Investigation of Teacher-Student Interaction. *Applied Linguistics* 21(3): pp.376–406.

Ogiermann, E. (2015) Direct Off-Record Requests?: 'Hinting' in Family Interactions. *Journal of Pragmatics* 86: pp.31–35.

Schegloff, E. A. (1968) Sequencing in Conversational Openings. *American Anthropologist* 70(6): pp.1075–1095.

Schegloff, E. A. (1992) Repair after Next Turn: The Last Structurally Provided Defense of Intersubjectivity in Conversation. *American Journal of Sociology* 97(5): pp.1295–1345.

Schegloff, E. A. (2007) *Sequence Organization in Interaction: A Primer in Conversation Analysis, Vol.1*. Cambridge: Cambridge University Press.

Schegloff, E. A. (2010) Commentary on Stivers and Rossano: "Mobilizing Response." *Research on Language and Social Interaction* 43(1): pp.38–48.

Schegloff, E. A. and H. Sacks. (1973) Opening up Closings. *Semiotica* 8(4): pp.289–327. (エマニュエル・シェグロフ，ハーヴィー・サックス　北澤裕・西阪仰訳 (1989)「会話はどのように終了されるのか」北澤裕・西阪仰編訳『日常性の解剖学：知と

会話』pp.175–241. マルジュ社）

Sidnell, J. (2010) *Conversation Analysis: An Introduction.* Chichester: Wiley-Blackwell.

Sinclair, J. M. and R. M. Coulthard. (1975) *Towards an Analysis of Discourse: The English Used by Teachers and Pupils.* Oxford: Oxford University Press.

Sperber, D. and D. Wilson. (1995 [1986]) *Relevance: Communication and Cognition (2nd ed.).* Oxford: Blackwell Publishing. （ダン・スペルベル, ディアドリ・ウィルソン　内田聖二・中逵俊明・宋南先・田中圭子訳（1999 ［1993］）『関連性理論：伝達と認知』研究社）

Stevanovic, M. (2013) Constructing a Proposal as a Thought: A Way to Manage Problems in the Initiation of Joint Decision-Making in Finnish Workplace Interaction. *Pragmatics* 23(3): pp.519–544.

Stivers, T. (2013) Sequence Organization. In Sidnell, J. and T. Stivers. (eds.) *The Handbook of Conversation Analysis*, pp.191–209. Oxford: Wiley-Blackwell.

Stivers, T. and F. Rossano. (2010a) Mobilizing Response. *Research on Language and Social Interaction* 43(1): pp.3–31.

Stivers, T. and F. Rossano. (2010b) A Scalar View of Response Relevance. *Research on Language and Social Interaction* 43(1): pp.49–56.

高木智世・細田由利・森田笑（2016）『会話分析の基礎』ひつじ書房

戸江哲理（2008）「乳幼児をもつ母親の悩みの分かち合いと「先輩ママ」のアドヴァイス：ある「つどいの広場」の会話分析」『子ども社会研究』14: pp.59–74. 日本子ども社会学会

戸江哲理（2018）『和みを紡ぐ：子育てひろばの会話分析』勁草書房

Tsui, A. B. M. (1989) Beyond the Adjacency Pair. *Language in Society* 18: pp.545–564.

謝辞

本章草稿の一部を、平成26～28年度科学研究費補助金基盤研究(B)「発話連鎖アノテーションに基づく対話過程のモデル化」（課題番号：26284055、研究代表者：伝康晴）の研究会合および京都大学談話・語用論研究会で検討していただき、有益なコメントをいただいた。また、平本毅、横森大輔、城綾実の各氏からも、本章草稿に対して有益なコメントをいただいた。ここに記して感謝する。もちろん本章の不備は著者の責任である。

第**3**章 会話分析から言語研究への広がり

──相互行為言語学の展開

横森　大輔

1.　はじめに

　会話分析研究において行われる会話データの緻密な観察と記述は、言語研究に対して大きなインパクトを与え続けている。その中で、一部の機能主義言語学者は、会話分析の知見と方法論を積極的に導入し、相互行為言語学と呼ばれる研究枠組みを発展させてきた。本章では、相互行為言語学という枠組みの形成と展開、そして研究上の特徴となる3つの視点について概観し、最後に日本語の副詞節の1つである「から」節の後置構文を題材に、言語現象への相互行為言語学的アプローチの事例を紹介する。

2.　会話分析と言語学の邂逅

2.1.　言語学にとっての会話分析

　会話分析は、人々がどのようにして会話という相互行為における秩序を実現しているのか(あるいは、いかに秩序立ったやり方で会話を行っているか)を論じる社会学の一分野であり、言語現象の解明を主目的とはしていない(第1章3節を参照)。とは言うものの、実際の会話(あるいは相互行為の中のトーク(talk-in-interaction)[1])を収録したデータの綿密な観察と記述は会話分析研究の中核を成す営みであり、そこから得られる洞察は、言語学の領域に大きなインパクトを与え続けている。

　例えば、第1章でも触れられた通り、言語学分野で最も権威のある学術

誌の1つである *Language* 誌（アメリカ言語学会発行）に掲載された中で最も被引用回数が多い論文は Sacks, Schegloff, and Jefferson（1974）であり、Schegloff, Jefferson, and Sacks（1977）もまた被引用回数の上位に位置していることが知られている[2]。また、これらの論文刊行に先立つ1973年夏、アメリカ言語学会の夏期講座において、Sacks と Schegloff が講師として招聘され講義を行ったということも特筆すべき出来事である[3]。Schegloff が "syntax-for-conversation" の概念のもと、文法観の根本的な捉え直しを言語学者に対して迫った論考（Schegloff 1979）は、20世紀理論言語学の展開において重要な位置を占める Academic Press 社の *Syntax and Semantics* シリーズの中の1冊に収められている。また、Stephen Levinson は、Cambridge University Press 社の *Cambridge Textbooks in Linguistics* シリーズの一冊として著した語用論の教科書（Levinson 1983）の中で、一章を費やして言語学徒に向けた会話分析の知見の紹介を行い、それ以前に盛んに行われていた間接言語行為の理論言語学的分析（例えば Gordon and Lakoff（1971））における課題を克服できることを論じるなど[4]、極めて肯定的に会話分析のアプローチを提示している。

2.2. 談話機能言語学から会話分析への接近

　会話分析が1970年代より言語学者たちに対して確かな存在感を見せていた一方で、言語学の中でも、会話分析との接合を促進する素地が育まれていった。そもそも、いわゆるチョムスキー革命以降の言語学において一般的だったのは、研究者が作った例文に対して直観に基づく分析を行うという研究手法であった。それに対し、機能主義[5]の立場に立つ言語学者たちの一部は、実際の言語使用のデータ（すなわち談話データ）を研究に利用することで、様々な言語現象をそれらが使用される談話文脈との関係で理解することを目指した（Chafe 1980, Du Bois 1987, Thompson 1997）。このようなアプローチは機能主義的な言語学の中でも特に談話機能言語学（Discourse-functional Linguistics）と呼ばれており（Cumming and Ono 1997, 大野・中山2017）、その初期には書かれた文章や1人の話者によるモノローグ的な語りのデータを主に利用した言語研究が展開されていたが、1980年代後半以降、

少しずつ会話データの利用が拡大していった。

　談話機能言語学が 1980 年代から 1990 年代にかけて盛んに展開する中、その中の一部の研究者は会話分析の知見と方法論を積極的に採用し、言語構造を相互行為の観点から検討する研究にコミットし始めた（これは、上述の通り、少しずつ会話データの利用が増えてきたことと無関係ではないだろう）。一方、相互行為的な視点を重視し始めた言語学者たちと交流する中で、会話分析の研究者たちもまた、会話の中の言語構造への考察をさらに精緻化していった。このように、言語学と会話分析（社会学）の出会いによって生みだされた学際的な研究実践の一群は、初期には「相互行為と文法（Interaction and Grammar）」という名の下で展開し、さらに 2000 年代以降は「相互行為言語学（Interactional Linguistics）」という 1 つの研究領域として知られるようになった。

2.3. 相互行為言語学の確立と展開

　「相互行為と文法」および「相互行為言語学」の発展の中で分水嶺として位置づけられるのが、その名も *Interaction and Grammar* と題された一冊の論文集（Ochs, Schegloff, and Thompson 1996）である。この論文集は、Sacks 亡き後の会話分析を先導してきた Schegloff、談話機能言語学の旗手をつとめてきた一人である Sandra Thompson、そして言語使用と相互行為の人類学的研究で知られる Elinor Ochs の 3 名が編者をつとめている。この論文集の中では、Schegloff が発言順番にみられる言語構造を徹底して相互行為的な視点から解剖してみせ、他にも Charles Goodwin が指標的言語表現が相互行為の投射に用いられることを、Gene Lerner が英語における複文構造が発言順番の共同構築に用いられることをそれぞれ論じるなど、会話分析研究者が言語構造を主題として扱った論考が収められている。それと同時に、Thompson と Cecilia Ford は発言順番の完了について、Barbara Fox、林誠、Robert Jasperson の研究グループは自己修復の実践について、Marja-Leena Sorjonen は応答行為について、それぞれ言語構造に着目して論じるなど、言語学を背景とする研究者たちによる相互行為秩序の考察も展開されている。

この Interaction and Grammar が公刊された頃を境として、相互行為的観点による言語研究を主題とする博士論文やそれに基づくモノグラフが次々と現れた（Ford 1993, Hayashi 2003, Mori 1999, Wu 2004）。また、学術誌に掲載される論文や書籍として出版される論文集も増えていく。2001 年には、Studies in Interactional Linguistics と題された論文集（Selting and Couper-Kuhlen 2001）が出版され、形態統語構造をはじめとする狭義の「文法」だけに留まらず、言語現象一般を射程に収める研究枠組みを指すものとして[6]、「相互行為言語学」という呼称が新たに用いられるようになった。

この論文集の巻頭言では、相互行為言語学というアプローチが、「言語構造の諸相が日常的言語使用と深く結びついていることを認識し、言語学的問題と会話分析の知見を結びつけ、言語現象を行為の観点から説明する」ものであると述べられている（Thompson 2001: vii（日本語訳は本章筆者））。またその後に続く序論では「相互行為言語学が目指すのは、各言語が相互行為によってどう形作られているか、そしてそれぞれの言語を通じて相互行為上の実践がどう形作られているか、より良い理解を得ることである」とある（Couper-Kuhlen and Selting 2001: 3（日本語訳は本章筆者））。その後の数多くの個別研究の蓄積を経て、2013 年に刊行された The Handbook of Conversation Analysis（Sidnell and Stivers 2013）の中の一章では、この研究領域を牽引してきた 4 名の研究者（Fox, Ford, Couper-Kuhlen, Thompson）が、相互行為言語学について幅広い先行研究のレビューを含むきめ細かい概説を著している（Fox et al. 2013）。そして、Thompson たちが様々な行為連鎖における英語の応答発話が備える文法的形式とそれで遂行される行為についての論考をまとめた書籍（Thompson, Fox, and Couper-Kuhlen 2015）は、相互行為言語学の 1 つの到達点と言うべき仕事である。さらに 2018 年には、「相互行為言語学」の名を冠した教科書（Couper-Kuhlen and Selting 2018）が刊行されている。

近年では、自身の研究上の立場として「相互行為言語学」を明示的に掲げる研究者も増えつつある。試みに Elsevier 社のウェブページ ScienceDirect にて検索したところ[7]、Journal of Pragmatics 誌に掲載された論文の中で "Interactional Linguistics" をタイトル・アブストラクト・キーワードのいず

れかに含むものは 2008 年までには 1 本もなかったが、2009 年以降は継続的に出版されて合計 22 本にのぼっており、特に 2014 年には 5 本、2016 年には 6 本と増加傾向にある[8]。これは、相互行為言語学が 1 つのディシプリンとして認知され、定着し始めていることを示唆していると言えるだろう。

もちろん、当人が相互行為言語学を名乗っているかどうかは本質的な問題ではない。また、Fox et al. (2013) も指摘するように、ある研究が会話分析に属するのか、相互行為言語学に属するのか、判断し難いことは珍しくないし、両者が排他的であると考える必要もない。「会話分析の広がり」という本書のテーマにとって重要なことは、会話分析の理論的背景のもと相互行為データを経験的に検討することを通じて言語構造に関する知見を得るような研究が、会話分析の誕生以降継続して蓄積されており、なかでも近年はそのような研究がますます生産的であるという点である。したがって、相互行為言語学のスコープを、言語学を背景とする研究者による研究成果だけに限定する必要は無い。実際、社会学を背景とする会話分析の研究者たちも、社会秩序を成立させるメカニズムの 1 つとして文法ないし言語構造に着目した研究を行い、言語学にとって示唆的な知見を提供してきている（Curl and Drew 2008, Heritage 1984, 串田 2005, Lerner 2004, 西阪 2005, Raymond 2003, Schegloff 1996）。そういった意味で、相互行為言語学という概念は、1 つの定まった研究分野を指すものというより、言語学的な意義のある会話分析研究の研究成果の総体を指すものとして理解するのが適切であるように思われる。

3. 相互行為言語学における 3 つの視点

上述の *Interaction and Grammar* の序論（Schegloff, Ochs, and Thompson 1996）において、編者たちはこの論文集に掲載されている個々の研究に見出せる論点が、大きく 3 つに分類できると指摘している。すなわち、「文法が相互行為を組織化する」「相互行為が文法を組織化する」「文法は相互行為の一形態である」という 3 つの論点である。本章ではこの区分を継承し、相互行為言語学における研究の方向性を (1)「相互行為の資源としての言語構

造」、(2)「相互行為の結果物としての言語構造」、そして(3)「相互行為としての言語構造」という3つの類型として検討したい。

それぞれについて論じる前に注意しなければならないが、この3つの視点は相互排他的なカテゴリーではなく、1つの現象を捉える際に3つの異なる切り取り方があると考えることができる。また、1つの論文の中で複数の論点が取り上げられることも十分あり得る。特に、(1)「相互行為の資源としての言語構造」は、相互行為言語学的な研究の全てに共有される、基本的な論点という特別な地位を有している。また、(2)「相互行為の結果物としての言語構造」と(3)「相互行為としての言語構造」は、(2)の論点をさらに動的でラディカルな言語観によって徹底したものが(3)であるというように位置づけられており、両者の境界は本質的に曖昧である。

3.1. 相互行為の資源としての言語構造

3.1.1. 会話を用いた言語研究の中での相互行為言語学の位置づけ

会話データを言語研究に利用するという営み自体は、本章2.2節で述べた通り談話機能言語学を中心に1980年代より行われている。特に近年では、映像収録・編集技術の発展(第4章参照)、そして何よりいくつもの会話コーパスが次々と構築・公開されたことなどを背景に、言語研究において会話データを用いること自体は決して珍しいものではなくなってきている。ただし、会話を分析すれば会話分析になるわけではない(第1章参照)のと同様、会話データを用いて言語研究を行えば相互行為言語学になるわけではない。

例えば、以下のような研究は、会話データを用いた言語研究ではあるが、相互行為言語学としては(少なくとも典型的には)みなされない。特定の言語表現の会話データにおける頻度を調査したもの(例えば様々な語彙・構文について会話をはじめとする各種ジャンル間での比較を行ったBiber et al. (1999))や、書き言葉中心の研究では十分に認識されていなかった会話特有の言語現象を記述するもの(例えば日本語会話において従属節が主節を伴わずに使用されることを報告したOhori (1995))などである。これらは、会話データを資料として用いることによって言語の使用実態を明らかにしている

が、あくまで研究の焦点は分析対象とする言語形式の生起の有無あるいは生起の頻度にあり、その言語形式を用いる話し手やそれを受け取る聞き手、そしてそういった人々の間の相互行為については直接の論考対象にはなっていない。

それに対して相互行為言語学が追究するのは、ある言語形式が、相互行為上の資源としてどのような性格を持っているかということである。では相互行為上の資源として言語を研究するということは、そもそもどういうことだろうか。

3.1.2. 相互行為の資源ということの意味

まず確認しておきたいのは、言語には一定の頑健さを備えた構造（あるいは規則性）があるということである[9]。すなわち、文脈を越えて繰り返し出現する、言語要素の組み合わせのパターン（それを「文法」と呼んでも良いだろう）が、音声・音韻・形態・語彙・統語など様々な水準において存在している。人がある言語の話者であるということは、その言語における音声・音韻・形態・語彙・統語等における構造を知識ないし技能として身につけている、すなわちそういった構造に依拠して発話を産出したり、他者の発話を理解したりできるということを意味している。

ところで、言語が用いられる機会のうち最も基本的で根源的なものは、他者との間で何らかの相互行為に従事している状況である（Goffman 1964）。そこで発される言葉は全て、それを埋め込んでいる相互行為と関連付けられて他の参与者から聞かれ、解釈される（Schegloff 2007: 244–245）。したがって、相互行為の中で言葉が用いられるとき、言語構造は、単に個人の知的能力として言葉の産出と理解を支えるだけでなく、「話し手がいま相互行為の中で何をしており、どこに向かおうとしているのか」を参与者達が認識するために利用される材料としての性格を帯びているのである（会話分析が発話の公的な理解可能性を問題にするという点については、第1章も参照されたい）。

例えば、英語には「動詞 give の直後には［間接目的語＋直接目的語］ま

たは［目的語＋ to ＋与格名詞］が続く」という構造の存在が認められる。これは、英語学の研究者が英語という言語に備わる構造（文法）を客体的に把握するために得た記述成果の１つであり、複数の語の組み合わせに関する規則性を定式化したものである。このような言語構造は、具体的な発話の中で用いられると、相互行為を営むための資源として参与者たちに利用されるものでもある。すなわち、ある会話の中で１人の参与者が give him と発したとすると、それを聞いた別の参与者は「この人はいま give him と言ったから、これからさらに別の名詞句を言うはずであり、今のところ発言の途中だ」と理解し、それによって順番交替が適切になる時点まで自分の発言を控えるなどの振る舞いが可能になるだろう。あるいは、相手が give him と言った直後の位置にあえて自分の発言を開始することで、自分の発話を一種の「割り込み」として認識可能にすることもできるだろう。他方、話し手の側は give him と言って自分が発言の途中であることを公的に理解可能にすることで、その直後にポーズやフィラーを差し挟んだとしても、発言順番を保持することができる（Schegloff 1996: 93–94）。このように、言語構造（特に節を構成する統語構造）は、発言順番の構築や交替を秩序立ったものにするための強力な資源として参与者に利用されている（Thompson and Couper-Kuhlen 2005）。

　さらに言えば、言語構造が資源として利用されるのは、発言順番の構築や交替に関する場合だけではない。他にも、その発言が行為連鎖の組織においてどのような性格を持ったものか（第２章を参照）、その発言がどのような行為を構成するものか（第６章を参照）、その話し手はどのような認識的態度を示そうとしているか（第７章を参照）など、相互行為の中で参与者たちが直面する「問い」に対して、言語構造は重要な手がかりとして利用されている。

　なお、第４章でも論じられているように、相互行為上の様々な問いに直面した際、人々は言語構造以外の資源も併せて利用している。言語は、視線や身振り手振りといった、他の種類の資源と立ち並ぶものであり、唯一のコミュニケーション手段でもなければ、常に特権的な地位にあるわけでもなく、これらと協同的に利用されるものである。言語を資源としてみなすもう

1 つの意義は、こういったいわゆる非言語的な資源との関係を捉えられることにある。

　以上のように、「相互行為の資源としての言語構造」とは、相互行為の参与者が言語構造をどのように参照してその場の相互行為をやりくりするのに活用しているかに着目する論点である。これはすなわち、個々の場面における参与者の志向との関係で言語構造を捉えることを意味している。したがって、相互行為言語学におけるデータ分析では、その場でどのような相互行為が進行しており、それぞれの参与者はどのような課題に直面しているのか、という点の記述が分析の根幹を成している。その意味で、会話データを用いた様々な言語研究(3.1.1 節)の中で相互行為言語学が持つ特徴、すなわち「相互行為の資源としての言語構造」にアプローチすることの特徴は、対象となる言語表現の表層的な生起パターンではなく、その場の相互行為および参与者のあり方にこそ分析上の焦点をあてる点にあると言えよう。

3.2. 相互行為の結果物としての言語構造

　Schegloff らが整理しているように、相互行為言語学の基本的なスタンスである「相互行為の資源としての言語構造」とは逆方向から事象を捉える見方として、「相互行為の結果物としての言語構造」という論点もある。すなわち、私たちが相互行為の資源として用いることができる言語構造は、相互行為によって形作られたものでもある、ということである。

　例えば、英語の付加疑問文という現象は、英語の文の組み立てのルールの1 つであり、明らかに英語の文法の一部を構成している。付加疑問文において付加された要素は、Sacks, Schegloff, and Jefferson (1974) が指摘したように、発言順番の拡張として発生したものである。一見すると当然であるが、付加疑問の要素(don't you など)は、もっぱら文末位置に生起する[10]。

　このように、文の冒頭部分や末尾部分には、(その文が 1 つの発言順番を構成した場合) 直前の発言順番や直後の発言順番との間の相互行為に利用される要素が集中的に生起しているということが言語を問わず観察される。例えば、英語の文頭には Oh など直前の発言順番をどう受け止めたかを示す感

動詞・応答詞の類が生起し、文末には付加疑問や呼びかけ表現など相手から
の反応を促す語句が生起する傾向がある。このように、文頭や文末といった
文法的な位置が持つ性格は相互行為上の要因によって形成されていると考え
られる。日本語の文法研究においても、聞き手とのやりとりに関わる要素(例
えば感動詞・応答詞や終助詞)はより文の外側に、文の命題に関わる要素(例
えば項名詞句)はより文の内側に、配置されるという傾向が知られているが
(南 1974)、これも相互行為の帰結物としての言語構造という観点から理解
できると考えられるし、そのような視点から伝統的な文法記述の成果を相互
行為言語学的に捉え直す研究も今後期待されるだろう。

3.3. 相互行為としての言語構造

　相互行為の観点から言語を研究する上で、第 3 の視点は「相互行為として
の言語構造」、すなわち言語構造それ自体の中に複数の参与者間の相互行為
が見出せるというものである。上述の通り、この視点は 3.2 節で述べた「相
互行為の結果物としての文法」という捉え方をさらに動的でラディカルな言
語観によって徹底したものである。相互行為とは独立に存在する言語構造を
仮定し、相互行為から言語構造の形成への(一方向的な)影響に焦点をあてた
のが「相互行為の結果物としての言語構造」という視点だとすれば、言語構
造というものが人と人との相互行為と独立には論じられないという点に着目
するのが「相互行為としての言語構造」という捉え方であり、私たちの言語
観を根本的に問い直すものである (Schegloff 1979, 1996) [11]。
　このような捉え方の 1 つの例証となるのは、文の構築が相互行為の諸要因
に感応しながら、漸進的に行われているという Goodwin による古典的研究
である(Goodwin 1979)。次の一文をみてみよう。

（ 1 ）I gave up smoking cigarettes one week ago today actually.
　　　（実は今日から 1 週間前にタバコやめたんだよ）

　一見するとこの文は、主部、述部、それに副詞句が揃った、意味的にも統

語的にも形の整った「一文」のようである。しかし、この文が実際の会話の中で産出された過程を詳細に検討すると、1つの文の産出もまた、時々刻々と多様な聞き手に対して適応していく、相互行為的事象であることが示唆される（以下の書き起こしでは、特に視線に関して詳しく記されている。[視線]の列でDonやBethといった人名と下線が記されている箇所は、その人物に視線を向けていることを意味している。また、ピリオドはその後に視線を向けることになる相手に向かって視線を動かしていること、カンマはいったん視線をそらしていることを示している）。

（2）[Goodwin (1979)][12]
```
01  John: [視線] . . , , . . . . [Don,,        [Don_____
           [発話] I gave, I gave u[p smoking ci[garettes::,=
                 (やめ、タバコやめたんだよ。)
02  Don:  [発話] =Yea:h,
                  (んー。)
03  John: [視線] . . . [Beth          , , . [Ann
           [発話] 1- uh:[one- one week ag[o t'da:[y. acshi[lly
                 (せ－ あ，い－ 1週間前。今日の。実は。)
04  Beth: [視線]
05  Ann:  [視線]               . . . .[Beth    , . . .[John
           [発話] Rilly? en y'quit fer good?
                 (ほんと？完全にやめちゃうの？)
```

　Johnはまず"I gave up smoking cigarettes"という発話をDon相手に行っている（01行目）。JohnにとってDonは久々に会った友人であり、この発話によって「禁煙を始めた」という近況を報告するという行為を行っている。この時点で既に、Johnの発話は統語的にも意味的にも1つの「文」として成立していたことがわかる。それに対してDonが"Yea:h,"と受け取りを表示した直後、Johnは"1-"と言い掛けたものの中断し（前後文脈から判断して"last week"と言い掛けたように理解できる）、代わりに"one- one week ago t'da:y."と自分の妻Bethに向かって言っている（03行目前半）。

妻である Beth にとって、禁煙を始めたという John の近況報告はわざわざ伝えられるべきことではないが、"one week ago today" という時間副詞句の追加による「文」の拡張によって、John は「1週間という節目を迎えたことを妻に対して誇らしげに語る」という行為を行うことができている。ここで再び John の発話は統語的にも行為としても1つの区切りを迎えており、ここでは Beth からの反応が期待されている。これは、John が追加した "one week ago today" の産出の末尾付近において、もう1人の参与者である Ann が Beth に視線を向けていること (05行目) からもわかる。

　しかしながら、ここで Beth は John に対して反応を産出する気配を見せない (04行目)。そこで John は、Ann に視線を向け直してから副詞 "actually" を付け足している。この "actually" の追加は、完了可能な位置を迎えてしまった自分の発話の後に間が空くのを避け、また (Beth に代わって) 反応が期待される Ann に反応を産出するための時間的猶予を与えている。

　以上のように、"one week ago today actually" と継ぎ足された語句はいずれも、統語的には01行目から始まる「文」の一部を構成する副詞句としてデザインされているが、それぞれ別々の聞き手に対して、別々の相互行為上の理由によって要請された発話要素なのである。

　このように、一見すると形の整った「一文」もまた、時間の流れの中で次々に立ち現れる相互行為上の課題に1つ1つ適応する中で構築されたものである可能性がある。したがって、会話データを事後的に観察して (例えば会話のトランスクリプトを使って、分析対象の語句と共起する語句の頻度を集計する等の一般的なコーパス分析を行う状況を想像してほしい)、一まとまりの文のようなものがそこに見つかったとしても、それは話し手の認知処理における文生成の産物というよりも、その場の相互行為が辿った軌道の痕跡として理解すべきかもしれない。このような言語構造の捉え方は、安定した体系としての「文法」の存在に疑問を投げかけた「創発文法 (Emergent Grammar)」(Hopper 1987) の理念に対して経験的な実質を与えることになるだろう。

3.4. 小括

　以上、相互行為言語学という枠組みの形成と展開、そして研究を特徴づける 3 つの視点について概観してきた。本章の残りの部分では、相互行為言語学による言語現象へのアプローチの例として、日本語の「から」節後置構文を取り上げ、「相互行為の資源としての言語構造」「相互行為の結果物としての言語構造」そして「相互行為としての言語構造」という 3 つの視点から、それぞれどのような考察が得られるかを検討する。

4.　相互行為言語学的アプローチの実践例

4.1.「から」節後置構文：その問題の所在

　世界の多くの言語には、文の中で他の節を修飾する節である「副詞節」という文法形式が備わっている。言語類型論や機能言語学の分野では、副詞節とその修飾対象の節（以後、便宜上「主節」と呼ぶ[13]）のどちらが文中で先行するかという生起順序の問題が注目を集め、様々な言語における事例研究と類型論的知見が蓄積されつつある（Diessel 2001, Thompson, Longacre, and Hwang 2007）[14]。その中で、日本語に関しては、副詞節が主節に先行する順序が文法上の規範とされている一方で、話し言葉においては主節の後に副詞節が生起し得ることも知られている（Clancy 1982: 68–70）。

　以下は、副詞節の 1 つである「から」節が主節の後に生起した実際の例を、簡略化して記したものである（各例の詳細については後述）。

（3）いやまあもう大丈夫。復活したところだから。

（4）よっしタガリン今からおもろいこと言え。今から "オン" やから。

（5）だからそれも 1 つじゃなくてありったけ一応書いておいて欲しいんだな上位 10 位ぐらいまで。アメリカも他の国も混ぜこぜでいいから。

（6）そうゆうチャンスがあったらば十一月の半ば頃まで教えて下さい。このペーパーはすごい期待されているペーパーなんだからまたしても。

「から」節をはじめとする日本語副詞節の後置現象に関して機能主義的な分析を行った文法研究として、Fujii（1992）および高見（1995）が挙げられる。Fujii（1992）は、実際の会話データから収集された副詞節後置構文の事例を対象に、主節と副詞節がそれぞれ有する談話文脈内でのステータスの比較を行い、主節が談話文脈内で特別なステータスを有する場合（具体的には、主節とその先行発話が会話の流れの中で密接な関係をもつ場合および主節が質問や質問への回答など語用論的に有標な役割を担っている場合）に副詞節後置が生じると論じている。高見（1995）は、作例に基づく分析により、ある文中で最も重要度が高い要素は後置することができないという一般的制約によって副詞節の後置に関する制約も説明できると述べている。

　これらの研究はいずれも、副詞節後置構文という統語的要因だけでは予測のつかない言語現象に対して、談話機能の視点を導入することでその規則性の一端を明らかにしており、文法研究における機能主義的なアプローチの強みを鮮やかに示している。その一方で注意したいのは、これらの分析においては、［副詞節 → 主節］という文形式と［主節 → 副詞節］という文形式が2つのオルタナティブとして扱われて対比されているという点である。こうしたアプローチは、副詞節と主節から構成される一文の使用がはじめから決まっており、その上で話し手がいずれかの文形式を選んでいる、という現象の捉え方を前提としている。しかしながら、現実の言語使用では、ある発話を産出し始めた時点でその発話の最終的な形が確定していないことも珍しくない。本章3.3節でみたように、発話が完結可能な地点に一旦至ったとしても、時間の流れの中で立ち現れた相互行為上の課題に対処するために、発話が拡張したり軌道が変化したりするということはしばしば起こる。

　この点を踏まえると、「主節と副詞節のどちらを先に産出するか」という問いだけでは、副詞節の後置現象を理解する上で限界があるだろう。というのも、副詞節が先行する節を修飾するものとして生起した場合（すなわち後置された場合）、先行する節は、その産出時点では他の節に修飾されるべき「主節」として産出されていたとは限らない（主節という呼称が便宜上であるというのは、1つにはこの理由からである）。実際、高見（1995）の指摘はあ

くまで「どのような副詞節（および文要素一般）ならば後置で̇き̇な̇い̇か̇」とい
う制約を述べたものであり、どのような場合にどのような副詞節が後置され
るか、実際に生じた後置を説明することはできない（後置された副詞節が主
節に比べて「重要でない」と言えるのみだろう）。また、Fujii (1992) の議論
に関しても、先行文脈と密接な関係を持つ発話や、語用論的に有標な発話（質
問など）を発した後、なぜそこで発話を終えずに、わざわざ副詞節を後続さ
せたのかという点については論考の射程に含められていない。

　以上の背景を踏まえ、ここでは日本語の副詞節の1つである「から」節の
後置に焦点をあて、この言語現象がどのようにして生じているのかを検討す
る。なお、日本語の数ある副詞節タイプの中で、「から」節を対象として選
んだのは、生起頻度が非常に高く、また「から」を用いることで示される意
味的な関係性が比較的明確であるからである。

4.2. 「から」節後置構文への相互行為言語学的アプローチ

　日本語の「から」節後置構文が、いかに話し手と聞き手の相互行為の中で
産み出されているかという問題に取り組んだ研究として、相互行為言語学
の草創期における重要なケーススタディの1つである Ford and Mori (1994)
がある。Ford and Mori (1994) は、英語と日本語の会話データにおける理由
節（英語の Because 節および日本語の「から」節）について調査を行い、両言
語における条件節や時間節の使用状況に比べて理由節は後置される割合が高
いことを指摘した。そして、理由節が後置される、すなわち先行発話に対す
る追加要素として産出される状況が、「発話相手からの優先的な反応を追求
するための発言順番の拡張」および「話し手が非優先的な反応を産出する際
に付与される説明・弁明」という2つに大別でき、いずれも行為連鎖におけ
る優先性 (preference) の組織（第2章参照）に志向した振る舞いであることを
示唆している。

　Ford and Mori (1994) の分析が Fujii (1992) や高見 (1995) と大きく異なっ
ているのは、「から」節後置構文の全てを一括りに論じるのではなく、この
構文が生起する相互行為上の位置の違いによって現象を切り分けた上で、そ

れぞれの位置で話し手が直面する相互行為上の課題と対応付けて記述している点、すなわち会話参与者の志向を記述している点である。

　その一方、筆者のデータに観察された「から」節後置構文の事例には、Ford and Mori（1994）による分析だけでは十分に説明できないものも含まれている（例えば、本章 4.2.3 節および 4.2.4 節を参照）。ここでは、できるだけ包括的かつ体系的に「から」節後置を理解するため、後置された「から」節の生起位置を次のように類型化する。すなわち、ある発話が「統語的完了」（Ford and Thompson 1996）——日本語の場合は動詞＋終助詞などの語連続によって構成される、いわゆる「文末」のことと理解しておいてよい——を迎えた後、そこまでの発話（主節）に対して統語的に従属する要素の付け足しが起こる位置は、相互行為の秩序（順番交替の秩序や行為連鎖の秩序）を参照枠として考えると、以下の 4 つに大別できる（この分類は、Schegloff, Jefferson, and Sacks（1977）による修復の生起位置の類型とも通じるものである）。

・主節の直後（間をはさんでいない）
・主節の後に間をはさんだ後
・主節の後に相手の順番をはさんだ後（「第 3 の位置」）
・主節の属する連鎖が完結した後

　これら 4 タイプの位置での「から」節の生起について、それぞれの事例とともに検討していこう。

4.2.1.　主節の直後に間を挟まずに生起する「から」節

　主節に対して最も近接した位置で起きる「から」節の後置は、主節の直後に間を挟まずひと続きで産出されるというものである。次の例を見てみよう[15]。

（7）[CallFriend japn1773]
01　　A：￥え：じゃあ今結構落ち込んでる：?￥

```
02      (.)
03   B: あ?
04      (.)
05   A: 落ち込んで[る:?              ]
06→ B:        [>いやまあ<もう] 大丈夫. =
07→     =復活した (ところ) だから.
```

　これは友人である A と B の間の電話会話で、この断片の直前では B の
失恋が話題になっていた。その件に関して A が心配を示すような質問を行
う（01 行目）と、他者開始修復（Schegloff, Jefferson, and Sacks 1977）の連鎖
（03–05 行目）が挿入された後、B は質問への回答を産出している（06–07 行
目）。この B の回答の前半「> いやまあ < もう大丈夫 .」は、これだけでも
質問に対する回答として成立し得る性質を備えている。言い換えれば、この
「> いやまあ < もう大丈夫 .」は、01 行目によって開始された質問—回答の
隣接対による連鎖を完結させ得るものであり、この直後の時点は別の連鎖が
開始される（たとえば A がさらに「ほんとにぃ?」等の質問を行う）可能性
を帯びている。その後に間をおかずに産出された「から」節は、自分のそれ
までの回答に対する潜在的な疑問（例えば「なぜそのようなことが言えるの
か?」）に先回りして答える要素である。失恋したばかりの B に対して落ち
込んでいるかどうかを A が尋ねたという状況において、B が「大丈夫」と
答えるのは説明が求められる回答であり、単に「大丈夫」だけで回答を終え
るのは説明不足となるため、このように潜在的な疑問に対処することは合理
的な振る舞いと言えるだろう。

　残りの 3 タイプの「から」節後置が、いずれも主節の後の発話相手の反
応（あるいは反応の不在）を引き金として生じるものであるのに対し、主節と
ひと続きに産出される「から」節は、他の参与者に反応される前に説明や弁
明を付け加えようという志向の結果として生じているという特徴を有してい
る（なお、説明・弁明を付け加えるという意味では、このタイプは Ford and
Mori（1994）が「話し手が非優先的な反応を産出する際に付与される説明・
弁明」として記述した用法に概ね重なっているように思われる）。例えば隣

接対の第 2 成分では、発話の終わり得る位置に来るとそこで隣接対が完成し、次のやりとりが開始されてしまうかもしれない。そのため、「から」節を追加する場合は間をおかずに産出しなければ、機会を失ってしまう可能性があるのである。

4.2.2. 主節の後に間を挟んで生起する「から」節

主節の後に同じ話者による「から」節の産出が続く場合でも、前項で取り上げたような主節とひと続きで産出される場合と、間（ポーズ）を挟んでから産出されるケースは、相互行為上の位置が質的に異なっている[16]。すなわち、ある発話が統語的に完了可能な点を迎えた後、そこに間をおくと、それは他の参与者による順番取得を誘うことになる、あるいは少なくとも他の参与者の出方をうかがう機会を作り出すことになる。したがって、間を挟んでから産出された「から」節は、他の参与者が発言順番を取得しないことを受けて行われた振る舞いとしての意味を帯びている。

次の例は、キャンプ場にでかけた友人同士が、夕食後に酒を飲みながら歓談している場面からの断片である。この日のキャンプ場での活動は、参与者の 1 人であり会話研究者である福山によって録音・録画されていたが、機器の充電の都合で一度中断していた。この断片は、収録を再開した直後のやりとりである。01 行目の直前に、収録者である福山が録音装置を持って談笑の輪の中にやってくる。その直後、山口が独り飲み物を楽しんでいる（01 行目）ところに、02 行目で窪田が山口に対する「無茶振り」とでも呼べる行為を開始する（「タガリン」とは山口のニックネーム）。それに対して山口は、その発話を受け取ったことを身体的に示してはいる（03 行目）が、周りにいる他の参与者（福山・浅野）が笑い声をあげる中（04–06 行目）、要求された行動を実行しようとはしていない。そこで窪田は、「今から，（0.3）オンやから．」と、「から」節を産出する（09 行目）。その後も山口は、相手の発言を聞き返すというフォーマットで「無茶振り」に対する抵抗を行う（10–11 行目）のみであり、窪田は「REC オンやから(h).」と「から」節をさらに追加している（13 行目）[17]。

第3章　会話分析から言語研究への広がり　81

(8)

```
01   山口：あ，[おいしい］これ．[((コップに口をつけ、飲み物を飲む))
02 → 窪田：　　[よっし．]　　　　[タガリン今からおもろいこと言え．
03   山口：[((噴き出すようにグラスを口から離し、肩を震わせて笑う))
04   福山：[hh Huh
05        (0.5)
06   浅野：AHHAHAHA[HAH
07   窪田：　　　　　　[(あ(h)あ(h))
08        (0.2)
09 → 窪田：[今から,] (0.3) オンやから. (.)huh=
10   山口：[ おお? ]
11   山口：=¥はhい:?¥ .Hih ((手を口元にやるジェスチャー))
12        (0.2)
13 → 窪田：RECオンやから(h).=
14   浅野：=ahhahhahhahhah
15        (0.3)
16   山口：°そ°んな一番い- n- (0.3)できないことを.
              ((すぐにコップに口をつける))
```

　これらの後置された「から」節（09行目および13行目）によって、窪田は、自分の「無茶振り」が、録音開始の事実を踏まえると一定の妥当性・正当性を持っていることを（一種のジョークとして）主張している。なお、16行目で山口が「°そ°んな一番い-n-（0.3）できないことを.」と窪田からの要求に対してメタ的な視点から否定的態度を示してからすぐにコップに口をつける（つまりそれ以上自分は発話を続けないという態度を身体的に示す）のは、窪田の要求（02行目）から始まったやりとりを山口がここでやっと（なかば強引に）完結させる試みとして理解可能であり、「自分は窪田から求められた反応を行っていない」という山口自身の理解を示す振る舞いである。

　このように、相手に反応を求める発話の後に相手から十分な反応が得られていない時、後置された「から」節によって補足を与えることで、相手からの反応を追求することができる。なお、このタイプは、Ford and Mori（1994）

が「発話相手からの優先的な反応を追求するための発言順番の拡張」として
記述した「から」節後置の用法と概ね重なっているように思われる。

4.2.3. 第3の位置の「から」節

　主節を後ろから修飾する「から」節は、これまで見たような発言順番の拡
張として生じるだけではなく、会話相手に順番が一度移行し、さらに自分が
順番を再び取得した位置、すなわち「主節」の順番の次の次の位置（以後、
第3の位置と呼ぶ）で生じることもある[18]。以下の例は、アメリカの大学に
留学して観光関係の学科で学んでいるAと、日本の実家にいる家族（おそら
く姉）であるBの間の電話会話からとられたものである。01行目の前に、A
はBに対して「日本人がアメリカの中でどこの都市に多く行っているか」
を調べて欲しいと依頼している[19]。

（9）[CallHome jpn1604]
```
01    B: (んなの)決まってんじゃないディズニーランドに=
02        =ロサンゼルスだよ_
03    A: おめえ，な(h)に(h)言って(h)ん(h)だ(h)[よ(h)．]
04    B:                              [  h  ]hhh
05→A: だからそれもぉ，(0.3) 1つじゃなくてぇ，
06→    (0.4) ありったけ一応書いておいて欲しいんだな=
07→    =上位<10位>ぐらいまで．
08       (0.3)
09    B: ↓え::?(0.3) ちょっと待ってそんなの出てる訳ない=
10       =じゃ[ない．]
11→A:       [アメ  ]リカも(0.3)他の国も混ぜこぜでいいから．
12       (0.5)
13    A: >いや<,[↑そうゆうチャ]ンスがあったらば,=
14    B:       [(じゃ一応)    ]
```

　01-02行目の発話は、一見すると日本人観光客の行き先名を答えているよ
うだが、「(んなの)決まってんじゃない」という前置き、「〜に〜だよ」とい

う文の形式、そして何の躊躇もせずに（そして、考え込んだり何かで調べて
みたり、という態度を示すことも特になく）「ディズニーランド／ロサンゼ
ルス」という"ありきたり"な行き先名を挙げている、といった特徴から、
極めて短絡的な内容を、投げやりな態度で回答しているものとして聞くこと
ができる。それに対して、Aはまず笑い混じりながらも強い調子で文句を言
い（03 行目）、その後すぐに改めて依頼を産出している（05–07 行目）。ここ
で改めて行われた依頼は、Bが「ディズニーランドにロサンゼルス」と述べ
たことへの反応として、「1 つじゃなくてぇ」「ありったけ」「上位 <10 位 >
ぐらいまで」と、最初の依頼（01 行目以前に行われたもの）よりも要求度合
いを高めたものになっている。これは、家族（おそらく姉妹）という 2 人の間
柄や、留学中というAの状況を考慮しても、Bにとって負担が大きいもの
と言えるだろう。実際、その後の 09–10 行目でBはその依頼に応えられな
いと反応するだけでなく、そのような依頼は無理があるという評価的スタン
スも表している（低いピッチから始まる発言順番冒頭の「↓え :: ?」や「そ
んなの」「～訳ないじゃない」といった表現の選択に着目されたい）。

　この断片において「から」節が用いられるのは、この次の発言順番、すな
わち 11 行目のAの発言順番（第 3 の位置）である。この「アメリカも（0.3）
他の国も混ぜこぜでいいから.」という「から」節は、09–10 行目のBの否
定的な反応を受け、05–07 行目の自身による依頼発話の要求度を下げること
で、依頼を受諾する方向にBを向かわせようとするものとして理解できる。
そしてこの「から」節は、05–07 行目の依頼発話を後方から修飾し、補足を
述べているように聞こえる。すなわち、この事例における「から」節と主節
は、別々の発言順番を構成していながらも、文法的には 1 つの「文」を構成
していると言える。

　なお、先行する自分の依頼内容について妥協を述べるということであれ
ば、統語的に独立した節（例えば「アメリカも他の国も混ぜこぜでいいよ」）
を用いることも可能だろう。ただしその場合、それ自体が独立した発言順番
として連鎖上の位置を占めることとなり、Bには「アメリカも他の国も混ぜ
こぜでいいよ」に対する応答が求められただろう。ここでは「から」節とい

う言語構造を利用することで、「アメリカも他の国も混ぜこぜでいい」という内容をあくまで「補足」として位置づけることが可能になり、それによって 05–07 行目の依頼への応答が期待されるという連鎖上の含み（Schegloff and Sacks 1973）を保つことができるだろう。

　11 行目の「から」節の後、B は「（じゃ一応）」と、依頼を受諾する方向の発言順番を開始しようとしているように聞こえる（14 行目）が、このことは要求の度合いが下げられたことに関する参与者自身の志向を示しているものと見て取れる[20]。このように、第 3 の位置で「から」節を使用することで、最初の発言順番に対する相手からの反応が自分にとって望ましいものでなかった場合等に、遡及的に軌道修正をすることが可能になる。

4.2.4.　次の連鎖に属する「から」節

　後置された「から」節は、第 3 の位置よりもさらに離れた相互行為上の位置に置かれる場合もある。次の事例は、上記(9)の 09 行目からの続きである。

（10）[CallHome jpn1604]（(9)の続き）

```
09  B: ↓え::? (0.3) ちょっと待ってそんなの出てる訳ない=
10     =じゃ[ない.]
11  A:     [アメ  ]リカも (0.3) 他の国も混ぜこぜでいいから.
12     (0.5)
13→A: >いや<, [↑そうゆうチャ]ンスがあったらば,=
14  B:        [(じゃ一応)   ]
15→A: =十一月の半ば頃まで, 教えて下っさい.
16     (2.5)
17  B: あったら↑ね_
18     (0.3)
19  A: うん.
20     (0.4)
21  B: hh [h    ]
22→A:    [この-] このペーパーは, すごい期待されている=
23→     =ペーパーなんだからまたしても.
```

```
24     (1.3)
25   B: またしてもって，前も期待されてたことあんの？ hh
```

　13行目と15行目にかけて，Aは再び依頼発話を産出している。この発言
順番は，素早い「>いや<」で始まっていること，「↑そうゆう」で急に音
量が大きく，ピッチが高くなっていること，そして末尾を「下っさい」と大
袈裟なほど目立たせていることなどから，この直前までしばらく続いていた
依頼交渉のやりとりを切り上げ，総括するような振る舞いであるように聞こ
える。またその中で「↑そうゆうチャンスがあったらば」と，相手に対する
要求度をさらに下げることで，受諾の反応が得られる可能性を出来る限り高
めている。このように，Aの13行目および15行目の発言順番は，これま
での行為連鎖を閉じることを強く志向した設計になっている。実際，BはA
が提示した条件「あったら」を流用して条件付きの受諾を行い（17行目），
さらにその後にはAの「うん.」（19行目）とBの軽い笑い（21行目）が続
き[21]，13行目から始まるAの発言順番が属する行為連鎖は21行目末尾の時
点で明確な完了点を迎えている。
　この断片で着目したいのは，22–23行目でAが「から」節を産出してお
り，それが13行目と15行目のAの発話を「主節」とするように，統語形
式上は寄生的に設計されている，という点である。ここでの「から」節と主
節の間には，隣接対の第2成分を構成するBの発言順番（17行目）および連
鎖の切れ目に特徴的な短い承認トークン（19行目），軽い笑い（21行目），そ
してポーズ（18行目，20行目）などが生起しており，相互行為上の位置とし
ては大きな断絶があることが認められるだろう。もちろん，22行目のよう
な位置で，そこまでの連鎖の「続き」であることが明確なやりとりを行うこ
と（例えばAが「ほんとにお願いね」と念を押すことや，Bが「え,11月の
いつまで？」と修復を開始することなど）も可能であるが，ここで実際に22
行目から起きているのは，それまで焦点をあてていなかったトピックを取り
立て，次の連鎖に移行することである。
　具体的には，22行目からのAの発言順番は，まず指示詞を用いた主題名

詞句（「このペーパーは」）で開始されることで、この語句を直前まで B に依頼をしていたデータ調査と関連付けて聞くよう提示している。さらに、「すごい期待されているペーパーなんだから」によって、成果物に大きな価値が期待されていることを「から」節で提示することで、B に対して依頼すること（あるいは B が労力を費やして協力すること）の正当性・妥当性を示すような補足説明として聞かれる。このように、この「から」節は連鎖上の断絶を超えて 13 行目と 15 行目に寄生する発話として作られている。その一方で、この「から」節は独立度の高い、「次の連鎖」として認識可能な設計にもなっている。すなわち、直前まで明示的に言及していなかった「ペーパー」を語彙的指示によって取り立てて話題化し、さらに自分の書くものに対して「すごい期待されている」と自慢に聞こえる評価発話を行い、さらに副詞句「またしても」を付与することで、「このペーパー」そのものに関する自慢から、恒常的に期待を受けている自分自身についての自慢に焦点を移行していっている。自慢は、依頼とは大きく違った形で発話相手からの反応を期待する行為である。実際 B は 25 行目で、A が最後に述べた「またしても」の部分を焦点化し、A の自慢に対して挑戦的な反応を産出している。したがってこの 22–23 行目の「から」節は、依頼行為を補足して依頼の受諾を促すために産出されたものではなく、直前の依頼連鎖を契機としつつ、自慢という「次の連鎖」を開始する発言順番として立ち現れていると言える。

　この事例においても (9) の場合と同様、「から」節の内容を統語的に独立した単文（例えば「このペーパーはすごい期待されてるのよ」）で産出することも可能であったはずである。しかしながら、統語的に独立した形式を選択した場合、「から」節とは別の資源を用いて先行文脈とのつながりを明示したり（例えば発話冒頭に「ってゆうのもね」を付与するなど）、あるいは「話は変わるけど」のようにつながりが無いことを明言したりしなければ、「いまなぜその話をするのか」がわかりにくくなるだろう。一般に、会話の中では「いまなぜその話をするのか」という説明がつくことが求められており（Schegloff and Sacks 1973）、「次の連鎖」に属する「から」節の後置は、そのような相互行為上の課題に対処する資源の 1 つとして理解することができる。

4.3.「から」節後置構文に見る相互行為言語学の 3 つの視点

　ここまで、「から」節後置構文が相互行為の中でどのように用いられているかを、4 つの異なる相互行為上の位置ごとに検討してきた。これまでの分析を踏まえ、本章 3 節で導入した相互行為言語学の 3 つの視点、すなわち「相互行為の資源としての言語構造」「相互行為の結果物としての言語構造」そして「相互行為としての言語構造」というそれぞれの視点に関して、「から」節後置構文を例にとった場合にどのような形の議論が可能か、見通しを整理してみたい。

　まず、「から」節後置構文は、それぞれの環境において「相互行為の資源」として活用されている。ある節を「から」でマークすることにより、その節が、先行する「主節」に対して妥当性・正当性・理由の説明を補足するものとして理解可能になる。それによって、例えば自分が何か言った後、他の参与者に発言順番を取られる前に補足説明を行う（4.2.1 節）、自分の発話（典型的には隣接対の第 1 成分）の後に反応を追求する（4.2.2 節）、自分の発話に対する相手からの反応を踏まえて、最初の発話からの連鎖の軌道を調整する（4.2.3 節）など、それぞれの環境で話し手が直面する課題への対処に利用されている。単に説明を行うということであれば「から」節は唯一の資源ではないが [22]、「から」の統語的な性質により後続節を主節に対して従属的なものとして提示することで、主節部分と「から」節の部分がそれぞれどのような連鎖上の含みがあるかを明示することができる。そして、「から」節後置構文という言語構造が相互行為の資源として利用されているという点が最もわかりやすいのは、「次の連鎖」を開始する場合（4.2.4 節）だろう。すなわち、明らかに前の連鎖が完了している時点で、あえて先行発話に統語的に寄生する形式をとるということは、「から」節と主節で構成される「文」という言語単位がある連鎖と別の連鎖という相互行為単位の結びつけに利用されているこということを意味しており、複文という言語構造が活用された相互行為プラクティスが観察されるからである。

　このような資源としての性格を背景に、「から」節後置構文は、いずれの環境においても、「相互行為の結果物」として立ち現れている。主節のあと

に間（ポーズ）を挟んで産出されるタイプ（4.2.2節）では、発話相手の反応を求める発話（典型的には隣接対の第1成分）の後、相手からの反応がすぐに見られないことを受けて、補足説明によって反応を促す手続きの1つとして「から」節が追加されていた。また、「第3の位置」で産出されるタイプ（4.2.3節）では、自分の発話に対する相手からの反応を受けて、補足説明によって連鎖の軌道を修正する手続きの1つとして「から」節が追加されていた。そして、「次の連鎖」に属するタイプ（4.2.4節）では、1つの連鎖が完結した後、そことのつながりを示しつつ、そこから独立した、次の連鎖を開始する手続きの1つとして「から」節が追加されていた。最後に、「相互行為の結果物」としての論点の適用が最も見えにくいのは、主節とひと続きで産出されるタイプ（4.2.1節）に関してかもしれない。他の3つのタイプのように、主節の後の発話相手の反応や反応の不在が引き金になって生じているわけではないからである。しかし上述の通り、このタイプもまたその連鎖環境において予測される相互行為の展開を踏まえた上で、主節のみで発言順番を完了させないという課題に対処するものとして出現している言語構造であり、その意味で相互行為の結果物なのである。

　最後に、「相互行為の結果物としての言語構造」という視点をより動的な言語観に立って突き詰めたものが、「相互行為としての言語構造」という視点（すなわち、言語構造それ自体の中に複数の参与者間の相互行為が見出せるという視点）であった。「から」節の後置構文、すなわち「主節」（になり得る発話ユニット）の後に「から」節を生起させるという節の配列パターンは、1つの「言語現象」として言語学者から認識されているものだが、同時に「相互行為現象」でもあるということは本章のここまでの議論を踏まえれば明らかだろう。すなわち、他者とのやりとりにおいて、何かを述べてから補足説明を追加するというのは規則的に生じる相互行為のプラクティスであり、「から」節後置構文はその具現化にほかならない。

5. おわりに

　本章では、会話分析の広がりの 1 つのあり方として、機能主義言語学との合流の産物である相互行為言語学という研究枠組みに焦点をあて、その形成と展開の経緯、相互行為言語学に特徴的な 3 つの視点、そして事例分析の紹介を行った。その中で、「相互行為の資源としての言語構造」「相互行為の結果物としての言語構造」そして「相互行為としての言語構造」という 3 つの視点が相互に関連しつつ、少しずつ異なる言語構造へのアプローチとして存在していることが述べられた。相互行為言語学の発展によって、各言語における様々な言語構造の性質についてより深い理解を得ることができ、それと同時に従来の言語学における言語観を問い直すことにもなるはずである。そして、そういった言語学の領域における相互行為的な探究が会話分析の分野にとって有益な知見を提供することも期待される。

　本章 2.3 節で言及したように、会話分析の歴史の中でも言語構造の詳細に着目する研究が増えてきたのは近年のことであり、日本語・英語・あるいはそれ以外の言語であっても、相互行為言語学的アプローチによって探究されるべき研究課題は限りなく存在すると言えよう。その意味で、相互行為言語学的な研究は今後ますます隆盛を迎えることが期待される。

　その一方で、相互行為言語学のアプローチを実践しようとする場合、次の点に注意しなければならないことを（自戒の念を込めて）指摘したい。それは、「相互行為の資源」「参与者の志向」といった概念や「相互行為言語学」という枠組みの名称がいまや広く人口に膾炙するようになっているが、こういったフレーズが実質の伴わない飾り言葉のようにならないようにすべきということである。こういったフレーズを論文等で用いる際は、「相互行為の資源」としての言語構造に着目すること、そして「参与者の志向性」を捉えるということが実質的にどのような意味を持っており、研究目的に対してどのような分析的な利点があるのかを（実際に論文等に明記するかどうかは別にしても）説明できるようにしておく必要がある。本章 4 節で提示した分析がその例証となれば幸甚である。

言語学を背景とする研究者にとって、同じく言葉に関する研究分野である会話分析は、一見すると容易に自らの研究に取り込めそうなものに映るかもしれない。しかし、言語構造を明らかにしようとする言語学と、相互行為の秩序を達成するやり方を明らかにしようとする会話分析とでは、捉えようとしている対象がそもそも異なっており、両者を結びつけようとする相互行為言語学には、理論的・方法論的な困難が常に伴っている（Fox et al. 2013: 736–739）。逆に言えば、この困難をきちんと認識しておくことによって、相互行為の観点から言語構造の問題を扱うという魅力的な研究アプローチによる研究実践を実りあるものにすることができるだろう。

注

1　会話分析による研究対象には、狭い意味での会話だけではなく、相互行為の中で話すこと全般が含まれる。そのため、扱う範囲が会話に限られないことを表現する際には「相互行為の中のトーク（talk-in-interaction）」という用語が使われる。

2　Mark Dingemanse（マックスプランク心理言語学研究所）の 2010 年 10 月 26 日付けの個人ブログ記事（http://ideophone.org/language-anthology-citations/）（2017 年 11 月 6 日最終アクセス）では、アメリカ言語学会がアンソロジー編纂のために選んだ *Language* 誌掲載の重要論文について、それぞれの被引用回数の調査結果が紹介されている。次の表は、上記ブログ記事にリンクされた調査結果データのうち上位 5 件を示したものである。

	論文	被引用回数
1	Sacks et al. (1974)	5638
2	Dowty (1991)	2007
3	Hopper and Thompson (1980)	1917
4	Schegloff et al. (1977)	1698
5	Chomsky (1959)	1081

なお、Dingemanse はこれら以外に重要な論文として Katz and Fodor (1963) が 1809 回引用されていることも付記しており、それを加味すれば Schegloff, Jefferson, and Sacks (1977) は全体の 5 位ということになる。また、アメリカ言語学会のウェブサイト（https://www.linguisticsociety.org/news/2017/07/11/most-cited-language-articles-1925–2012-first-half-2017）（2017 年 11 月 6 日最終アクセス）では、

第 3 章　会話分析から言語研究への広がり　91

2017 年 1 月から 6 月の期間における *Language* 誌掲載論文の被引用回数のランキングを紹介しており、ここで挙げた 2 つの会話分析論文はここでもやはりそれぞれ 1 位と 4 位となっている。

3　Schegloff (1997: 38) によれば、1972 年までコロンビア大学にて Schegloff と同僚であった、William Labov による尽力があったという。

4　間接言語行為（例えば、"Can you pass me the salt?" という疑問文を発することで依頼行為を遂行すること）に関して、理論言語学の研究者たちは、文それ自体の構造に還元した説明を試みていた。それに対して Levinson (1983) は、会話分析が記述してきた連鎖の組織（例えば先行連鎖組織）を考慮することによって、間接言語行為の問題がより簡潔に説明できると提案した。

5　言 語 研 究 に お い て、形 式 主 義 (formalism) と 対 置 さ れ る の が 機 能 主 義 (functionalism) である。前者は、文を構成する要素間の関係性を形式的なものとして、すなわち意味論・語用論的な要因から独立したものとして探究することを重視する立場で、後者は、言語構造が（広義の）意味伝達の機能に影響を受けている点を重視する立場である (Newmeyer 1998: 7)。談話機能言語学以外の機能主義的な立場の言語研究としては、例えば認知言語学が挙げられる。

6　例えば、プロソディをはじめとする音声学的・音韻論的な事象もこの領域のなかで重要な位置を占めている。なお、Thompson, Fox, and Couper-Kuhlen (2015: 4)では、「文法 (grammar)」という用語を形態統語とプロソディの総体として定義している。

7　2017 年 3 月 24 日に検索を行った。

8　*Journal of Pragmatics* 誌は、語用論やディスコースに関わる言語学研究の代表的な国際誌である。

9　ただし、言語に構造が存在するという点は自明ではない。3.3 節で言及する「創発文法」(Hopper 1987) はまさにこの点に疑問を投げかけるものである。

10　ただし、イギリス英語においては、付加疑問の要素が文の途中に生起することもあるという（林誠氏からの指摘による）。

11　「相互行為の資源としての言語構造」にせよ「相互行為の結果物としての言語構造」にせよ、言語構造は、相互行為そのものとは独立に規定可能なオブジェクトとして捉えられている。その意味で、このような言語の捉え方は、特定の語彙や構文を分析対象として定めることで研究を始める伝統的な言語学のアプローチにとって抵抗なく受け入れられやすいものと言えよう。

12　Goodwin (1979) で複数のトランスクリプトに分散して提示されているデータを、ここでは 1 つのトランスクリプトにまとまるよう構成している。

13　これが「便宜上」であるという 1 つの理由は、副詞節とその主節は、両者の意味的関係や談話機能上の関係において、前者が「主」で後者が「従」であるとは限

らない (Thompson 2002) ため、「主節」という用語の使用には慎重であるべきだからである。

14 本節で提示する分析内容は、筆者自身が過去に行った副詞節後置の分析 (Yokomori 2008, 横森 2014) をアップデートしたものに基づいている。そのため、記述の一部に重複があることをお断りしておく。

15 断片 (7) と断片 (9)–(10) は、それぞれ CallFriend コーパスと CallHome コーパス (MacWhinney 2007) から採取した事例である。

16 この区別は、Couper-Kuhlen and Ono (2007) が整理した発言順番追加要素 (turn increment) の類型における、Non-add-on と Add-on (特に Glue-on) の区別と並行的である。Couper-Kuhlen and Ono (2007) は、「ホスト」となる発言順番構成単位と韻律的にひと続きである発言順番追加要素を Non-add-on、韻律的な区切りの後に追加された要素を Add-on (特に後置副詞節のように、形態統語的に「ホスト」とシンタグマティックな関係にある場合を Glue-on) と呼んでいる。

17 「REC オン」は「レックオン」という発音を文字化したもので、録音が進行中であるという事態のことを指している。

18 ここでは、単に「主節」から数えて 3 番目の発言順番であるだけでなく、行為連鎖上の位置として「主節」から数えて 3 番目であることが、次節で取り上げる「次の連鎖に属する「から」節」との対比において重要であるため「位置 (position)」という用語を採用している。発言順番と位置の相違については Levinson (1983: 348–349) および Schegloff (1997) に詳しい。また、「第 3 順番」をめぐる第 2 章の議論も参照されたい。

19 話者 A は、大学のレポート課題のためにこの情報を必要としているようである。この会話が収録された当時 (1994 年) はウェブが十分に普及しておらず、こういった情報を入手するには日本国内の図書館等に行く必要があったものと思われる。

20 この「(じゃ一応)」は A が「> いや <」(13 行目) と言い始めてから産出されているが、このタイミングから言って「> いや <」(記号で示されている通り、極めて素早く産出されている) を聞いて反応したというより 11 行目の「から」節を聞いて発言順番を取ろうとしたものと考えられる。ただし、この部分は A の発話とオーバーラップしていることもあり、「じゃ一応」と言われているかどうか確実には聞き取れないことにも留意されたい。

21 弱い笑いと連鎖の完了の関係については Holt (2010) を参照。

22 Ford and Mori (1995) は、説明のための資源として「から」節と「だって」を比較している。

引用文献

Biber, D., S. Johansson, G. Leech, S. Conrad, and E. Finegan. (1999) *Longman Grammar of*

Spoken and Written English. London: Longman.

Chafe, W. (ed.) (1980) *The Pear Stories: Cognitive, Cultural, and Linguistic Aspects of Narrative Production*. Norwood: Ablex.

Clancy, P. M. (1982) Written and Spoken Style in Japanese Narratives. In Tannen, D. (ed.) *Spoken and Written Language: Exploring Orality and Literacy*, pp.55–76. Norwood: Ablex.

Couper-Kuhlen, E. and T. Ono. (2007) 'Incrementing' in Conversation. A Comparison of Practices in English, German and Japanese. *Pragmatics* 17(4): pp.513–552.

Couper-Kuhlen, E. and M. Selting. (2001) Introducing Interactional Linguistics. In Selting, M. and E. Couper-Kuhlen. (eds) *Studies in Interactional Linguistics*, pp.1–23. Amsterdam: John Benjamins.

Couper-Kuhlen, E. and M. Selting. (2018) *Interactional Linguistics: An Introduction to Language in Social Interaction*. Cambridge: Cambridge University Press.

Cumming, S. and T. Ono. (1997) Discourse and Grammar. In van Dijk, T. A. (ed.) *Discourse as Structure and Process*, pp.112–137. London: Sage.

Curl, T. S. and P. Drew. (2008) Contingency and Action: A Comparison of Two Forms of Requesting. *Research on Language and Social Interaction* 41(2): pp.129–153.

Diessel, H. (2001) The Ordering Distribution of Main and Subordinate Clauses: A Typological Study. *Language* 77(2): pp.433–455.

Du Bois, J. W. (1987) The Discourse Basis of Ergativity. *Language* 63(4): pp.805–855.

Ford, C. E. (1993) *Grammar in Interaction: Adverbial Clauses in American English Conversations*. Cambridge: Cambridge University Press.

Ford, C. E. and J. Mori. (1994) Causal Markers in Japanese and English Conversations: A Cross-linguistic Study of Interactional Grammar. *Pragmatics* 4(1): pp.31–61.

Ford, C. E. and S. A. Thompson. (1996) Interactional Units in Conversation: Syntactic, Intonational, and Pragmatic Resources for the Management of Turns. In Ochs, E., E. A. Schegloff and S. A. Thompson. (eds.) *Interaction and Grammar*, pp.134–184. Cambridge: Cambridge University Press.

Fox, B. A., S. A. Thompson, C. E. Ford, and E. Couper-Kuhlen. (2013) Conversation Analysis and Linguistics. In Sidnell, J. and T. Stivers. (eds.) *The Handbook of Conversation Analysis*, pp.726–740. Oxford: Wiley-Blackwell.

Fujii, Y. (1992) The Pragmatics of Main Clause Preposing in Japanese Spoken Discourse. 『放送大学研究年報』10: pp.103–122.

Goffman, E. (1964) The Neglected Situation. *American Anthropologist* 66(6–2): pp.133–136.

Goodwin, C. (1979) The Interactive Construction of a Sentence in Natural Conversation. In Psathas, G. (ed.) *Everyday Language: Studies in Ethnomethodology*, pp.97–121. New

York: Irvington.

Gordon, D. and G. Lakoff (1971) Conversational Postulates. *Papers from the Seventh Regional Meeting of the Chicago Linguistic Society*, pp.63–84.

Hayashi, M. (2003) *Joint Utterance Construction in Japanese Conversation*. Amsterdam: John Benjamins.

Heritage, J. (1984) A Change-of-State Token and Aspects of its Sequential Placement. In Atkinson, J. M. and J. Heritage. (eds.) *Structures of Social Action: Studies in Conversation Analysis*, pp.299–345. Cambridge: Cambridge University Press.

Hopper, P. J. (1987) Emergent Grammar. *Proceedings of the Thirteenth Annual Meeting of the Berkeley Linguistics,* pp.139–157.

Holt, E. (2010) The Last Laugh: Shared Laughter and Topic Termination. *Journal of Pragmatics* 42(6): pp.1513–1525.

串田秀也（2005）「参加の道具としての文：オーヴァーラップ発話の再生と継続」串田秀也・定延利之・伝康晴編『シリーズ文と発話第 1 巻　活動としての文と発話』pp.27–62. ひつじ書房

Levinson, S. C. (1983) *Pragmatics*. Cambridge: Cambridge University Press.

Lerner, G. H. (2004) On the Place of Linguistic Resources in the Organization of Talk-in-Interaction: Grammar as Action in Prompting a Speaker to Elaborate. *Research on Language and Social Interaction* 36(2): pp.151–184.

MacWhinney, B. (2007) The TalkBank Project. In Beal, J. C., K. P. Corrigan, and H. L. Moisl. (eds.) *Creating and Digitizing Language Corpora, Volume 1, Synchronic Databases*, pp.163–180. Houndmills: Palgrave-Macmillan.

南不二男（1974）『現代日本語の構造』大修館書店

Mori, J. (1999) *Negotiating Agreement and Disagreement in Japanese: Connective Expressions and Turn Construction*. Amsterdam: John Benjamins.

Newmeyer, F. J. (1998) *Language Form and Language Function*. Cambridge: MIT Press.

西阪仰（2005）「複数の発話順番にまたがる文の構築：プラクティスとしての文法 II」串田秀也・定延利之・伝康晴編『シリーズ文と発話第 1 巻　活動としての文と発話』pp.63–90. ひつじ書房

Ochs, E., E. A. Schegloff, and S. A. Thompson. (eds.) (1996) *Interaction and Grammar*. Cambridge: Cambridge University Press.

Ohori, T. (1995) Remarks on Suspended Clauses: A Contribution to Japanese Phraseology. In Shibatani, M. and S. A. Thompson. (eds.) *Essays on Semantics and Pragmatics*, pp.201–218. Amsterdam: John Benjamins.

大野剛・中山俊秀（2017）「文法システム再考：話しことばに基づく文法研究に向けて」鈴木亮子・秦かおり・横森大輔編『話しことばへのアプローチ：創発的・学際

的談話研究への新たなる挑戦』pp.5–34. ひつじ書房

Raymond, G. (2003) Grammar and Social Organization: Yes/No Interrogatives and the Structure of Responding. *American Sociological Review* 68(6): pp.939–967.

Sacks, H., E. A. Schegloff, and G. Jefferson. (1974) A Simplest Systematics for the Organization of Turn-taking for Conversation. *Language* 50: pp.696–735.

Schegloff, E. A. (1979) The Relevance of Repair to Syntax-for-Conversation. In Givon, T. (ed.) *Syntax and Semantics 12: Discourse and Syntax*, pp.261–288. New York: Academic Press.

Schegloff, E. A. (1996) Turn Organization: One Intersection of Grammar and Interaction. In Ochs, E., E. A. Schegloff, and S. A. Thompson. (eds.) *Interaction and Grammar*, pp.52–133. Cambridge: Cambridge University Press.

Schegloff, E. A. (1997) Third Turn Repair. In Guy, G. R., C. Feagin, D. Schiffrin, and J. Baugh. (eds.) *Towards a Social Science of Language: Papers in Honor of William Labov. Volume 2: Social Interaction and Discourse Structures*, pp.31–40. Amsterdam: John Benjamins.

Schegloff, E. A. (2007) *Sequence Organization in Interaction: A Primer in Conversation Analysis, Vol.1*. Cambridge: Cambridge University Press.

Schegloff, E. A., G. Jefferson, and H. Sacks. (1977) The Preference for Self-Correction in the Organization of Repair in Conversation. *Language* 53: pp.361–382.

Schegloff, E. A., E. Ochs, and S. A. Thompson. (1996) Introduction. In Ochs, E., E. A. Schegloff, and S. A. Thompson. (eds.) *Interaction and Grammar*, pp.1–51. Cambridge: Cambridge University Press.

Schegloff, E. A. and H. Sacks. (1973) Opening up Closings. *Semiotica* 8(4): pp.289–327.

Selting, M. and E. Couper-Kuhlen. (eds.) (2001) *Studies in Interactional Linguistics*. Amsterdam: John Benjamins.

Sidnell, J. and T. Stivers. (eds.) (2013) *The Handbook of Conversation Analysis*. Oxford: Wiley-Blackwell.

高見健一(1995)『機能的構文論による日英語比較』くろしお出版

Thompson, S. A. (1997) Discourse Motivations for the Core-Oblique Distinction as a Language Universal. In Kamio, A. (ed.) *Directions in Functional Linguistics*, pp.59–82. Amsterdam: John Benjamins.

Thompson, S. A. (2001) Foreword. In Selting, M. and E. Couper-Kuhlen. (eds.) *Studies in Interactional Linguistics*, pp.vii–viii. Amsterdam: John Benjamins.

Thompson, S. A. (2002) "Object Complements" and Conversation towards a Realistic Account. *Studies in Language* 26(1): pp.125–163.

Thompson, S. A. and E. Couper-Kuhlen. (2005) The Clause as a Locus of Grammar and

Interaction. *Discourse Studies* 7(4/5): pp.481–505.

Thompson, S. A., B. A. Fox, and E. Couper-Kuhlen. (2015) *Grammar and Everyday Talk: Building Responsive Actions*. Cambridge: Cambridge University Press.

Thompson, S. A., R. Longacre, and S. J. Hwang. (2007) Adverbial Clauses. In Shopen, T. (ed.) *Language Typology and Syntactic Structure*, 2nd edition, pp.237–300. Cambridge: Cambridge University Press.

Wu, R.-J. R. (2004) *Stance in Talk: A Conversation Analysis of Mandarin Final Particles*. Amsterdam: John Benjamins.

Yokomori, D. (2008) On Postposed Adverbial Clauses in Japanese Conversation.『言語科学論集』14: pp.109–122. 京都大学

横森大輔(2014)「漸進的な文の構築：日本語会話における副詞節後置の相互行為秩序」『日本認知言語学会論文集』14: pp.692–697. 日本認知言語学会

謝辞

本章の草稿に対して、林誠先生、早野薫さん、陳力さん、そして本書編者である平本毅さん、増田将伸さん、戸江哲理さん、城綾実さんから大変有益なフィードバックをいただくことができました。感謝申し上げます。

第4章 相互行為における
身体・物質・環境

城 綾実

1. はじめに

　本章では、相互行為における身体・物質・環境を対象とした会話分析研究を取り上げる。これらを対象とした会話分析研究は、マルチモダリティ（multimodality）という名称のもとに進められている（Deppermann 2013, Stivers and Sidnell 2005 など）。マルチモダリティの語の由来は、相互行為を分析するにあたって聴覚・視覚・触覚などの感覚様式（モダリティ）のはたらきを個別に扱うのでなく、その複合性を重視することからきている。この概念は 2000 年ごろ会話分析に導入され、2010 年には第 3 回会話分析国際会議のテーマがマルチモーダルインタラクションになるほどの普及をみた。

　会話分析におけるマルチモダリティ研究の牽引者である Lorenza Mondada によれば、「マルチ」モダリティという名称で感覚様式の複合性を強調する意義の 1 つは、研究者の先入観によって言語（聴覚）に優先的な分析上の地位が与えられることを避けることにあるという（2014: 138）。会話分析はその初期段階（1960 ～ 80 年代）において、音声資源が主たる役割を果たす活動（たとえば電話会話）を中心的に取り扱ってきた。しかし、身体的に共在する場面（たとえば対面会話）において、人びとはしばしば姿勢や視線の向きそして身振り手振りなどを用いて、相互行為を成り立たせる。マルチモダリティ研究はそのような、感覚様式と相互行為資源の複合的なはたらきを分析の射程に収めることによって、会話分析に「広がり」をもたらしている。本章ではこの「広がり」の様子を概観したい。

次の2節では、マルチモダリティ研究の背景を紹介する。続いて3節では、その対象を①視線、②表情、③うなずき、④身振りと姿勢、⑤指差し、⑥物・道具などの物質的オブジェクト、⑦身体移動と環境、の7つに分けて論じる。そして4節で具体的な分析例を示し、最後に5節でまとめを述べる。

2. マルチモダリティ研究の背景

マルチモダリティ研究の発展の背景には、①社会学者 Erving Goffman の存在、②会話分析研究内部での議論の展開、③映像収録・編集技術の発展の3点がある。本節ではこれらを順に紹介していく。

2.1. 社会学者 Erving Goffman の存在

相互行為における身体・物質・環境のはたらきを考える研究者にとって、社会学者 Goffman の仕事は重要な手がかりを提供している。本項では、Goffman の議論のうち、会話分析のマルチモダリティ研究を理解する上で重要なものについて整理する。

2.1.1. 状況、焦点の定まった／定まらない集まり

Goffman (1963=1980) は、複数の人間が同じ空間に居合わせている状況 (situation) を社会学の研究対象に取り上げた。彼は、集まり (gathering) という語で、「直接的に居合わせる2人以上の集合（ゴッフマン 1980: 20）」を表している。次に、状況という語で、「すでに存在する（あるいはこれから存在することになる）集まりの空間的環境の全体（ゴッフマン 1980: 20）」を表している。この定義は2つの意味でマルチモダリティ研究にとって重要である。第1に、人びとが同じ事柄に注意の焦点を向けているような焦点の定まった集まり (focused gathering) だけでなく、単に居合わせて、注意の焦点を共有することなく共に時を過ごすような、焦点の定まらない集まり (unfocused gathering) も、相互行為研究の対象となることを示した。第2に、状況を「集まりの空間的環境の全体」と定義することにより、人の行動だけ

でなくその場にある物質やそれらをとりまく環境も相互行為研究の射程に入ることを示した。

　焦点の定まった／定まらない集まりという区別を使うと、たとえば、同じ空間に居合わせる際に、誰かと焦点の定まった集まりを形作るにはどうしたらよいか、という分析を行うことが可能になる。電話などの音声会話を対象とした会話分析研究はしばしば、焦点の定まった集まりがすでに形作られている時点から分析を始める。しかし他方で、飲食店に入った客と店員がどう話し始めるか（平本・山内・北野 2014）、飲食店で注文を決めた客がどう店員をテーブルに呼ぶか（平本・山内 2017）、道を尋ねたい人がどうやって往来を歩く人に話しかけるか（Mondada 2009）、介護施設でケアワーカーに何かして欲しい際に利用者がどう声をかけるか（秋谷・川島・山崎 2009）、といったように、同じ空間に居合わせる人びとは、何らかの方法で焦点の定まった集まりを形作ることがある。たとえば往来を歩く人に道を尋ねるとき、人は相手の視界に入っていきながら、発話の冒頭部分を引き伸ばし、相手の注意を引きつつ話しかける（Mondada 2009）。このような現象が、Goffman の概念を経由することにより分析の射程に入る。

2.1.2. 参与枠組み・関与配分

　「集まりの空間的環境」の下で人は、身体・発話・物質資源を使って自分が誰とやりとりを行って（＝参与して）いる／いないのか、どのような活動に関与している／いないのかを示していく。たとえばレストランでグループ客が注文品を決めるやりとりを行っているとき、自分が頼む品を決めた客が窓の外を眺めたなら、おそらくそれは同席客との会話には「参与」しないことと、注文を決めるという活動に「関与」しないことを示すだろう。それゆえこの様子をみて、店員は注文を取りにくる（平本・山内 2017）。この、相互行為への参与（participation）と活動への関与（involvement）の問題に目を向けさせたことも、Goffman の功績の１つである。

　まず Goffman（1981）は、相互行為への参与の仕方（参与枠組み（participation framework））に、様々なものがあることを指摘している。従来の言語使

用の研究（会話分析研究ではないことに注意）は発言の話し手（speaker）と聞き手（hearer）の2者関係のみを参与のあり方として想定していたが、「聞き手」だけをとっても、発言を宛てられている（addressed）聞き手と宛てられていない（unaddressed）聞き手とを区別することができる。さらに、会話に中核的に参与している聞き手だけでなく、母と子のやりとりを傍らでテレビを観ながら聞いている父のように、あまり会話には加わらずとも発言を聞いている人もいる。この例の父親のように、直接会話には加わらないが、その場にいることが認められている聞き手のことを漏れ聞く者（overhearer）という。他方、床下でこの母と子のやりとりを聞く泥棒のように、直接会話に加わっていないのみならずその場にいることも認められていない聞き手のことを、盗み聞く者（eavesdropper）という。

　「集まりの空間的環境」の下では、自分がいまどのような活動に関与しているか、その配分を示すこともまた、相互行為の展開に大きな影響を及ぼす。Goffman（1963=1980）は、自分の注意を実際に何に向けているか（認知的な関与配分）、その場面の義務としては注意を何に向けるべきか（規範的な関与配分）、という2つの軸を設けて整理を行っている。認知的な関与配分としては、自分の注意を実際に割いている度合いが大きい関与を主要関与（main involvement）、小さい関与を副次的関与（side involvement）という。たとえばテレビを観ることに集中していて話し相手の言葉を上の空でしか聞いていないとき、テレビを観ることに主要関与、話を聞くことに副次的関与が割かれている。他方、その場面の義務として注意を向けるべき活動への関与を支配的関与（dominant involvement）、支配的関与を妨げない程度に従事してよい活動への関与を従属的関与（subordinate involvement）という。たとえば職場でデスクワークをしている最中は書類を処理することが支配的関与であり、その間コーヒーを飲むことは従属的関与になるだろう。

　こうした（相互行為への）参与や（活動への）関与の表示は、「集まりの空間的環境」の下で身体・発話・物質・環境を複合的に使うことにより行われることが多い。たとえば美容サロンにおける脱毛施術者は、客との雑談と施術とを並行して進めるのが困難なときは、施術（への関与）を遅延し、雑談（へ

の参与)を優先することがある（Toerien and Kitzinger 2007）。その際には発話が継続される一方で、手作業は休止される。この例の施術と雑談のように、身体・物質・環境の複合的なはたらきは、複数の相互行為への参与や活動への関与を並行して進めたり、どれかを優先させたりといったことを表示するために使われうる。近年会話分析では、複数の相互行為への参与や活動への関与をどう管理するかを分析するマルチアクティビティ（multiactivity）（Haddington et al. 2014）研究が盛んになってきているが、これは Goffman の参与枠組みと関与配分の概念を直接の下敷きとしている。

　以上紹介してきたように Goffman は、話し手－聞き手間の、焦点の定まった、言語的な相互行為に偏重しがちな従来の言語使用の研究に「広がり」をもたらした。Goffman 自身は自然に生起した相互行為のデータを使って分析を行うことはなかったが、彼が提出した諸概念は、より精緻な記述に長けた会話分析者によって、その相互行為の中での具体的な用法が捉え直されてきている（平本 2015a）。

2.2.　会話分析の基本姿勢と身体を扱うこと

　会話分析の創始者たちは最初、録画データの導入には慎重だった。だが第1章で述べられている通り、会話分析の基本方針からすれば、身体・物質・環境も当然のことながら研究対象に含まれる。実際、Harvey Sacks は 1968年秋に行った講義で次のように述べている。

> 表情等々の事柄は非常に分析しにくい。その必要がないと言っているわけではなく、むしろそれらを分析できたなら素晴らしいことだろう。それをしないことは欠損である。しかしながら、どうやってそれらを映像に収めるか等々の、とても困難な問題が解決されていない。
>
> （Sacks 1992: 26）[1]

　つまり、表情などの身体行動も分析対象に含まれるけれども、録画機材をどうするか等々の実際的な問題が解決されていないので、現状ではそれが困

難だ、というわけである。それでも Sacks および Emanuel Schegloff はその後、録画データの分析に先鞭をつけていた Goodwin 夫妻との出会いを経て身体動作の分析に乗り出し、1975 年には手の動きのホームポジション（手振りの開始・終了位置）の存在を報告する研究発表をアメリカ人類学会で行っている[2]。

　会話中に手振りを行う際、人はしばしば、膝や机の上に置いたり、腰にあてたりして休ませていた手を持ち上げ、手振りを行ってから、また元の位置（ホームポジション）に戻す。この規則性は、人種や文化を超え、多様な活動の中でみとめられる。Sacks と Schegloff は、ホームポジションのような形式的な——相互行為に秩序を与えるための体系性を備えた——組織が、発話の順番交替などと同様に[3]、身体動作についても見出せることを示そうとしたのである。

2.3. 映像収録・編集技術の発展

　相互行為における身体・物質・環境のはたらきの探究にあたり、欠かせない武器となるのが映像収録・編集の技術である。人間の行動を写真や映像として記録し、分析の資料とする動きは、19 世紀半ばから生物学、人類学や心理学の分野で生じた（Heath and Luff（2013）および菅原（1996）のレビュー参照）[4]。

　技術の発展により、映像の収録・編集・再生・保存が安価に、容易にできるようになった。たとえば、今からおよそ 1 世紀の昔、文化人類学者の Gregory Bateson は、調査に 2 万 2000 フィート（＝約 6700 メートル）もの長さの 16 ミリフィルムを使った（Bateson and Mead 1942=2001: 43）。だが現在、筆者が調査に赴く際のもっとも身軽な装備は、マイクロ SD カードを挿入したアクションカム（小型カメラ）である。この装備は手のひらに乗る程度の大きさで、総重量は 200 グラムに満たない。このように、技術の発展に伴い映像資料を用いた研究は飛躍的に容易になった。

3. トピックごとの歴史と広がり

　前節ではマルチモダリティ研究の背景を3点紹介した。次に会話分析におけるマルチモダリティ研究の広がりを、①視線、②表情、③うなずき、④身振りと姿勢、⑤指差し、⑥物・道具などの物質的オブジェクト、⑦身体移動と環境、の7つの研究トピックに分けて論じる。

3.1. 視線

　視線 (gaze) は身体的資源の中でも古くから注目され、数多くの知見が蓄積されているトピックである。会話分析の研究の成果をとりまとめている *The Handbook of Conversation Analysis* (Sidnell and Stivers 2013) でも、独立の章を与えられ (Rossano 2013)、身体的行為 (embodied action) (Heath and Luff 2013) とは別の扱いを受けている。

　Rossano (2013) は会話分析における視線研究を、①会話への参与と視線の関係を扱うもの、②視線が有する調整機能（例：順番交替における視線の役割）を扱うもの、③行為の構成における視線の役割を扱うもの、の3つに大別している。本章でもこの分類に従って研究動向を紹介しよう。

　まず、①会話への参与と視線の関係という括りの中では、相互行為への参与と活動への関与 (2.1.2節参照) に、視線の向きとその変化のタイミングがどう関わるかが分析されている。たとえば Goodwin (1981) は、話し手と受け手 (recipient) 間の視線について、(A) 発話中、話し手は受け手の視線を獲得する必要がある、(B) 受け手は話し手に視線を向けられている間、話し手を見ていなければならない、という2つの規則があることを論じた。(A) を達成するために、話し手は話し始めるにあたって受け手が自分を見ていない際には発話を中断したり、やり直したりして受け手の注意を引く。同様の現象は、医療診察場面の医師と患者のやりとりにおいても見出すことができる (Heath 1986)。

　次に、②視線が有する調整機能という括りの中では、発言順番の割り当てなどに視線がどう関わるかが研究されてきた。Sacks らによれば、質問や依

頼などの隣接対第1成分を発する際に、視線を向けた相手を次の話し手として選ぶことができる（サックス・シェグロフ・ジェファソン 2010: 70）[5]。また視線は、評価や情報提供などを行う発話に対しての相手の反応の生起を促進するはたらきをもつともいわれている（Stivers and Rossano 2010）。

　最後に、③行為の構成における視線の役割について説明する。Kidwell（2005）によると、養育者は子どもを「たんに目を向けること（a mere look）」と「じっと見ること（the look）」があるが、子どももその区別を理解している。「たんに目を向けられて」いるとき、子どもはそれを自分が今行っていることの継続を容認するものとして受け止めるが、「じっと見られて」いるなら、それをなんらかの咎めの予兆として受け止め、今行っていることを中断する。

3.2.　表情

　従来、表情（facial expression）の研究は心理学の分野でなされてきた（Ekman and Friesen 1978 など）。他方で、会話分析者も近年、感情と表情の関係に関心を寄せている。笑い、しかめ面、驚きなどの感情を伴う表情が、相互行為においてどう扱われているのかについての研究が、とくに Anssi Peräkylä と彼のグループの会話分析者によって盛んに行われている（Kaukomaa, Peräkylä, and Ruusuvuori 2015, Peräkylä and Ruusuvuori 2006）。

　会話分析における表情の扱いについて重要なのは、それを心的状態の表れとみるのではなく、相互行為の中での表情のはたらきを問題にする点にある。たとえば Goodwin and Goodwin（1986）は、言葉が出てこない時に話し手が相手から視線を外して考える表情をみせることが、言葉が出てこないという内的状態の表出であるだけでなく、「言葉探し」を行っていることを相手に伝える手段になっていると論じている。Kaukomaa, Peräkylä, and Ruusuvuori（2013）は発言順番開始直前に浮かべる話し手の微笑みが、肯定的な方向への話し手の感情の変化を示すことや、その感情の変化にしばしば受け手も応じることなどを明らかにした。

3.3. うなずき

　会話分析研究において、うなずき（nod）は最初、発話の受け手側の反応として注目された（Goodwin 1980）。Stivers（2008）は、物語に対して受け手がうなずくとき、たんに語りを先に進めるために内容への理解を示すのみならず、経験や出来事の描写に込められた語り手の態度に対して共感（affiliation）が示される、と論じている（第9章参照）。

　他方で、話し手側のうなずきについても研究が行われている。Aoki（2011）は、日本語会話における話し手のうなずきを分析し、発話中のうなずきが、発話に対する受け手の応答を強く引き出す役割を担っていると主張している。

3.4. 身振りと姿勢

　身振り（gesture）はしばしば、何か意味をもった事柄を描き出し、表現するために使われる。そのような身振りは、表現しようとする発話中の語彙と対応していることがある（たとえば「木」と言いながら身振りで「木」を表現する）。Schegloff（1984）は、この対応関係において身振りが発話に先んじて産出される傾向にあることを指摘した。

　他方で身振りは、発話中の語彙を類像的に表現する際に用いられるだけではない。たとえば物語の語り手は、身体全体を使って登場人物の行いを実演することがある（西阪 2008, Sidnell 2006）。また将来起こりうる想像上の事柄を伝える際にも、身振りによる演技が使われる（平本・高梨 2015a, 2015b）。

　次に姿勢（posture）は、身体全体や頭部がどこに向いているかを伝えることを通じて、相互行為への参与と活動への関与（2.1.2 節参照）を示すことと大きく関わる。たとえば誰かと話している最中に他の者から話しかけられた人は、上半身だけを捻って話しかけられた相手の方に向くことがある。この身体の捻り（body torque）は、その相手との相互行為（への参与）が一時的なものであって、それが終われば元の話し相手に向き直ることを伝える姿勢である（Schegloff 1998）。さらに会話を行う際に人は姿勢の相互調整によって、相互行為空間（Mondada 2009）を形作ることが知られている。また、活動への関与についていうと、妊婦健診において超音波検査を行う医師や助産師

は、検査中に妊婦に助言を与えたりもするが、その間も姿勢などの身体的資源により、超音波検査実施への関与を維持する（Nishizaka 2013）。

3.5.　指差し

指差し（pointing）は、典型的には特定の事物や概念などへの指示（reference）に使われる身振りである（Kendon 2004, Kita 2003 など）が、会話分析研究においては指示以外に使われる指差しの用法が注目されてきた。たとえば、発言順番取得の前触れとして指差しが使われる（Mondada 2007）といった相互行為上の機能や、子どもの指差しがその物を欲しがることを伝える（Jones and Zimmerman 2003）といった、行為遂行上のはたらきなどである。また、指差しはそれ単体で意味をもつものであるというより、視線や姿勢、発話などの他の相互行為資源と組み合わされて使われ、それによって意味をもつようになるものであること（Goodwin 2003）が指摘されている。

3.6.　物・道具などの物質的オブジェクト

相互行為は常に具体的な物理的環境の下で行われる。Nevile et al.（2014: 12–13）は、相互行為の中での物質（的オブジェクト）のはたらきについての研究を、以下の9点に整理している。①思考・知覚・学習の支援、外界の見方・外界の解釈の促進、②共同行為の構築と理解、知識の例示と主張、③環境の下での志向や変化への影響、④出来事や一連の行為の開始と組織化、⑤変化する環境のチェック、進行中の活動への参加、⑥特定の形態の参与と関与の実現と促進、⑦デザインとイノベーションの過程における創造と表象化、⑧移動の実現、移動しながらの観点での外界の経験、⑨身体の経験や、身体を伴う行為の実現。

⑦について一例を挙げると、Nielsen（2012）はアイデア出しのワークショップにおいて、付箋にコメントを書き付けていくことが、相互行為上どのようなはたらきをもつかを議論している。彼女によれば、発話でコメントを行っていくと、それを他者が逐一受諾・拒否・評価する連鎖上の位置が作り出され、それによって自由な発想が制限されてしまうが、付箋を使うことによっ

て、そのような束縛から逃れアイデアを出しやすくなるという。

相互行為資源としての物質使用の研究で興味深いのは、その物質が人工物である場合、それは行為と相互行為の中で使われ、形作られ、そしてまた行為と相互行為を形作ってきた歴史をもつ（cf. Goodwin 2013 ＝ 2017）ということである。たとえば先ほど挙げた付箋は、今から50年ほど前に、強力な接着剤を開発しようとする試みの副産物として生まれた。その偶然の産物は、Nielsen が報告しているような行為と相互行為の繰り返しの中で、商品化され、普及し、人びとの生活に根付くものになった。

3.7.　身体移動と環境

移動すること（mobility）は、社会学、人類学、地理学、観光学、移民研究など様々な領域で注目されてきた研究トピックである（Adey et al. 2013）。その中で相互行為に目を向けたものとしては、Goffman（1963, 1971）による公共空間での相互行為秩序——たとえばすれ違う人びとがどう衝突を避けているか——にかんする議論、Ryave and Schenkein（1974）の歩行のエスノメソドロジー研究などを挙げることができる。

映像収録機器の小型化・軽量化・廉価化に伴って、会話分析分野でも移動することについての研究が増えてきている。このトピックについての論文集も刊行され（Haddington, Mondada, and Nevile 2013）、ドライブ中に同乗者が運転手に行き先を指示する仕方（Haddington 2013）や、桟橋を足早に歩くことやゆっくり歩くことが、それぞれ桟橋を一定の場所として——ただの通過点として、あるいはそれ自体について話すための場所として——位置付ける作業を行っていること（Broth and Lindström 2013）などが論じられている。

4.　相互行為資源の複合的なはたらき：観光場面を例に

4節では、会話分析が身体・物質・環境を扱う例として、グループでの観光時の写真撮影場面の分析を行う。観光とは、慣れ親しんだ場所から離れた地を訪れて、景色や史跡などを「見て」「歩く」活動のことである。「見る」

ことも「歩く」ことも、エスノメソドロジストたちが1970年代から関心を寄せてきた事象であり（前者について Sudnow (1972)、後者について Ryave and Schenkein (1974)）、その会話分析研究の一端は「視線」（3.1節）「身体移動と環境」（3.7節）でも取り上げた。

　グループでの観光中に写真を撮るという相互行為の過程には、例外なく身体・物質・環境が関わっている。さらにそれは多くの場合、相互行為的事象である。個人旅行中に1人で写真を撮る時でさえ、人はその場の他者からみてわけがわかる（説明可能な）仕方でそれを行わなければならない。集団で観光している場合にはなおさらである。たとえば人は、皆で移動している最中に1人足を止め、他の者が話したり何かを見たりしている中で、写真撮影に従事する。これを成し遂げるには様々な要素が関わっているだろう。観光者は視線を向けて何かを見（3.1節）、足を止めて（3.7節）、対象物に向き合う姿勢をとり（3.4節）、カメラという道具を使って（3.6節）写真を撮る。その際には他の者との相互行為の参与枠組み（2.1.2節）と（写真を撮るという）活動への関与（2.2.2節）の調整が必須である。

　本節の分析ではここまで説明してきた諸点を振り返りつつ例示するとともに、身体・物質・環境を分析対象に含めることにより会話分析の何が「広がる」のか、この点を確認しておきたい。身体・物質・環境の分析がもたらす「広がり」とは、会話分析が記述の対象とする「人が日常生活の中で従事する多種多様な実践的諸活動」（第1章2頁）のうち、身体・物質・環境のはたらきに大きな注意を払いながら組み立てられているものの秩序の成立基盤を、十全に捉えられるようになることである。人と一緒に観光することも、その過程で写真を撮ることも、人が日常生活の中でごく当たり前に行っていることである。この活動が、どのような「方法」を使って組み立てられているか、身体（たとえば何かを「見」つつ「歩く」こと）と物質と環境（たとえば「カメラを使って」「風景を"切り取る"」こと）を射程に含めることによって、適切に記述することができるだろう。

　もう1つ、この分析を通じて例証したいことは、言語（聴覚）を含め、特定の資源やモダリティに研究者が優先的な分析上の地位を与えないことの重要

性である。本節の分析では、観光者たちが「歩く」ことと「見る」ことを非常に微細な水準で並行的に管理している様子を示す。しかしそれは、分析の結果見出されることである。ある日常の活動や場面をどのような資源を使って相互行為的に組み立てるかは、その場の人びとがその都度直面する、実際的な問題である。これを参与者の志向性に基づいて記述してゆく方針自体は、2.2 節で垣間見たように、会話分析研究に従来から備わっていたはずだ。もしマルチモダリティ研究のもたらした「広がり」を、言語から非言語へ、単一のモダリティから複数のモダリティへといった、特定の相互行為資源や資源の数を強調する表現で意義としてまとめてしまうなら、このことを見落としかねない。

4.1. 観光の一環として振り返る

本節で扱うのは女性 3 人が京都市を観光している場面である。3 人は市東部に位置する平安神宮を参拝した後に、次の目的地（近隣の別の神社）に向かって歩き出した。彼女たちがいる場所はまだ平安神宮の敷地内である（図 1 の「断片（1）～（3）」）。なお 3 人は、平安神宮の主要な見物先の 1 つである神苑を見ず（図 1 の「神苑に入らず次の目的地へ行くことを決定」）、敷地に足を踏み入れてから 10 分足らずで平安神宮を後にしようとしていた。

分析に入る前に、断片の背景情報を紹介しておこう。3 人の

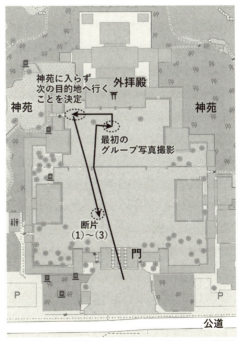

Map data (c) OpenStreetMap contributors, CC-BY-SA

図 1　A、B、C の移動経路
断片 (1) ～ (3) の相互行為が分析対象となる。

うち C は京都在住であり、A と B は来訪者（A が東京から、B が兵庫から）である。来訪者のうち A はとくに京都に馴染みがないと、観光を始めた時点で自己申告していた。3 人は、平安神宮の主要な建物である外拝殿の前で、他の観光客に頼み、その日最初のグループ写真を撮ってもらった（図 1 の「最初のグループ写真撮影」）。しかし、この写真には外拝殿の全景が収まっておらず、メンバーの目線がカメラから外れていたこともあり、3 人はその写真を「全然ダメ」と評していた。言い換えれば、3 人は平安神宮の観光を終えようとしている断片（1）の時点で、まだ満足のいくグループ写真を撮れていない。

　結論を先に言うと、3 人はこの場所でのやりとり（断片（1）～（3））を経て外拝殿を振り返り、（今度は満足のいく）グループ写真を撮り直す。ではこれはいかにして可能になっているのか。グループ写真撮影を実現するためには、3 人は背後の外拝殿に注意を向け直し、歩みを止め、グループ写真を撮ることを了解し合わねばならない。これが単純なものではないことは容易に想像できるだろう。もう 1 つ論点の先取りを行っておくと、グループでの写真撮影はしばしば、グループ内の個人が何かを見たり、写真を撮るに値する光景を見つけたりした時に、それをきっかけとして生じる。本節ではこのことを示したい。

　まず、平安神宮を出るために門に向かって歩いている 3 人が外拝殿の方を振り返ることがどうやって成し遂げられているか、このことを考えよう。人は何もない所で背後を振り返ったりしない。振り返ることは、あくまで、他者にわけがわかる（説明可能な）仕方で行われる必要がある（たとえば「背後で物音がしたから」や「誰かに呼ばれたから」）。しかもそれが写真撮影の契機になるとしたら、3 人は観光の一環として（「背後を警戒して」や「呼ばれたから」ではなく）振り返らなければならない。

　次の断片（1）[6] の分析を通じて示すことは、平安神宮の観光経験をまとめることが、身体的な振り返りの契機になっているということである。

第 4 章　相互行為における身体・物質・環境　111

```
（1）01→A:       平安神宮(.)うん来たっ.
        A.視線:足元->|移|振り返り外拝殿方向-----≫
        B.視線:足元------------->|移|A-----≫
        C.視線:前方少し右側----------------≫
    02        (0.7)①(.)
        C.視線:|A--------≫
    03 B:    hhu      ((吹き出し笑い))
                     ②
    04 A:    初めて 来た. huhuhu .h もう見た.
        A.視線: ->|移動|足元>|移動------>|振り返り外拝殿方向
        B.視線:  ->|天仰ぐ>|戻|A------------------≫
        B.右手:                |振り上げる----→
        C.視線:  ->|移動---->|外拝殿|左横----------≫
```

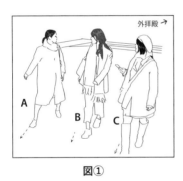
図①

図②

　Ａは 01 行目で「平安神宮(.)うん来たっ」と言っている。彼女は歩みを止めずに（つまり平安神宮から退出する動きを止めずに）こう言うことによって、平安神宮の観光を終えるにあたって、ここまでの経験をまとめている。最初の身体的な振り返りが生じるのは、この発話の最中である。こうすることによりＡは、観光の一環として振り返っている。つまり、これまでの経験をまとめる（＝振り返る）にあたって身体的にも振り返っていることが、その場の他者にわかる。

　このＡの発言と振り返りは、他方では、ある種の皮肉を含んだコミカルさをもつものである。先述のように 3 人は平安神宮に足を踏み入れはしたも

のの、神苑を見ず、わずか10分足らずで踵を返していた。また話し手のA
は、京都のことをよく知らない人物である。そのAが、よく見てもいない
のに平安神宮の観光を終えたことを宣言する。しかも（あるいは、だからこ
そ）、Aは「見た」や「堪能した」等々の、観光を味わったことを含意する
表現ではなく、（この時点では）「来た」という、味わいを含めない表現で経
験をまとめている。つまりここでAは、まともに見ることなく平安神宮を
去るにもかかわらず観光を終えたと言ってしまう自分の軽薄さを、相対化し
笑いの対象にしている。このコミカルさは、Bにも笑うべきものとして理解
される。Bはこれに吹き出し笑いで応じている（03行目）。

　Aの発話に含まれるコミカルさは、Aの身体的な振り返りが、「名残を惜
しむ」ものや「もう一度じっくりと味わう」ものにはならないだろう、と
いう予測を生じさせるものである。つまり、Aはここまでの観光経験をま
とめながら外拝殿の方を振り返るけれども、じっくりと建物を眺めながら
感慨に浸ったりはしないであろうことが他者に予測可能になる。このこと
は、Aが身体を使って示す関与配分にも表れている。Aは上半身を捻って（cf.
Schegloff 1998）振り返るが、その際に立ち止まったり、下半身も踵を返した
り、著しく歩く速度を落としたりすることなく、門へと歩き続けている。そ
れゆえAは、外拝殿の方に注意を向けることがあくまで一時的なものであっ
て、いずれはそれが解消されるであろうことを身体的に示している。

　その意味では、Aの発言と身体動作は個人的な性質を備えたものであって、
グループで何かを行うことをはたらきかけるものではない。「平安神宮（.）
うん来たっ」が、他の誰かに確認を求める隣接対第1成分（たとえば「もう来
たよね?」）の形を取らず、あくまで個人的な見解の表明として発されている
ことは注目されてよい。Aは平安神宮の観光経験をまとめ、一時的に振り返
ることを、他の2人と歩調を合わせて歩き続けながら個人的に行っている。

　しかし、先に述べたように、このような個人的な「見る」行動は、他の者
の行動を誘発しうる。この断片ではBはAの行いのコミカルさに反応して
いるが、少し前方を歩いていたCはAの01行目の発言を聞いてAを見て（02
行目）、Aが外拝殿の方を振り返っている状態を目にし、その視線の先に自

分も視線を向ける（図②）。Aの振り返りに誘発されたCの振り返りは、隣接対のような強い生起への期待に基づいて生じたものではないものの、Aの観光としてのふるまい（平安神宮の観光を終えるにあたって一瞥すること）への反応である。言い換えればこの項でみてきたことは、2つの観光する身体の組織化の手続きである。AとCとは、ただ一方が振り返ったからもう一方も条件反射的に振り返ったのではなく、ここまでの経験をまとめつつ、観光の一環として各々振り返る。3人がグループ写真を撮るにあたって（断片（1）の時点ではそのきっかけが与えられたにすぎないが）、AとCがものを「見る」ことが、観光の一環としてなされたことは決定的に重要である。身体動作の分析は、このように、活動（この場面では観光）の会話分析的記述に本質的な貢献をもたらす。

　分析の本筋からは外れるが、会話分析のマルチモダリティ研究にとって次の点が重要なのでおさえておこう。Cは確かにAが外拝殿の方を「見て」いることをきっかけに自分も振り返っているが、じつはこのときAが本当に外拝殿を「見て」いたかどうかは、Cにとって瑣末なことである。CはAより前方を歩いていたから、Aの視線の先が本当に外拝殿にあるのかは、目に入っていない可能性がある。Aの視線が本当に外拝殿を捉えていたかどうか、視界に入っていたとしても本当は心あらずで外拝殿など認識できていなかったのではないか等々のことは、Cにとってだけでなく分析者にとっても問題にならない。というのも、Cが利用しているのは（そして分析者が記述しているのは）、「平安神宮（.）うん来たっ」という発話、その場から退去しようとしている足取り、振り返っている上半身の動き、ここまで3人が経験してきたことの与える文脈等々の複合的なはたらきが与える、Aの振り返りのその場にいる人びとにとっての理解可能性だからである。Aがこの時点で観光経験をまとめながら振り返るという行為がわけがわかるものであるがために、C（と分析者）はここで「視線」という資源あるいは「視覚」というモダリティが使われていると理解できるのである。Aが本当は外拝殿など見ていなかったとしても、Cは問題なく、つまり他者に説明可能な仕方で、それを利用して自分も振り返ることができる。

以上の意味で、会話分析研究における資源やモダリティの同定はあくまで規範の記述である。人の上半身も視線も、ほとんどの時間に何らかの形で存在し続けているが、それを「(振り返るという)上半身の動き」「(見るという)視線の動き」等々と同定することには必ず、その人が行う行為の規範的記述が伴う。それゆえ、ある資源やモダリティの存在は、会話分析研究にとって分析の前提ではなく、分析を支えつつ、同時に(相互反映的に)分析により見出されるものである(Mondada 2014)。

4.2. 振り返りを契機に個人的に写真を撮る

　前項でみたAとCの振り返りは、まだ写真撮影には結びついていない。この項では、振り返りをきっかけにCが個人的に写真を撮る出来事を扱う。次の断片(2)[7]でCが解くべき課題は、3人が平安神宮から立ち去ろうとしているその時に、その流れを妨げることなく、背後の景色の写真を撮るという活動に個人的に従事することをいかに説明可能にしているかである。

```
(2) 05 C:        あ:で[も なん か、
    06 A:           [(h)え ↑え:
       C.頭部：　 |戻る|③
       C.視線：　 |移|スマホ画面を見る --≫
       C.右手：　         |*--≫
                    ((*親指で画面を操作する))
       B.右手：保持|振り下ろす|((B、笑いながらAの左肩を軽く叩く))
```

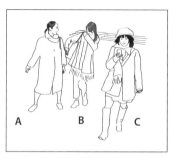

図③

第4章　相互行為における身体・物質・環境　115

```
07  B:        ↑.he ↑.h=    ((ひき笑い))
    C.右手: ------------≫|
08  A:        =hehe=
    C.左手:      |*--≫
              ((*スマホの高さまで持ち上げる))
09  B:        =°hh°↑.h hh[↑.h  ((ひき笑い))
10  A:                        [>なんか<]
11→ C:                        [いいかん ]じ=
    C.視線: ------≫|顔を上げ移動----------≫
    C.左手: ------≫| *--≫| **-----≫|スマホを少し持ち上げて構える--→
              ((*カメラアプリのボタンを押す))
                ((**スマホに左手を添える))
    C.姿勢:           |振り向く-------------≫
    C.運足:              |ターン----≫
12  B:        =↑.h°h°
    C.視線: ----→|拝殿方向
13  A:        huhu[huhu]   ④      ⑤
14  B:            [↑.h]↑ .h hu .h ↓hu .h  ((前半はひき笑い調))
    C.視線: ----------------≫|拝殿方向----------≫
    C.姿勢: --------→|拝 殿 方 向-------------≫
    C.運足: ------------→|後 ろ 歩 き-------------≫
```

図④ 　　　　　　　　　図⑤

　Ｃは外拝殿の方に向いてカメラ機能を立ち上げたスマートフォンを構える（11行目）。写真を撮ることも、振り返ることと同様に、なぜ今それをするのかが他者に説明可能な仕方で行われなければならない。この断片でＣが

写真撮影に説明可能性を与えるために行っている作業は、観光対象としての景色の価値を認めることである。Aにつられて振り返ったCは外拝殿方向をしばらく眺めた後、その周辺の景色を見ながら「あ：」と感嘆の声を漏らす（05行目）。これに続いてCは前に向き直ってから、スマートフォンを操作し（06–14行目）、「いいかんじ」（11行目）と景色に評価を与える。このように景色に感嘆し肯定的な評価を与えることによって、Cは写真撮影を行う理由を作り出す。

　ここで強調しておきたいのは、Cが景色に観光対象としての価値を認めることが、そもそも観光の一環としてそれを「見て」いたことと切り離せない関係にあるということである。Cは漫然と景色を眺めていたのではなく、観光対象として（すなわち、評価しうる対象として）景色を見ていたが、このことは他の2者に観察可能である。それゆえCは、その景色を環境の中から偶然見つけ出したのではなく、発見しうる機会に必然的にそれを発見した[8]のである。

　以上の意味でCのふるまいは相互行為による構成物だが、Aの振り返りと同様に、Cが写真撮影に至る流れも個人的なものとしてデザインされている。そのことは、第1に、「いい感じ」という、独り言のように聞こえる発話の構成に示されている。第2に、写真撮影を行うにもかかわらず、Cは基本的に歩みを止めない。Cは最初に外拝殿の方を向いた後、徐々に歩く速度を緩め、「いいかんじ」と言い終えた後には全身が外拝殿の方へ向くが、それでも歩みを止めない（図④）。この後ろ歩きの状態を保ちながらスマートフォンをかざして（図④⑤、断片（3）の図⑥⑦）、その後、立ち止まるとほぼ同時にCはシャッターボタンを押す（断片（3）の17行目）。この意味で、CもAと同様に、平安神宮から退出するというグループの活動をなるべく妨げない形で、個人的な作業に従事している。

4.3. グループでの写真を了解する

　断片（1）ではAの振り返りを契機にCも振り返るまで、断片（2）では振り返ったCが個人で写真を撮るまでの経緯をみた。次の断片（3）ではいよいよ、グループ写真の撮影が提案され、受け入れられるに至る。しかしこれは

第4章　相互行為における身体・物質・環境　117

簡単な作業ではない。というのも、個人的な写真撮影と違って、グループ写真は、それを撮ることを皆で了解し合わなければ撮影できないからである。
　断片（3）[9]では、15行目のBによる「ここで撮ろうよ」という提案について中心的に考えたい。ここで主張したいことは、この提案が、拒否しにくい性質を備えた提案だということである。

```
(3) 09  B:      =°hh°↑.h hh [↑.h ((ひき笑い))
    10  A:                  [>なんか<]
    11  C:                  [いいかん ]じ=
        B.視線:移動---->|足元-------------->>
    12  B:      =↑.h°h°
    13  A:      huhu[huhu ]  ④      ⑤
    14  B:          [↑.h ] ↑.h hu  .h ↓hu .h((前半はひき笑い調))
        B.視線:------------------>|*-->|C------->|移|拝殿方向---->>
                                 ((*顔を上げてCの方へ))
        B.運足:      |*|  少しC側へ----->|爪先がCを向きゆっくりになる-->>
                  ((*右手がAにぶつかったのを機に方向変化))
```

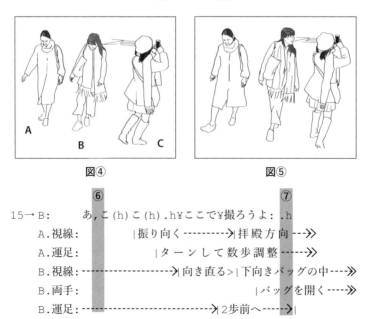

図④　　　　　　　　　図⑤

```
                      ⑥              ⑦
15→ B:      あ,こ(h)こ(h).h¥ここで¥撮ろうよ:.h
    A.視線:           |振り向く--------->|拝殿方向--->>
    A.運足:           |ターンして数歩調整----->|
    B.視線:------------->|向き直る>|下向きバッグの中--->>
    B.両手:                          |バッグを開く---->>
    B.運足:------------------->|2歩前---->|
```

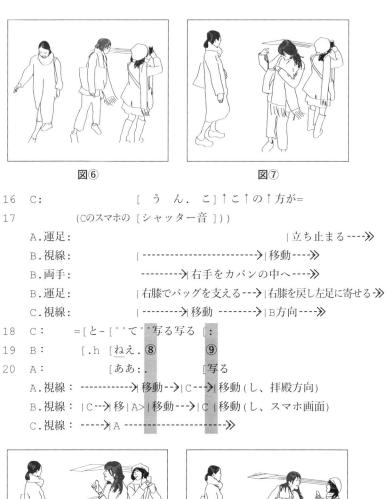

図⑥　　　　　　　　　　　図⑦

```
16  C:              [ う  ん．こ]↑こ↑の↑方が=
17         (Cのスマホの［シャッター音］))
    A.運足：                              |立ち止まる---->>
    B.視線：        |------------------------>|移動---->>
    B.両手：             -------->|右手をカバンの中へ---->
    B.運足：      |右膝でバッグを支える--->|右膝を戻し左足に寄せる->
    C.視線：      |-------->|移動 -------->|B方向---->>
18  C:     =[と-[°°て°°写る写る [:
19  B:        [.h [ねえ. ⑧         ⑨
20  A:              [ああ:．      [写る
    A.視線：--------->|移動-->|C-->|移動(し、拝殿方向)
    B.視線：|C-->|移|A>|移動--->|C |移動(し、スマホ画面)
    C.視線：---->|A------------------->>
```

図⑧　　　　　　　　　　　図⑨

　先述のようにCはグループで歩きながら振り返り、1人写真を撮ろうとしていた(図④)。Cは個人でこれを行っているが、Aの振り返りがそうであっ

たように、グループ行動中に個人が行ったことは、他の者が参照し、利用できる性質をもっている。BはAの発言（断片（1）の01,04行目）に笑ってから下を見ていた（図④）が、Cの「いいかんじ」（11行目）を聞いてCの方を向き（図⑤）、Cが写真を撮ろうとしていることをみてとる。Bの視線の先はCから、Cが写真に収めようとしている外拝殿の方へと移動し（図⑥）、「あ」とその景色に気づいて（15行目の冒頭）から、「ここで撮ろうよ」と提案する（15行目）。つまりCの個人的な写真撮影は、Bがグループで撮ることを提案するきっかけとして使われている。

　このBによるCの行動の利用も、そもそもCの行動（個人の写真撮影）が観光の一環として行われたものであるという事実に基づくものである。Cは観光経験をまとめたAの振り返りに誘発されて自分も振り返り、それにより見つけた景色に価値を見出して写真に収めようとしている。Bの提案は、これにさらに次の一手を投じるものである。

　そしてこの文脈に置かれることで、Bの提案は、他の2者にとって拒否しにくいものになっている。平安神宮での観光経験をまとめ始めたのはAだが、それはある種の（コミカルな）皮肉を含んだものだった。その10分程度の短い観光の中で、彼女たちはグループ写真の撮影に失敗していた（「全然ダメ」）。それゆえBの提案は、一種の再挑戦を他の2人に呼びかけるものになる。このことは、Bの発話の構成に表れている。Bは「ここで」と指示することによって他の場所（おそらくは最初にグループ写真を撮った場所）との対比を行い、また「撮ろうよ」の目的語を省略することで、この行為を先行する文脈の中に埋め込んでいる。つまりBは、平安神宮での観光経験をまとめることに端緒をもつやりとりの中で、自らの発話の構成を通じて、グループ写真の撮影に再挑戦することを提案している。さらにBが提案のきっかけとしているCの写真撮影は、その場所から見える景色の、撮影対象としての価値を認めるものだった。

　以上の点において、すなわち平安神宮を去るために写真撮影の機会が失われようとしているその時に、自分たちが失敗と位置付けたグループ写真撮影の再挑戦を、撮影対象の景色にすでに価値を認めた者を含めた相手に呼びか

けている点において、Bの提案は拒否しにくい性質を備えている。B自身が
この拒否しにくさを知っていることは、提案時のBの身体動作に表れてい
る。「¥ここで¥撮ろうよ：」と言いながらBは、肩にかけていたバッグを
開け、スマートフォンを取り出そうとする（図⑦）。つまりBは、答えを待
たずに写真撮影の準備にとりかかることで、自身の提案を、交渉の余地のな
いものとして位置付けている。

4.4. 分析のまとめ

　4節の分析では、発話、身体、道具、環境等々の相互行為資源の複合的な
利用により以下の諸行為が成立していることが示された。Aが観光の一環と
して振り返り、それに誘発されてCも振り返ること（4.1節）、これをきっか
けにCが個人で写真を撮ること（4.2節）、さらにそれを利用してBがグルー
プでの写真撮影を、拒否しにくい仕方で提案すること（4.3節）。これらによ
り、3つの「観光する身体」が編成される。この「観光する身体」を相互に
参照することが、被写体が3人の背後に存在し、かつ彼女たちがその場から
退出しようとしている最中に、相互了解を要するグループ写真の撮影を行う
ことができた背景に存在した。

5. おわりに

　本章では会話分析におけるマルチモダリティ研究を概観した。まずこの研
究動向の背後にあるものとしてGoffmanの仕事（2.1節）、会話分析における
身体動作への考え方（2.2節）、録画機器の軽量化・廉価化（2.3節）をおさえ
たうえで、相互行為資源の種別について簡単に説明を加えた（3節）。さらに
以上をふまえた分析事例を提示した（4節）。

　とくに4節の分析を通じて、研究者が予め特定の資源やモダリティに優先
的な分析上の地位を与えるべきではなく、相互行為の担い手自身がどのよう
な相互行為資源の使用を重視しているかを調べることが重要であることを述
べた。このことの分析的解明なくして、日常生活の諸活動の成立に適切な記

述を与えることはできないだろう。分析結果からは、C が A のふるまいを、B が C のふるまいをそれぞれ利用するにあたって、彼女たちの身体が観光を行うものとして組み立てられていることが重要であることが示された。このような身体資源の重視は、観光という場面あるいは活動の性質と相互反映的（第 1 章参照）な関係にある。たとえば A の振り返りは、3 人が平安神宮を回遊してきた／している文脈に適切な仕方で置かれることによって観光の色を帯びるが、それは同時に（＝相互反映的に）場面に観光の文脈を与える。C が写真撮影に値する景色を発見するきっかけになったのは、A が作り出した観光の文脈（＝観光の一環としての A の振り返り）である。観光名所にいさえすれば何をしても観光になるわけではないし、写真を撮るきっかけはどこにでも転がっているわけではない。3 人は、場面に合わせて自分たちの身体に観光の色彩を帯びさせることを通じて、観光することを成し遂げていっている。

　この活動の適切な記述に辿り着くために、録画データに映し出される、発話や身体、環境等々の複合的なはたらきを微細に分析することが必要である。その意味で身体・物質・環境の分析は会話分析に「広がり」をもたらしているといえようが、相互行為資源のどれを使うか、どれとどれを組み合わせるか、それはどのくらい微細な水準で行われるかといったこと自体は、分析上の立場が与えることではなく、相互行為参与者自身にとっての実際的問題なのである。

注
1　邦訳は平本（2015b: 95–96）より引用した。
2　不幸なことに、Sacks はこの発表の 3 週間ほど前に自動車事故に遭い帰らぬ人となった。なおこの発表の内容は 2002 年に Sacks and Schegloff 名義で *Gesture* に収録された。
3　この発表が行われる前年に著名な順番交替組織論文（Sacks, Schegloff, and Jefferson 1974=2010）が刊行されている。

4 とくに、スタンフォード大学の行動科学先端研究センターで行われたインタビューの自然誌（the natural history of an interview）プロジェクト（Leeds-Hurwitz 1987 を参照）の成果は、会話分析研究にも影響を与えている。たとえば会話分析初期に行われた身体動作の分析（Schegloff 1984, Sacks and Schegloff 2002 など）は、インタビューの自然誌プロジェクトに参加していた身振り研究者 Adam Kendon の、発話と身振りの共起関係についての研究に影響を受けている。

5 第 3 章 3.3 節でも、発言順番交替と視線との関係について紹介されているので参照のこと。

6 本章で用いるトランスクリプトでは、行番号のある行には発話を記し、その下に、視線その他の身体の動きを記す。網掛け部分で生じていた参与者のふるまいは、当該行の下部に挿入された図によっても示される（網掛け内の丸数字は図の番号を示す）。それぞれ発話との位置関係が「|」によって示される。「---→」は動作が続くことを、「---≫」は動作が行を超えて続いていることを示す（転記の都合上「＞」や「≫」のみで示す場合もある）。視線の向きは、参与者に向けられている場合はアルファベットによって示される。またトランスクリプト上では，発話と動作のタイミングを適切に記すために、語句を省略して記す場合がある。断片（1）では、「移動」と「移」は直前に向けられていた方向から次に特定の方向に向けられるまでの動作を、「戻」は戻る（天を仰いだ状態から通常の位置に戻る）動作を表す。

7 基本的な記法は注 6 を参照のこと。断片（2）では、「＊」や「＊＊」と矢印は動作区間を示し、その下に当該動作の様子が記述される。06 行目の「戻る」は、C の頭部が左横を向いていた状態（断片（1）の図 2 を参照）から正面に戻る動作を表す。

8 この点で C の「でも」という逆接表現の使用は興味深い。これは、C の振り返りのきっかけとなった A は景色を吟味しようとはしていないこと（4.1 節の分析参照）と関連があるように聞こえる。

9 基本的な記法は注 6 と 7 を参照のこと。

引用文献

Adey, P., D. Bissell, K. Hannam, P. Merriman, and M. Sheller. (eds.)(2013) *The Routledge Handbook of Mobilitie*s. London: Routledge.

秋谷直矩・川島理恵・山崎敬一（2009）「ケア場面における参与地位の配分：話し手になることと受け手になること」『認知科学』16(1): pp.78–90. 日本認知科学会

Aoki, H. (2011) Some Functions of Speaker Head Nods. In Streeck, J., C. Goodwin, and C. LeBaron. (eds.) *Embodied Interaction: Language and Body in the Material World.* pp.93–105. Cambridge: Cambridge University Press.

Bateson, G. and M. Mead. (1942) *Balinese Character: A Photographic Analysis.* New York:

New York Academy of Sciences.（マーガレット゠ミード・グレゴリー゠ベイトソン 外山昇訳(2001)『バリ島人の性格：写真による分析』国文社）

Broth, M. and F. Lundström. (2013) A Walk on the Pier: Establishing Relevant Places in Mobile Instruction. In Haddington, P., L. Mondada, and M. Nevile. (eds.) *Interaction and Mobility: Language and the Body in Motion*. pp.91–122. Berlin: De Gruyter.

Deppermann, A. (2013) Multimodal Interaction from a Conversation Analytic Perspective. *Journal of Pragmatics* 46: pp.1–7.

Ekman, P. and W. V. Friesen. (1978) *Manual for the Facial Action Coding System*. CA: Consulting Psychologists Press.

Goffman, E. (1963) *Behavior in Public Places*. New York: Free Press.（E. ゴッフマン 丸木恵佑・本名信行訳(1980)『集まりの構造』誠信書房）

Goffman, E. (1971) *Relations in Public*. New York: Harper & Row.

Goffman, E. (1981) *Forms of Talk*. Pennsylvania: University of Pennsylvania Press.

Goodwin, C. (1981) *Conversational Organization: Interaction between Speakers and Hearers*. New York: Academic Press.

Goodwin, C. (2003) Pointing as Situated Practice. In Kita, S. (ed.) *Pointing: Where Language, Culture and Cognition Meet*. pp. 217–241. Mahwah, NJ: Lawrence Erlbaum.

Goodwin, C. (2013) The Co-operative, Transformative Organization of Human Action and Knowledge. *Journal of Pragmatics* 46: pp.8–23.（チャールズ・グッドウィン 北村隆憲(監訳)・須永将史・城綾実・牧野遼作訳(2017)「人間の知と行為の根本秩序：その協働的・変容的特性」『人文学報』513(1): pp.35–86. 首都大学東京）

Goodwin, M. H. (1980) Processes of Mutual Monitoring Implicated in the Production of Description Sequences. *Sociological Inquiry* 50: pp.303–317.

Goodwin M. H. and C. Goodwin. (1986) Gesture and Coparticipation in the Activity of Searching for a Word. *Semiotica* 62(1–2): pp.51–75.

Haddington, P. (2013) Projecting Mobility: Passengers Directing Drivers at Junctions. In Haddington, P., L. Mondada, and M. Nevile. (eds.) *Interaction and Mobility: Language and the Body in Motion*. pp.179–209. Berlin: De Gruyter.

Haddington, P., T. Keisanen, L. Mondada, and M. Nevile. (eds.) (2014) *Multiactivity in Social Interaction: Beyond Multitasking*. Amsterdam/Philadelphia: John Benjamins.

Haddington, P., L. Mondada, and M. Nevile. (eds.)(2013) *Interaction and Mobility: Language and the Body in Motion*. Berlin: De Gruyter.

Heath, C. (1986) *Body Movement and Speech in Medical Interaction*. Cambridge: Cambridge University Press.

Heath, C. and P. Luff. (2013) Embodied Action and Organizational Activity. In Sidnell, J. and T. Stivers. (eds.) *The Handbook of Conversation Analysis*. pp. 283–307. Oxford:

Blackwell.

平本毅（2015a）「会話分析の「トピック」としてのゴフマン社会学」中河伸俊・渡辺克
　　典編『触発するゴフマン：やりとりの秩序の社会学』pp.104–129．新曜社

平本毅（2015b）「会話分析研究におけるマルチモダリティ概念の使用について」『社会
　　言語科学会第 36 回大会発表論文集』pp.94–97. 社会言語科学会

平本毅・高梨克也（2015a）「社会的活動としての想像の共有：科学館新規展示物設計
　　打ち合わせ場面における「振り向き」動作の会話分析」『社会学評論』66(1):
　　pp.39–56. 日本社会学会

平本毅・高梨克也（2015b）「環境を作り出す身振り：科学館新規展示物制作チームの活
　　動の事例から」『認知科学』22(4): pp.557–572. 日本認知科学会

平本毅・山内裕（2017）「サービスエンカウンターにおける店員の「気づき」の会話分
　　析」『質的心理学研究』(16): pp.79–98. 日本質的心理学会

平本毅・山内裕・北野清晃（2014）「言語と情報への会話分析によるアプローチ：ハン
　　バーガー店の調査から」『日本情報経営学会誌』35(1): pp.19–32. 日本情報経営
　　学会

Jones, S. E. and D. H. Zimmerman. (2003). A Child's Point and the Achievement of Intentionality. *Gesture* 3(2): pp.155–185.

Kaukomaa, T., A. Peräkylä, and J. Ruusuvuori. (2013) Turn-opening Smiles: Facial Expression Constructing Emotional Transition in Conversation. *Journal of Pragmatics* 55: pp.21–42.

Kaukomaa, T., A. Peräkylä, and J. Ruusuvuori. (2015) How Listeners Use Facial Expression to Shift the Emotional Stance of the Speaker's Utterance. *Research on Language and Social Interaction* 48(3): pp.319–341.

Kendon, A. (2004) *Gesture: Visible Action as Utterance*. Cambridge: Cambridge University Press.

Kidwell, M. (2005) Gaze as Social Control: How Very Young Children Differentiate "The Look" From a "Mere Look" by Their Adult Caregivers. *Research on Language and Social Interaction* 38(4): pp.417–449.

Kita, S. (ed.)(2003) *Pointing: Where Language, Culture and Cognition Meet*. Mahwah, NJ: Lawrence Erlbaum.

Leeds-Hurwitz, W. (1987) The Social History of the Natural History of an Interview: A Multidisciplinary Investigation of Social Communication. *Research on Language and Social Interaction* 20 (1–4): pp.1–51.

Mondada, L. (2007) Multimodal Resources for Turn-taking: Pointing and the Emergence of Possible Next Speakers. *Discourse Studies* 9(2): pp.194–225.

Mondada, L. (2009) Emergent Focused Interactions in Public Places: A Systematic Analysis of the Multimodal Achievement of a Common Interactional Space. *Journal of Pragmatics* 41(10): pp.1977–1997.

Mondada, L. (2014) The Local Constitution of Multimodal Resources for Social Interaction. *Journal of Pragmatics* 65: pp.137–156.

Nevile, M., P. Haddington, T. Heinemann, and M. Rauniomaa. (eds.)(2014) *Interacting with Objects: Language, Materiality, and Social Activity*. Amsterdam/Philadelphia: John Benjamins.

Nielsen, M. F. (2012) Using Artifacts in Brainstorming Sessions to Secure Participation and Decouple Sequentiality. *Discourse Studies* 14(1): pp.87–109.

西阪仰(2008)『分散する身体：エスノメソドロジー的相互行為分析の展開』勁草書房

Nishizaka, A. (2013) Distribution of Visual Orientations in Prenatal Ultrasound Examinations: When the Healthcare Provider Looks at the Pregnant Woman's Face. *Journal of Pragmatics* 51: pp.68–86.

Peräkylä, A. and J. Ruusuvuori. (2006) Facial Expression in an Assessment. In: Knoblauch, H., B. Schnettler, J. Raab, and H. G. Soeffner. (eds.) *Video Analysis: Methodology and Methods*. pp.127–142. Frankfurt am Main: Peter Lang.

Ryave, A. L. and J. N. Schenken. (1974) Notes on the Art of Walking. In Turner, R. (ed.) *Ethnomethodology*, pp.265–278, Harmondsworth: Penguin.

Rossano, F. (2013) Gaze in Conversation. In Sidnell, J. and T. Stivers. (eds.) *The Handbook of Conversation Analysis*. pp.308–329. Oxford: Blackwell.

Sacks, H. (1992) *Lectures on Conversation, Volume 2*. Oxford: Basil Blackwell.

Sacks, H. and E. A. Schegloff. (2002) Home Position. *Gesture* 2(2): pp.133–146.

Sacks, H., E. A. Schegloff, and G. Jefferson. (1974) A Simplest Systematics for the Organization of Turn-taking for Conversation. *Language* 50: pp.696–735.（ハーヴィ・サックス，エマニュエル・A. シェグロフ，ゲール・ジェファソン 西阪仰訳(2010)「会話のための順番交替の組織：最も単純な体系的記述」『会話分析基本論集』pp.7–153. 世界思想社）

Schegloff, E. A. (1984) On Some Gestures' Relation to Talk. In Atkinson, J. M. and J. Heritage. (eds.) *Structures of Social Action*. pp.266–296. Cambridge: Cambridge University Press.

Schegloff, E. A. (1998) Body Torque. *Social Research* 65(3): pp.535–596.

Sidnell, J. (2006) Coordinating Gesture, Talk, and Gaze in Reenactments. *Research on Language and Social Interaction* 39(4): pp.377–409.

Sidnell, J. and T. Stivers. (eds.) (2013) *The Handbook of Conversation Analysis*. Oxford: Blackwell.

Stivers, T. (2008) Stance, Alignment, and Affiliation during Storytelling: When Nodding is a Token of Affiliation. *Research on Language and Social Interaction* 41(1): pp.31–57.

Stivers, T. and F. Rossano. (2010) Mobilizing Response. *Research on Language and Social Interaction* 43(1): pp.3–31.

Stivers, T. and J. Sidnell. (2005) Introduction: Multimodal Interaction. *Semiotica* 156(1–4): pp.1–20.

Sudnow, D. (1972) Temporal Parameters of Interpersonal Observation. In Sudnow, D. (ed.) *Studies in Social Interaction*, pp.259–279. New York: Free Press.

菅原和孝 (1996)「序論・コミュニケーションとしての身体」菅原和孝・野村雅一編『叢書・身体と文化第 2 巻　コミュニケーションとしての身体』pp.8–38. 大修館書店

Toerien, M. and C. Kitzinger. (2007) Emotional Labor in Action: Navigating Multiple Involvements in the Beauty Salon. *Sociology* 41(4): pp.645–662.

謝辞

本章の執筆にあたり、平本毅氏、横森大輔氏、居關友里子氏から数多くの貴重なコメントをいただいた。また、2016 年前期開講の串田秀也先生の授業、2016 年 10 月開催の関東会話分析ワーキンググループ、2017 年 3 月開催の Lorenza Mondada 先生によるワークショップでは、4 節の分析に関して議論する機会をいただいた。記して感謝する。本章の一部は JSPS 科研費 15K17245 の助成を受けた。

第5章 会話分析とフィールドワーク
―― やりとりのしくみの解明と社会的世界の解明

戸江 哲理

1. 会話分析とフィールドワークを連絡する2つのルート

　会話分析を十全に行うためにはフィールドワークが必要だし、（研究者が自覚しているかどうかはともかく）現にそうなっている。他方で、フィールドワークの目的を達成するために会話分析の手法や知見を生かすことができるし、こちらも実際にそんな研究が存在している。会話分析とフィールドワークは隔絶してはいない。むしろ地続きなのである。では、両者はどんなふうに連絡されているのだろうか――そのルートの見通しをよくすることが本章の目的である。

　フィールドワークという概念は多義的である。社会科学の研究者はもちろん、人文科学、自然科学の研究者も広くその手法を使って研究しているし、教育現場に目を転じても、高等教育だけでなく、諸々の体験活動として中等教育、初等教育でも教育手法として定着している。だが、本章ではこの概念を、調べたいと思っている対象となる人々がいるところ（フィールド）に足を運んで、そこで見たり、聞いたり、触ったりと自分の五感を使ってデータを集める作業と緩やかに捉えておいて差し支えない。そして、そうやって集めたデータを文章として綴ったものの総体を指す用語としてエスノグラフィを使うことにしよう。

　会話分析の論文ではしばしば、やりとりのデータを書き起こしたもの（トランスクリプト）を提示する前に、そのやりとりにかんする補足の情報が提供される（トランスクリプトの直前に、2重丸カッコに囲まれて挿入されて

いることもある）。次の記述は、本書の第 7 章で使用されているデータのひとつに付された説明である。

　　この事例は、東日本大震災に続く原発事故による被害に遭い、福島県内の仮設住宅で避難生活を送っている避難者と、「足湯ボランティア」をしている学生とのやりとりからの抜粋である。足湯ボランティアとは、避難者がたらいに張ったお湯に足を浸け、その間にボランティアがハンドマッサージを提供する、というものである……。多くのボランティアは県内外からやってくる一般の学生で、避難者とはその場で初めて会い、会話をすることになる（本書第 7 章，p.214）。

　データが日常会話の場合は、もっと短い記述であることが多いだろう。やはり第 7 章からの引用である。

　　カズコとヨウコは、カズコの家の居間にならんで座り、お茶を飲みながらベランダに咲く花を眺めている（本書第 7 章，p.204）。

　この種の情報はしばしば「（やりとりにかんする）エスノグラフィックな情報」と呼ばれる。それはデータを収録した研究者がフィールドワークを通じて得たものである。そして、それを集積したものがエスノグラフィである。こんなふうに、改めてエスノグラフィという概念を持ち込んでみると、エスノグラフィは（たとえデータが日常会話であったとしても）会話分析のごく近いところに存在していることに気づくだろう。

　実際に、会話分析の論文が掲載されることが多い雑誌、*Research on Language and Social Interaction* では、1990 年にその名も「エスノグラフィと会話分析」という特集が組まれて、John Heritage をはじめとする会話分析の重鎮たちと、会話分析から影響を受けながらもやや違ったスタンスからやりとりの研究に取り組んでいる人たちが寄稿している（Hopper 1990/1991）。

　逆に、エスノグラフィにもとづく社会学の論文を掲載している雑誌、

Journal of Contemporary Ethnography でも 1994 年に「エスノグラフィとディスコース」という名の特集が組まれた。こちらには、会話分析の専門的な立場からの論文はなく、エスノメソドロジーの立場からの論文 (Nelson 1994) や、両者から影響を受けた社会的構築主義の立場からの論文 (Miller 1994, Spencer 1994) が掲載された。

たとえばこれらの特集などで、会話分析とエスノグラフィの関係をめぐってさかんに論じられてきた問題として、次の 2 つを挙げることができるだろう。ひとつは、「会話分析はエスノグラフィックな情報をどんなふうに使うべきか」という問題である。そしてもうひとつは、「会話分析を通じて社会的世界を解明するにはどうすればよいか」という問題である。「会話分析とフィールドワークはどんなふうに連絡されているのか」という冒頭で掲げた問いは、この 2 つの問題に変換できそうである。

大雑把に整理するなら、前者は〈エスノグラフィ→会話分析〉というルートを辿るときに生じる問題で、後者は逆の〈会話分析→エスノグラフィ〉というルートを辿るときに生じる問題だといえる。先の 2 つの学術誌の特集でも、会話分析がベースの *Research on Language and Social Interaction* で前者の問題が、エスノグラフィがベースの *Journal of Contemporary Ethnography* で後者の問題が、より大きな扱いを受けているように思える。

後で詳しく述べるように、私はフィールドワークにもとづいた会話分析的な研究を続けてきた。本章では、その経験もふまえながら、これら 2 つの問題に取り組んでみたい。そのために、会話分析とエスノグラフィの関係をもう少し整理しておく必要があるだろう。だがまずは、先ほど使った社会的世界という概念について少し詳しく説明しておきたい。

2.　社会的世界とエスノグラフィ

「社会的世界 (social world)」という概念は、フィールドワークにもとづくさまざまなエスノグラフィで有名なシカゴ学派の社会学においてさかんに用いられるようになって、その流れを汲む Anselm L. Strauss (グラウンデッ

ド・セオリーの提唱者として知られる）によって精緻化されたものだ（宝月 2010）。その概念はたとえば、「その内部にいる人たちにはわかるような、そこにいる人たちの関心や関与を形作っている、行為者・組織・できごと・実践の組み合わせ」（Unruh 1979: 115）などと定義されている。

　だが、本章ではこの概念にそれほど厳密である必要はないので、相対的に独立した知識の体系や文化をもった緩やかなまとまりとでもしておけば十分だ。具体的には、芸能界、野球界、アパレル業界、社会学会、それに鉄道ファンの世界などである。このリストアップ作業はほとんど無限に続けることができるだろう。

　だから、これまでに書かれてきたエスノグラフィが対象とする社会的世界も、じつにバラエティ豊かだ。国内のものに限定しても、暴走族の世界（佐藤 1984）、大衆演劇の世界（鵜飼 1994）、携帯電話を販売する女性たちの世界（田中慶子 2014）、それにスケートボーダーたちの世界（田中研之輔 2016）といったように、多彩な社会的世界のエスノグラフィが公刊されている[1]。

　これらのエスノグラフィからは、対象となっている社会的世界のリアリティが生き生きと浮かび上がってくる。その理由は、エスノグラファー（エスノグラフィの書き手）がフィールドに赴き、頻繁に通い、あるいは一定の期間をそこで過ごしているからである。そして、そこにいる人たちと信頼関係（ラポール）を築きながら、それらの人たちの様子をつぶさに観察し、やりとりに耳を傾け、そうやって得た日々の情報を書き留めたもの（フィールドノーツ）を作成しているからである。記録の手法も書くだけでなく、写真を撮ることもあるだろうし、音声・映像を収録することもあるだろう。

　エスノグラファーは、データを記録するときだけでなく、それを収集するときにもさまざまなやりかたを併用する。彼・彼女はフィールドで佇立して観察に徹しているとはかぎらない。インタビューすることもあるだろうし、紙媒体・電子媒体を問わず、各種の資料を集めることもあるだろう。

　さらにいえば、フィールドに何者としているのかということすらも、エスノグラファーによって違うだろう。確かに、その社会的世界の住人たちとは違う調査者としてそこにいることが多いだろうが（佐藤 1984, 田中研之輔

2016)、自分自身もその社会的世界の住人になる（あるいは、なってしまう）ということもある（田中慶子 2014, 鵜飼 1994）。

　後で紹介するように、私は子育てひろばをフィールドとしているが、調査を始めた頃からボランティアとして、子どもの遊び相手をしたり、皿洗いをしたり、部屋や庭を掃除したりと、スタッフのさまざまな手伝いをしてきた。10 年以上が経過した現在では、すっかりこの社会的世界の住人という気分である（現在の職場に赴任してから、めっきり行くチャンスが減っているが）。

3. 会話分析とエスノグラフィの関係の整理

3.1. 整理のための 2 つの軸

　私自身がそうであるように、身近な人たちのやりとりではなく、普段から自分たちが暮らしているのではない社会的世界でのやりとりを検討している会話分析の研究者は少なくない。その社会的世界は、制度的な場面（Drew and Heritage 1992）と総称される、医療・法律・教育などの世界かもしれない。あるいは、人類学者たちが興味を抱いてきたような、先進諸国とは違う異境の世界かもしれない（Clemente 2013）。これらの社会的世界でのやりとりを検討するために、エスノグラフィックな情報と、それを得るためのフィールドワークが必要になることは明らかだ。

　それだけでなく、これらの研究者たちがそこでのやりとりを検討する目的もまた、エスノグラファーたちがエスノグラフィを書く目的と同じだということもしばしばある。つまり、その社会的世界のありようを描き出し、それを理解するということである。たとえば、カリブ海に浮かぶある島での人類学的なフィールドワークを行った Jack Sidnell は、自身の著書（Sidnell 2005）の目的について次のように述べている。

　　　本章と以下の章で私は、人類学者たちが研究対象としている人々の世界に入っていくために、会話分析の方法論と技術を使うことができると

論じるつもりだ。……本書はしたがって会話分析自体に貢献するものと
して書かれてはいない。(Sidnell 2005: 19)

じっさい、会話分析の立場からエスノグラファーたちに対して、彼らの目
的を達成するために、会話分析のパースペクティブ(Maynard 1989)や書き
起こしの技術(West 1996)が役に立つという提案もなされている。

他方で、日常会話の分析ではやりとりのしくみを解明することに研究の主
眼が置かれていて、そのやりとりがなされている社会的世界に目が向けられ
ることは少ないだろう。だが、それは確かに大学生の世界、ニュータウンの
住人の世界、そしてアメリカで暮らしている日本人女性の世界といったよう
に、つねに何らかの社会的世界でなされている。だから、それを研究のメイ
ンに据えることもできるはずだ。また、本章の冒頭でその例を挙げたよう
に、やりとりのしくみを解明するための日常会話の分析であっても、エスノ
グラフィックな情報は必要である。

こう考えると、会話分析とエスノグラフィはそう截然と分かたれたもの
ではないと気づく。仮に、研究の目的という軸を考えて、社会的世界の解
明をその一方の端に、やりとりのしくみの解明を他方の端に置くなら、ど
ちらの研究もこの軸のどこかにプロットすることができる(Spencer 1994:
267–268)。

他方で、データを収集する手法や収集したデータを検討する手法という意
味で、会話分析とエスノグラフィは明らかに違っている。手書きのフィール
ドノーツを会話分析のデータとして使うことはまずないし、多くのエスノグ
ラファーは会話分析の手法に明るくないために、(実際には役に立つかもし
れないが)会話分析の手法や知見が用いられることは少ない。

だがこうもいえる。フィールドノーツを書くテクニックは、会話分析の研
究者が録音・録画の許可が下りないフィールドでのやりとりに関心をもった
ときに役に立つ。たとえば、Atkinson and Drew (1979)が法廷でのやりとり
を研究したときに、彼らは手書きのフィールドノーツをそのデータとしてい
た。また会話分析の知見は、エスノグラファーがフィールドで出会うやりと

りの検討を、その研究に組み込むことを可能にする。たとえば、初対面どうしの学生のやりとりについての知見(Maynard and Zimmerman 1984)は、公園を散歩しているイヌの飼い主どうしがどんなふうに仲良くなるのかという研究を進めるうえで役に立った(Robbins, Sanders, and Cahill 1991: 23)。

つまり、研究の目的においてそうだったように、研究の手法についてもエスノグラフィを一方の端に、会話分析を他方の端に置いた軸の上に、両者の研究を並べることができるだろう。

3.2. 具体的な研究のマッピング

ここまでの検討をふまえると、研究の目的という軸と研究の手法という軸が交差する平面の上に、会話分析とエスノグラフィの諸研究を位置づけることができそうである。

第1象限には、先ほども紹介したような、制度的な場面でのやりとりを対象とした会話分析的な研究が入るだろう(図の[IS])。Sidnell(2005)のように、

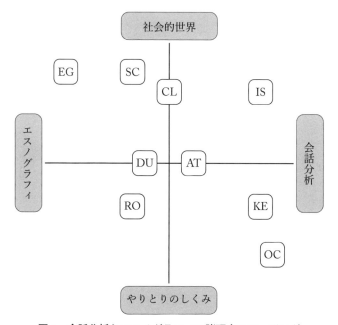

図1　会話分析とエスノグラフィの諸研究のマッピング

異境のフィールドで収集したやりとりに会話分析の立場から取り組んだ研究も、もちろんここにふくまれる。

第1象限と第2象限の間に位置づけられる研究は少なくない。テーマ的には、子どもをふくむやりとりや子どもどうしのやりとりを扱った研究にとくにその傾向がある（Butler 2008, Goodwin 1990, 2006, 串田 2002）。その顕著な例として、Clemente（2015）を挙げることができる（図の⒞）。Clemente（2015）は、フィールドワークにもとづいて、スペイン・カタルーニャ州の病院に入院して癌の治療を受けている子どもたちとその治療に当たっている医師や看護師たちのやりとりを検討しているが、そこではやりとりの分析とエスノグラフィックな記述に等しい意義が与えられている。

第1象限と第4象限の境目には、Atkinson and Drew（1979）を位置づけることができるだろう。やりとりの書き起こしをフィールドノーツから作成しているこの研究は、縦軸（研究の目的）だけでなく、横軸（研究の手法）でも原点に近いということになる（図の⒜）。

第2象限には、社会的世界を説明したときに列挙したエスノグラフィがふくまれる（図の⒠）。そして、やや第1象限寄りの位置に、エスノグラフィをベースとして会話分析の知見や手法を生かした、社会的構築主義の立場からの諸々の研究を位置づけることができるだろう（図の⒮）。エスノグラフィとエスノメソドロジー・会話分析の合成を目指す、Miller（1994）の「制度のディスコースのエスノグラフィ（Ethnography of Institutional Discourses）」はその好例である。

他の象限に比べると、第3象限に分類できる研究は少ないだろう。典型例としては、先に紹介したイヌの飼い主どうしのやりとりを検討した Robbins, Sanders, and Cahill（1991）を挙げることができるだろう。もっともこの研究も、初対面の人たちが関係を深めるプロセスを検討すると同時に、この公園という社会的世界を詳らかにするものでもあるから、第2象限にも近い位置にプロットすべきかもしれない（図の⒭）。

第2象限と第3象限の境界線上に位置づけられる研究としては、Duneier and Molotch（1999）を挙げることができる（図の⒟）。これは、ファースト・

オーサーの Duneier 自身がニューヨークの街角でホームレスとして 2 回の夏を過ごすというフィールドワークにもとづいて、ホームレスの黒人男性が道を歩く白人女性にどんな声かけをするのかを明らかにした研究である。この研究では、録音した音声データの分析もなされているから、先ほどのAtkinson and Drew (1979) がそうだったように、縦軸でも横軸でもゼロに、つまり原点に近いだろう。ただし、こちらは縦軸の左側である。

　第 4 象限には、日常会話をデータとした会話分析的な研究のほとんどを分類できるだろう (図の OC)。他方で、日常会話を扱ってはいないが、この象限がふさわしいものもある。Kevoe-Feldman and Robinson (2012) は、電化製品の修理店において、修理の進捗状況を尋ねる客とそれに答える従業員の電話でのやりとりを検討している。確かにそれは、この修理店の重要な業務のありようを明らかにするものだが、彼女たちの研究の主眼はむしろこのやりとりが、〈進捗状況にかんする質問 − 現在の状況と修理完了予定時期の告知 − 修理完了予定時期の受諾／拒絶〉という、3 つの要素からなる連鎖だということにある (まさにその連鎖組織という観点から、本書の第 2 章でもこの研究は取り上げられている)。したがって、この象限のやや横軸寄り、そして若干のエスノグラフィックな情報も盛り込まれているから、少し縦軸寄りのところにプロットできそうである (図の KE)。

4. 会話分析にエスノグラフィックな情報を使う

4.1. 発端としての *Talking Culture*

　会話分析とエスノグラフィの関係をおおまかに整理できたところで、冒頭で挙げた 1 つ目の問題に取りかかるとしよう。それは、「会話分析はエスノグラフィックな情報をどんなふうに使うべきか」という問題だった。この問題は、会話分析とエスノグラフィの関係をめぐる問題のなかでも、会話分析の方法論として、とくにさかんに議論されてきたものだ。

　この問題をめぐる論争の発端としてしばしば言及されるのが、会話分析を人類学に持ち込んだパイオニアとして名高い Michael Moerman の代表作、

Talking Culture（1988 年）である。*Ethnography and Conversation Analysis* という
サブタイトルをもつこの本で Moerman は、彼が 1965 年にタイの北部、現
在のパヤオ県のタイ・ルー族の村で収録したやりとりを検討している。

　Moerman はこの本の第 2 章で、次のようなやりとりの分析を行っている
（Moerman 1988: 20–22）。6 人の村人とこの地域の役人、それに Moerman
が話している。村人のひとりが、タイ・ルー族の民族音楽の演奏を録音し
に、バンコク辺りから何人かがやって来た、そこで誰々が歌い、誰々が管楽
器を吹いたなどと語る。これを聞いた役人が、その歌い手はどこの出身なの
か、この村の出身なのかと尋ねる。これに対して先ほどまで語っていた村
人が、その歌い手は収録があった場所の病院にいると答える。そしてその少
し後で、彼とは別の村人が、「ハンセン病の誰々だ」と言う。和訳としては
こうなるが、元のタイ・ルー族の言葉では、「ハンセン病」と「誰々」の語
順が逆である（十字軍に参加したことで有名なイングランド王国の国王、リ
チャード 1 世は日本語では「獅子心王リチャード」と呼ばれるが、元の英語
では Richard the Lionheart と語順が逆であることと同じである）。そして、
この「ハンセン病」のところにオーバーラップして、先の村人が「彼はある
種の病気だ。あいつはね」という発言を開始する。

　この「ハンセン病の誰々」とは件の歌い手のことを指している。村には同
じ名前の人が多いために、名前の前にたとえば「萎えた腕の」といったもの
を付け足すことで区別することがよくあるらしい（Moerman 1988: 21）。そ
して、この歌い手の場合はそれが「ハンセン病の」というものだったわけだ。

　さて、どうして先の村人は「ハンセン病」と重なるタイミングで口を開い
たのだろうか。これは、「なぜ今それを（why that now）」（Schegloff and Sacks
1973: 299=1989: 191）というすぐれて会話分析的な問いである。

　Moerman（1988: 21–22）は、それを理解するためにはエスノグラフィック
な情報が必要だと述べたうえで、次のように続ける。すなわち、この村人は
件の歌い手が無害な皮膚の病気を患っているだけでハンセン病ではないこと
を知っていた。また彼は、町のほうの人たちが、件の歌い手についてこの役
人に苦情を伝えていることも知っていた。だから、もしこの役人が彼を本当

にハンセン病だと信じてしまったら、ハンセン病患者のための隔離施設に連れて行かれてしまっただろうというのである。

　つまり Moerman は、この村人が先のタイミングで先のような発言した理由を、やりとりのなかには現れていない、だが彼がこのときに知っていたはずのことによって説明しているわけである。エスノグラフィックな情報をやりとりに「読み込んでいる」と表現することもできるだろう。この分析をふまえて、Moerman は次のような一般論を展開する。

　　　すべての会話において、人々は自分たちの人生を生き、自分たちの役割を演じ、自分たちの文化をつくっている。それらのふるまいが意味するものを理解するためには、文化的な知識を（思い出すことを）必要とする。会話分析の技術と成果は、社会的な制度が駆動され、活動している、実際のありようを突き止めることができるのである。（Moerman 1988: 22）

　そして、このオーバーラップの分析を「会話分析とエスノグラフィがお互いを照らし合っていることの例」（Moerman 1988: 22）と位置づける。

4.2.　正反対の 2 つの見解

　この Moerman（1988）の分析は、会話分析の研究者たちによって、さまざまな角度からの批判を浴びることになった。先に紹介した *Research on Language and Social Interaction* の特集号でも、世界の会話分析をリードしてきた研究者たちが Moerman（1988）をめぐる議論を展開している（Heritage 1990/1991, Mandelbaum 1990/1991, Pomerantz 1990/1991）。

　なかでも、やりとりのコンテクストという角度から、Moerman（1988）が抱える会話分析的な研究としての問題を指摘した Mandelbaum（1990/1991）は、本章のテーマと関係が深い。エスノグラフィックな情報はコンテクストの一種だからだ。

　彼女はコンテクストを、やりとりをしている人たち自身が注意を払ってい

る（ことがやりとりからわかる）内在的なコンテクストと、研究者が集めたエスノグラフィックな情報による（そして、やりとりをしている人たち自身は注意を払ってはいない）外在的なコンテクストに分ける。そして、Moerman（1988）が後者にもとづいた分析を行っているとする。つまり、Moerman は「参与者の指向（participants' orientation）」にもとづく分析という会話分析の鉄則を破っているのではないかという痛烈な批判である。

　そのうえで Mandelbaum（1990/1991）は、会話分析にとってのコンテクストは内在的なコンテクストであるとし、先の Moerman（1988: 20–22）が分析したやりとりをその立場から再分析する（Mandelbaum 1990/1991: 338–340）。彼女のいう内在的なコンテクストとは、具体的には発言の位置関係である[2]。

　この意味でのコンテクストをふまえて分析するなら、先の「ハンセン病の誰々」にオーバーラップして開始された「彼はある種の病気だ。あいつはね」という発言は、「ハンセン病の誰々」という発言に対する、発言の組み立てかたとして同意というかたちをとっている、不同意だと分析できるとする（Mandelbaum 1990/1991: 339）。そのうえで彼女は、自分の分析と Moerman（1988: 20–22）の分析を比べて、「この会話分析的な説明は、分析の作業を話されたことの細部に限定しながらも、Moerman の記述の詳細を確認し、洗練させるものだ」（Mandelbaum 1990/1991: 339）と述べる。

　この Mandelbaum（1990/1991）の見解と鮮やかなコントラストを描いているのが、Cicourel（1992）である[3]。Mandelbaum（1990/1991）と同じように Cicourel（1992: 294–295）も、やりとりのコンテクストをそれに内在的なものと外在的なものに区別する。そのうえで彼は、あるやりとりについて漸次的にエスノグラフィックな情報を追加していって、そのたびにどんな分析が可能になるかを論じている。

　最初のうちは、やりとりがなされているシチュエーションも話し手たちの立場も出てくる専門用語も説明がなく、読者はほとんどやりとりの意味を理解できない。だが最終的に、そのやりとりが病院でなされた、ある患者の目の病気（最初の診断は眼窩周囲蜂巣炎という皮膚の感染症）をめぐる 3 人の医

師(そのうちのひとりは研修医)のやりとりだと知るというしかけである。

　この少々トリッキーな議論を終えて Cicourel (1992: 308–309) は、やりとりの解釈はどれくらいエスノグラフィックな情報が提供されるかによって左右され、研究者は分析を通じて明らかにしたいことに合わせて、何をふくめて、何をふくめないかを決めるように義務づけられていると結ぶ。この Cicourel (1992) の立場からすると、Moerman (1988) のスタンスはむしろ、タイ・ルー族の文化を解明するという彼の目的に合ったものということになりそうだ。やはり Moerman (1988) は正しかったのだろうか。

4.3.　参与者たちが注意を払っているものを分析にふくめる

　そうではないだろう。やりとりに現れていないエスノグラフィックな事実からやりとりを説明するという Moerman (1988: 20–22) の分析の進めかたは、Maynard (2003: 80–82=2004: 65–69) が「エスノグラフィによる抽象化 (ethnographic abstraction)」と呼ぶ問題を孕んでいる。それは端的にいって、エスノグラフィを独立変数、やりとりを従属変数とするような分析のスタンスである。このスタンスは、やりとりの分析を通じてタイ・ルー族の文化を詳らかにするという、Moerman (1988) 自身の狙いとむしろ矛盾する。このことからも、Moerman (1988: 20–22) の分析は参与者の指向にもとづくものになっていないという、Mandelbaum (1990/1991) の批判が問題の核心を衝いていることは明らかだろう。

　他方で、コンテクストを発言の位置関係に限定するという Mandelbaum (1990/1991) の代替案は、Moerman (1988) との違いを際立たせようとするあまり、コンテクストを極端に切り詰めてしまったように思える。その分析は、Moerman (1988) とは逆の意味で、参与者の指向にもとづかないものになる危険がある。

　分析にふくめるべきものを決めるのは、研究者ではなく、やりとりをしている人たち自身である――これが参与者の指向にもとづく分析の意味だろう。だから、やりとりをしている人たちがそこで使っている(ことがわかる)ものなら、それは分析にふくめるべきだし、そうでないものは分析にふく

めるべきではないということになる[4]。Mandelbaum（1990/1991）と Cicourel
（1992）がともに設けていた、内在的なコンテクストと外在的なコンテクス
トという区別は、参与者の指向という原則に照らして合理的ではないという
ことだ。

　したがって、フィールドワークで得た情報や知識を、いつもやりとりの分
析に使うわけにはいかない。やりとりをしている人たちが注意を払っていな
いなら、それらを使わないという一種の禁欲が求められる。だが、やりとり
をしている人たちが何らかの情報や知識に注意を払っているときに、そのや
りとりを十分に分析できるのは、研究者もまたそれらを知っているときであ
る。会話分析がフィールドワークを必要とする理由のひとつはここにある[5]。

4.4.　分析にエスノグラフィックな情報が必要なやりとり

　具体的にやりとりを分析してみよう。一日の活動が終わった後の子育てひ
ろばの一室で、伊吹と小倉という 2 人のスタッフが向き合って座って書類を
作成している。この日は土曜日で、父親限定の時間帯を設定していた。以下
のやりとりの前では、（やはり 2 人とも書類を作成しながら）小倉が父親限定
の時間帯に勤務するのは、この日が初めてだったことについて話し合ってい
た。

（1）
```
01        (5.4)
02    小倉：((顔を時計のあるほうに向ける))      ⌐
03        (1.0)                      (12.0)
04    伊吹：((顔を時計のあるほうに向ける))      │
05        (5.2)                        ⌐
06    伊吹：コスモス電話かかってきてへん°やんな°？
07        (1.1)
08    小倉：あさっきの電話は°違ったの°¿
09    伊吹：((頷く))
10        (1.7)
```

第5章　会話分析とフィールドワーク　141

```
11  伊吹: >あほんまやん<(0.5)ゆえばよか[ってんや
12  小倉:                            [あえでもヤマと中原さん
13        かえっ-=
14  伊吹: =そう
15        (1.1)
16  伊吹: あ::::帰ってけえへん今日は
17  小倉: あそうなん[や
18  伊吹:          [°うん°
19        (1.2)
20→伊吹: [まあええわ.(0.3)[もう送らんとこ
        [((書類を見ている))
                      [((背筋を伸ばす))
21        (0.9)
22→小倉: hu hehehe
23  伊吹: huh
24  小倉: 土曜やし°ね°
25  伊吹: °う::ん°[どうせ見てへんもん
26  小倉:        [あ::::(0.3)あの人がいない
               [((書類を見ている))
27  伊吹: [誰::?
28  小倉: [天野さん
        [((親子の情報が書かれたカードが詰まった箱に指を置く))
```

　分析の焦点は、20行目で伊吹が「まあええわ.（0.3）もう送らんとこ」と
言っていることと、それに対して小倉が22行目で笑っていることである。
伊吹の発言は、何かを容認したうえで（「まあええわ.」）、何かを送らないと
決定したことを小倉に伝えるものだ。「もう送らんとこ」と言いながら、彼
女が背筋を伸ばしていることも、モードの切り替えを身体的に刻印している
（身体的なふるまいについては第4章に詳しい）。エスノグラフィックな情報
がなかったとしても、ここで伊吹が容認していることが、ここまでの小倉と
のやりとりで明らかになった何かだということは理解できる。

　このやりとりを初めて読んだ人は、伊吹の発言は「うん」や「そう」と言っ
て受け取ることが自然だと思うだろう。だが、小倉はそうせずに笑ってい

る。このことは、小倉にとって伊吹の発言がたんなる容認と決定以上の何かだったことを意味している（行為の構成については第 6 章に詳しい）。では、このやりとりを初めて読んだ人と小倉の違いは何か。それは、伊吹の発言が遂行している行為を理解するために必要なエスノグラフィックな情報の有無だろう。そして、この子育てひろばでフィールドワークを続けてきた私もまた、小倉と同じように、伊吹の発言に微笑みを誘われる。

　伊吹が送らないと言っているものは、（この子育てひろばが活動している）市の担当部局に対する報告書である。この報告書には、その日にやって来た親と子どもの数と性別が書かれている。この子育てひろばは NPO が運営していて、同じ NPO が市内に他にもいくつかの子育てひろばを運営している。そして一日の活動が終わると、それらの子育てひろばのスタッフから、伊吹と小倉がいる子育てひろばに電話で報告があって、伊吹はそれらを取りまとめて市役所にファックスで報告書を送っているのである。

　06 行目の「コスモス電話かかってきてへん゜やんな゜？」という伊吹の発言は、コスモスという子育てひろばからその報告が来ていないことを意味している（伊吹が 04 行目で時計があるほうに顔を向けていることも、しかるべき時刻になっても報告が来ていないことと関係しているだろう）。そして、12 行目で名前が出てくるヤマ（山野）と中原は、この日にコスモスで働いていたスタッフである。仕事が終わった後にスタッフたちは、伊吹たちがいる子育てひろばに寄ってから帰ることもしばしばある。そうなら、電話がなくても大丈夫だ。小倉は 12・13 行目でその可能性に気づいて口にするが、伊吹はそれを否定する（16 行目）。

　こうして 19 行目の時点では、報告書を送ることができないという問題が残された状態になっている。したがって伊吹が先の発言をした 20 行目は、この問題への対応が語られるべきタイミングである。このタイミングで伊吹は、報告書を送らないこと、すなわち問題への対応をサボることを決めている。この発言を聞いた小倉が笑っているのは、伊吹が仕事をサボることに決めたと理解できたからである。

　ここでさらに、「伊吹の発言がサボることの決定だとして、なぜ小倉は彼

第 5 章　会話分析とフィールドワーク　143

女の決定を制止しないのか」と問うこともできるかもしれない。これを理解するためにもエスノグラフィックな情報が役に立つ。この日は土曜日だったが、市からは休日や祝日の場合は当日のうちに報告書を送らなくてもいいと伝えられていた（伊吹が 25 行目で言っているように、送ったとしても市の職員は見ることができない）。そもそも報告書を毎日送ること自体もこのNPO が自主的に決めていたことで、このやりとりが収録されてから 9 年近くが経過した頃には、1 ヶ月単位で報告するようになっていた（2017 年 4 月28 日のインタビュー）。すなわち、報告書を送らないという伊吹の決定は、慣例を破るものではあっても、ルールを破るものではない、軽微なサボタージュにすぎないわけである。そして伊吹も小倉もこれらのことをよく知っている。

　こんなふうに、やりとりをしている人どうしが理解している、発言が遂行している行為の微妙なニュアンスを理解するうえで、エスノグラフィックな情報は重要な役割を果たしている。

5.　会話分析で社会的世界を解明する

5.1.　やりとりのしくみによって例証する

　ここまで、「会話分析はエスノグラフィックな情報をどんなふうに使うべきか」という問題について検討してきた。それは〈エスノグラフィ→会話分析〉のルートで生じる問題だった。次に、逆の〈会話分析→エスノグラフィ〉というルートで生じる問題、すなわち「会話分析を通じて社会的世界を解明するにはどうすればよいか」について検討する作業に移ろう。

　図式的に整理したように、会話分析においても社会的世界の解明を目指す研究は少なくない。そして、そのためにはエスノグラフィとフィールドワークが必要になる。他方で、先ほどの検討で明らかになったように、エスノグラフィックな情報をやりとりに読み込むというスタンスを採ると、参与者の指向という会話分析の大原則を破ることになってしまう。ここで先の問題に行き着くわけである。この問題の解法はいくつかあるだろう。これから私が

論じようとしているのは、やりとりのしくみを明らかにすることを通じて、その社会的世界のありようを例証するという解法である。

5.2. やりとりから浮かび上がるベトナム戦争当時の大学

既存の研究でやりとりの分析から社会的世界について論じている部分を検討することで、この解法について説明しよう。

教育現場におけるやりとりの研究を続けてきた Frederick Erickson は、大学における学生とカウンセラーのやりとりの研究も行っている（Erickson and Schultz 1982）。2004 年に刊行された著作（Erickson 2004: 72–85）において彼は、それらのなかの興味深いやりとりを再び検討している。

1970 年のアメリカ、あるコミュニティ・カレッジで冬のセメスターが始まる直前、ドムという学生が履修登録をしようとしていた。彼は履修登録するために、アカデミック・アドバイザーと会う必要があった。彼は、2 年（4 セメスター）で卒業できるこの大学に、すでに 4 年（8 セメスター）もいたからだ。そのアカデミック・アドバイザーはロセット先生といって、ドムが入学してからずっと彼を担当してきた人物である。

面談においてロセット先生はドムに、彼が前の学期に受けた科目とその成績を順に尋ねていく。ドムの成績はすこぶる悪い。だが、ロセット先生は決して彼を叱ろうとはしない。ドムが専門のデータ処理という科目を欠席が多過ぎて F を付けられたと聞いても、むしろ「よかったね」とくり返すほどだ。面談の結果、ドムは 9 セメスター目の履修登録を行うことを許可された。

ロセット先生はなぜドムが大学に残ることを許したのか。ここで Erickson はこの面談がなされていた当時のアメリカ社会の状況に目を向けさせる。1970 年のアメリカといえば、ベトナム戦争の最中である。多くの若者たちが遠く離れた戦場に送り出されていた。そして、ドムは徴兵されてもおかしくない年齢だ。つまり、ドムは徴兵されるのを避けるために学生としての身分を維持していたのである。もちろん、ロセット先生もそのことを知っていた。

だが、ここから先に進むときに、ロセット先生がドムを戦場に送りたくな

かったから、面談で先ほどのようにふるまったのだと論じるなら、会話分析
の鉄則を破ることになってしまう。むしろ、次のように論じてはどうだろう
か。すなわち、ロセット先生とドムの面談は、ベトナム戦争当時のアメリカ
の大学で、学生がカウンセラーとの面談によって大学に留まり続けることが
できたプロセスを例証するものだ、と。

　このプロセスは、学生の生死にもかかわるものとして、当時の大学を生き
た人たちにとって非常に重要なものだったに違いない（もちろん、大学と直
接的な関係はない多くのアメリカ人にとっても、興味のあるものだっただろ
う）。この意味で Erickson の研究（Erickson 2004, Erickson and Schultz 1982）
は確かに、ベトナム戦争当時のアメリカの大学という社会的世界を理解する
ことに寄与しているのである。

　このやりかたを採ったときに重要になることは、検討するやりとり（のし
くみ）の選択である。ある社会的世界でその住人たちが行っているやりとり
は無数にある。だがそれらのどれもが、その社会的世界の特質を浮かび上が
らせるためにふさわしい例とはかぎらない。研究者は、どんなやりとりが社
会的世界の核心を端的に捉えられるやりとりなのかの見極めを求められるこ
とになる。

6.　フィールドワークと社会的世界らしいやりとり

6.1.　子育てひろばらしいやりとり

　フィールドワークはその見極めを可能にする。研究者は、フィールドワー
クを続けることによって、徐々にその社会的世界の住人たち自身が直面して
いる問題を理解するようになる。どんなやりとりがその社会的世界の住人た
ちにとってとくに重要なものなのか、どんなやりとりがその社会的世界らし
いものなのかをおぼろげながら掴みはじめる。

　たとえば、アメリカ合衆国北東部で、深刻ではない悩みを受けつける電話
相談（「ウォーム・ライン」と呼ばれる）の活動の会話分析的な研究を行った
Pudlinski（2005: 114）は、（1年間という短い期間だが）フィールドワークを通

じて、電話の受け手にとってもっとも難しい問題が掛け手の悩みにどう応答するのかにあると知って、それを研究テーマに据えることにしたという。

　私自身もフィールドワークを続けるなかで、新しい研究テーマをいくつも発見してきた。私が子育てひろばでフィールドワークを始めたきっかけは、悩みがどんなふうに分かち合われ、悩みに対する助言やその助言に対する応答がどんなふうになされているのかに興味をもっていたことだった。

　子育てひろばは簡単にいうと、幼い子ども（主に0歳から3歳くらい）を連れた親（ほとんどが母親）がやって来て、自由に話し合い、子どもたちを遊ばせ、スタッフが企画するさまざまなイベントを楽しむような場所と活動である（大豆生田 2006）。この子育てひろばの活動を知った私は、先ほどの研究テーマを追究するにあたって、じつに魅力的なフィールドであるように感じた。そして、私が調べたいと思っていたことは確かに、そこに来ている母親たちにとっても、その支援をしているスタッフたちにとっても、あるいは子育てひろばを援助している政府にとっても重要なものだった[6]。

　たとえば戸江（2008）は、母親たちが子育てひろばで子どもや子育てについて助言するときに、「私はこんなふうにしている」といったように、自分の場合の報告として組み立てることがしばしばあることを明らかにした（私はこういう助言を「自分の場合的な助言」と名づけた）。この組み立てかたのおかげで、受け手はその助言を気に入らなかったときに、助言として受け入れないことを伝えなくても済む。それを話し手の報告として受け取ったことを伝えることができるからである。

　つまり、このタイプの助言は話し手と受け手の関係を傷つけにくい助言なのである。親しい母親どうしなら、受け手が助言を受け入れないことを伝えたとしても、話し手との関係が傷つくことはないかもしれない。だが、子育てひろばに居合わせた母親たちは、たいていお互いのことをよく知らず、初対面ということも多い。そして子育てひろばは、母親たちが知り合うチャンスを提供することを重要な目的のひとつとしている。母親たちからすると、今初めて言葉を交わした相手と、これから仲良くなっていくかもしれないということである。これは、些細なことで関係を傷つけないように敏感になる

シチュエーションだといえるだろう。この意味で自分の場合的な助言は、子育てひろばにおける母親どうしの関係性に適合的な、子育てひろばらしい助言なのである。

6.2. フィールドワークがもたらす新たな気づき

他方で、フィールドワークを続けることで初めて見えてきた、子育てひろばにいる人たちにとって重要なやりとり（をめぐる問題）もある。そのひとつが、そこで母親たちがどんなふうにつながりを作って、保って、深めていくのかにかんするものだった。

1年、2年と同じ子育てひろばに通い続けるうちに、（たとえば0歳児の親たちを対象とした集まりで）知り合って徐々に仲良くなって、（ときに子どもを連れることもなく）自分たちだけで遊びに行くような関係になっている母親たちもいるし、同じように何年間も通い続けていてもとくに誰かと関係を深めようとはしないで、子育てひろばだけに限定した付き合いをしている母親たちもいることが見えてきた[7]。

子育てひろばで出会った他の母親たちとどんなふうに付き合うのか——これは、そこにやって来た母親が必ず向き合うことになる問題だ。そしてそれは、母親たちのやりとりの問題でもある。そこで私は、親しい母親どうしのやりとりと初対面の関係をふくむ母親たちのやりとりを比較して、後者では初対面の母親たちが言葉を交わすチャンスを、両者を知っている別の母親が作っていることを発見した（戸江 2009）。母親たちは子育てひろばでたとえばこうやってつながりを作っている。

だが、こんなふうに共通の知り合いがいないという場合もあるだろう。ここでスタッフの出番となる。母親どうしがつながれるようにアシストすることも、スタッフの重要な仕事のひとつだったのである。それは、現在では子育てひろばのスタッフに対するマニュアルにも書かれている（渡辺・橋本 2015: 95）。

6.3. 母親たちのつながりをアシストするスタッフ

　そんなやりとりのひとつを分析してみよう。次のデータには、石井という母親とその娘のメイ、松川という母親とその息子のタクミ、加藤という母親とその息子のリクト、スタッフの伊吹、そして私(戸江)も登場する。松川と加藤は友達どうしだが、どちらも石井とは初対面のようである。そして伊吹は、彼女たちが言葉を交わすきっかけを作ろうとしているように思える。

　このデータでのやりとりに至るまでに、どんなことが起こっているのかを説明しておこう。石井親子と伊吹、戸江がいるところに松川親子と加藤親子が連れ立ってやって来た。松川と加藤は石井からやや離れた場所に座り、その息子たちは彼女たちが座っている場所の前で遊んでいる。松川たちがやって来たときに、石井はメイに向かって「お友達が来てよかったね」と言う。だがその後は、石井は伊吹と、松川は加藤と話すという状態が10分間ほど続いていた。

　次のやりとりの少し前では、タクミがミニカーか何かを勢いよく掴んだのを見て石井と伊吹が笑った後、加藤がタクミは車が好きなのかと松川に尋ね、それに対して松川はタクミの車の好みについて話している(そこで石井や伊吹は発言していない)。そして、加藤の携帯電話に着信があり、彼女はこの場から離れる。以下のやりとりはその直後から始まる。なお、戸江は石井と松川の間に座っている。

（2）

```
01  タクミ： ((玩具のオレンジを掴んだ右手を背に回し,そのオレンジを落とす))
02   松川： あっ [オレンジ(離れた)
03   石井：     [あ [オレンジ(…………)
04   戸江：        [あオレンジ.
            ((と言ってからそのオレンジを掴む))
05        (1.0)
06   松川： いやっ関係なく[やってる
07  タクミ：          [((向かい合って座っているメイの横に物を投げる))
```

第5章　会話分析とフィールドワーク　149

```
08→ 伊吹：[タクミくんい　[っさ-1歳なって=
　　　　　　[((顔を松川に向け,右手をタクミに向ける))
09　松川：　　　　　　　　　[おお::::
　　　　　　　　　　　　　　 ̄ ̄ ̄ ̄
10→ 伊吹：=°るんで [すか°
11　石井：　　　　 [((顔の前の髪の毛を左右に分けた後,顔を松川に向ける))
12　松川：　　　　 [あっあの::今月20日でいっ-1歳です.
　　　　　　　　　　　　　 はつか
13　石井：[ああ::
14→ 伊吹：[↑へ::じゃメイちゃんとあんま変わ [らへんや:ん
　　　　　　[((メイ,タクミ,メイ,タクミという順で顔を向ける))
15　石井：　　　　　　　　　　　　　　　　 [ほんまや::
16　　　　[一緒-
17　松川：[あ何月です(か)？
　　　　　　 ̄ ̄ ̄ ̄ ̄ ̄ ̄ ̄
18　石井：12月 [6日で1歳です
　　　　　　 むいか
　　　　　　　[((メイを指差す))
19　　　　(0.3)
20　松川：↑あ::ほんじゃほとんど一緒です [ね::
21　石井：　　　　　　　　　　　　　　 [ねえ
22　　　　(1.1)
23　松川：もう<歩きだしました>？
((この後,子どもたちが歩くときの様子についての話が少し続く))
```

　注目したいのは、伊吹による08・10行目の発言と14行目の発言である。
08・10行目の発言から検討しよう。この発言は伊吹から松川に宛てられた
質問である。この発言をするときに伊吹は顔を松川に向けており、その発言
はタクミの年齢というその母親である松川のほうが詳しいことにかんするも
のであり、その末尾は終助詞の「か」である。こんなふうに、この発言は
質問という行為をしている。実際に、松川は12行目で、「あっあの::今月
20日でいっ-1歳です.」とこの質問に回答している。
　伊吹はこの質問によって、それまでやりとりがなかった松川とのやりとり
を開始する。質問がなされた位置に注目しよう。直前ではタクミのふるまい
について松川と石井と戸江がそれぞれ見たことを口にしているが(02～04
行目)、やりとりにはなっていない。だがこれらの発言からは、話し手たち

の注意が同じようにタクミのふるまいに向けられていることがわかる。すなわち、松川と石井がタクミについてのやりとりを新しく開始しやすい環境が生じている。伊吹はそれを生かしたのである。

また石井のふるまいに注目すると、伊吹がこの質問をした直後に彼女は、顔の前に掛かった髪の毛を分け、顔を松川に向けている。つまり石井は、伊吹の質問に対してなされるだろう松川の回答に注意を向けている。

松川が12行目でタクミの齢を答えた直後、伊吹はその齢について「↑へ::じゃメイちゃんとあんま変わらへんや:ん」(14行目)と言う。これはタクミとメイの齢の近さについての感想である。石井がこの発言に直ちに同意している(15・16行目)ことから、彼女がそれを感想と捉えたことがわかる。

伊吹がメイの齢を言っていないことに注目しよう。近いと言える以上、彼女はメイの齢を知っているはずだ。そして、ここで伊吹が「メイちゃんも1歳やで」などと言わないことによって、彼女の発言の後で、石井がメイの齢を松川に伝えたり、逆に松川がメイの齢を石井に尋ねたりすることが可能になる。それは石井と松川が直接言葉を交わすということを意味している。実際に、この発言の直後に松川は「あ何月です(か)?」(17行目)と石井に尋ね、石井がそれに「12月6日で1歳です」(18行目)と答えている。そして、そこからしばらく松川と石井のやりとりが続く(23行目以降)。

つまり伊吹は、石井からタクミの齢を教えてもらったうえで、タクミとメイの齢が近いという感想を言う。そのことによって、松川が石井にメイの齢を尋ねるチャンスが作り出されている。伊吹はこんなふうに、松川と石井という2人の初対面の母親どうしが話をするきっかけをもたらしている。そして、それは母親どうしをつなぐというスタッフの仕事の具体例なのである。

子育てひろばでなされているあまたのやりとりのなかで、どんなやりとりがその社会的世界の特質を構成しているものなのか──フィールドワークを続けるなかで私は、たとえばここで分析したようなやりとりがそうであることに新しく気づいていった。では、フィールドワークを通じてそんな気づきを得るためには何が重要なのだろうか。次に、この点について私自身の経験にもとづいて考えてみたい。

7. 社会的世界への新たな気づきを可能にするもの

7.1. フィールドワークの長さと濃さ

　フィールドとしている社会的世界で重要なことに新たに気づくための前提条件として、フィールドワークがそれなりに長く、濃いものである必要があるだろう。長期間にわたって何度も同じ場所に足を運んで、そこにいる人たちと言葉を交わしているうちに、徐々にその社会的世界になじんでいく（それはフィールドにいる人たちのほうもそうだろう）。自分自身がその住人になっていくのである。そうなってくると、自分が興味をもち、重要だと思うことと、その社会的世界にもともと住んでいた人たちが興味をもち、重要だと思うことがシンクロナイズしてくる。そうやって、たとえば先に紹介したような母親どうしのつながりとそれに対するスタッフのサポートを研究課題に据えるようになる。

　私は大阪府内の2ヶ所の子育てひろばでフィールドワークを続けてきた。フィールドノーツを読み返してみると、最初にフィールドワークに入った子育てひろばには、フィールドワークを始めてから2年半の間（2006年5月から2008年12月まで）は平均して2週間に1回のペースで訪れていて、その後の1年くらいの間（2009年1月から2010年4月）は平均して月に1回以上のペースで訪れている。それからは年に数回のペースに落ちたものの、フィールドワーク自体は続けていて、2018年5月の時点で通算の年数は12年間に達している。

　もうひとつの子育てひろばでフィールドワークを始めたのは2008年9月だった。それから2010年3月までの1年半は平均して月に1回のペースで訪れていたが、2010年4月以降は訪れるペースがかなり落ちてしまった。それでも年に数回は（しばしば学生たちを連れて）訪れていて、通算期間は9年を超えている。

7.2. ビデオカメラを回していないときに起こること

　ビデオデータを集めることがフィールドワークの主な目的だったとして

も、子育てひろばにいる間、ずっとビデオカメラを回し続けられるわけではない。その場にいる人たち全員からの許可を得られないかぎりは収録を始められないし、フィールドに行ったはいいが、親子が一組もやって来ないということもある。逆に、やって来た親子があまりにも多くて、収録しても音声を聞き取ることができないと判断して断念することもある。また、スタッフの手が足りなくて、ボランティアとして子どもの相手に忙しく、収録の準備に取りかかれないということもある。フィールドワークを続けているうちに、母親たちが和やかな雰囲気になっていると、邪魔したくなくて収録の依頼を切り出しづらくなるということも増えた。

　他方で、ビデオカメラを回していない間にも、子育てひろばではさまざまなことが起こっている。そしてそのなかに、フィールドワークを始めた頃には知らなかった、子育てひろばにいる人たちにとって重要なことを発見することもある。長くフィールドにいるほど、そういうことに気づくチャンスは多くなる。たとえば、私はビデオカメラを回していないときに、前の節で検討した母親どうしのつながりとかかわる、次のような光景を目撃している。

　　もうひとりの利用者(ハルマの母親)は、遅れてやって来て、他の利用者ともあまりしゃべっていなかったので、気になっていた。年齢は30歳ぐらいだろう。地味な感じでも派手な感じでもないが、目つきが鋭く、表情が硬かった。近くで天野〔母親〕と北村〔母親〕が話していたが、それを横で聞いているだけだった。だからと言って、子どもと一緒にいるという感じでもなく、子どものほうはミニカーなどをもって、母親のところに駆け寄るが、あまり相手にしていなかった。たとえば、バルタン星人の人形をハルマが持って行くと、「返しておいで」と冷たく答えていた。おそらく、かなり長い間、ひとりで部屋の隅、棚の前に座っているだけだったと思う。

　　スタッフも最初はあまり相手をしていなかったので、まずいなと思っていた。しばらくして水沢〔スタッフ〕が話しかけていたが、その会話を聞くかぎりでは割と普通の感じだった。この利用者のことは、スタッ

フたちも気にしていたらしく、後のミーティングでも話題になっていた。水沢も、「話してみるとしっかりした感じだった」と語っていた。（2009 年 8 月 20 日のフィールドノーツ）

このフィールドノーツではある母親の様子が描かれている。彼女は、近くで話をしている母親たちとかかわろうとせず、かといって子どもと遊ぶわけでもなく、部屋の隅で硬い表情でじっと座っていた。そして、そんな時間が続いた後にスタッフが彼女に話しかけたこと、母親たちが帰った後のスタッフ・ミーティングで彼女についてスタッフが話し合っていたことも書き留められている。ここから、子育てひろばに孤立した母親がいることをスタッフたちが問題と捉え、それに対処すべきだと考えていることがわかる。

またこのフィールドノーツには、この母親が「他の利用者ともあまりしゃべっていなかったので、気になっていた」とか、「スタッフも最初はあまり相手をしていなかったので、まずいなと思っていた」という記述もある。これらの記述からは、スタッフたちがそうであるように、私もまた、孤立した母親がいることや彼女にスタッフがかかわっていないことを気にしていることがわかる。それは、私が感覚的なレベルでこの社会的世界の住人たちと近づきつつあることを物語っている。

7.3. 舞台裏で起こること

私は、1 ヶ所目の子育てひろばでのフィールドワークを始めた当初から、母親たちが帰った後もしばらくは残って、スタッフたちが行うミーティングに立ち会い続けてきた。このことも子育てひろばに対する理解を深めるうえでおおいに有益だった（2 ヶ所目の子育てひろばでもこの種のミーティングはあったが、その性質はやや違っていた。以下で述べることは、基本的に1 ヶ所目の子育てひろばでのことである）。

このスタッフ・ミーティングでスタッフたちは、「日誌」と呼ばれる（市の担当部局に送るものとは別の）報告書を作成しながら、その日の子育てひろばであったできごとをふり返る。たとえば、先ほどフィールドノーツを引用

したように、様子が気になった母親について話し合ったり、そんな母親に対してどんな支援をしたか、すべきだったかについて話し合ったりする。

　私は、彼女たちにコーヒーを淹れて、同じテーブルに着く（なりゆきを見守っているだけではなく、質問したり、自分の感じたことを話したりもする。スタッフから「今日はどうやった？」などと尋ねられることもある）。こうやって私は、スタッフたちがどんなときに良い（あるいは悪い）雰囲気になっていると思っているのか、どんなときにどんな支援が必要だと思っているのかについて知ることができた。

　この場でスタッフたちは、母親たちがいるときには言わないような、母親たちに対するネガティブな感情を表に出すこともある。次に引用するフィールドノーツでは、ある母親（佐川）の他の母親たちに対する意見の言いかたについて、小倉というスタッフが不満な気持ちを口にしている。

　　　……小倉が「佐川さんが言うと、何でも正論に聞こえる」と言う。彼
　　女の意見は、他の母親に影響を与えやすいらしい。……また別のとき
　　に、彼女が「……しなくちゃ」のような言いかたを他の利用者にしたと
　　言い、小倉はそれにも不満をもっているらしい。これに対して、三浦〔ス
　　タッフ〕が、他の利用者も「ふんふんって聞いているけど、心の中では
　　疑わしく思っているのではないか」と笑いながらコメントしていた。
　　（2008 年 10 月 25 日のフィールドノーツ）

　小倉は、佐川の意見に他の母親たちが影響を受けていることにも不満そうだが、彼女が意見を義務的な口調（「……しなくちゃ」）で言っていることにも不満なようだ。先に、子育てひろばらしい助言は、自分の場合についての報告というやりかたをとると述べたが、佐川の意見の言いかたはそれとは対照的なものであるようだ。そして、その意見の言いかたにスタッフの小倉は不満げである。

　こんなふうにスタッフの気持ちもまた、彼女たちが子育てひろばらしさをどう捉えているのかを知る手がかりになる。この場合では、どんな助言のし

かたが子育てひろばらしいのかということについての私の感覚をこのエピソードは傍証している。

　なお、ここまでの議論をフィールドノーツにもとづいて進めてきたことからもわかるように、フィールドノーツを書いておくことによって、ビデオカメラを回していないときに生じたことを後から検討することが非常に容易になる。確かにこれらのできごとは私の記憶にも残るだろうが、記憶は徐々に曖昧なものになっていくだろうからだ。

7.4.　社会的世界の住人たちの話をじっくりと聞く

　すでに述べたように、私は普段、ビデオカメラを回しながら、ボランティアとしてスタッフの仕事を手伝っている。もちろん、そうしながらでも、母親やスタッフの話を聞くことはできる。だが、それは（とくに子どもが一緒にいるときは）途切れ途切れのものになりがちだし、私が知りたいと思っていることを自由に尋ねられる状況でもない。そこで、そのための場所を用意し、時間を割いてもらって、スタッフや常連の母親に対するインタビューも行ったが（戸江 2011）、それも子育てひろばという社会的世界を理解するうえで役に立った。たとえば、あるスタッフは母親どうしのつながりにかんして次のように語ってくれた。

　　　グループ〔の母親〕とひとり〔でいる母親〕の〔両者が同じ場所にいる〕とき、いてる〔ある〕でしょ？　まあ、すごいグループで盛り上がってて絶え間なく話してるときは、〔ひとりでいる〕利用者さんとスタッフが話してって感じで。まあさっき言った間がそのうちできるから、そういうときにまあ〔母親たちの〕子ども〔の月齢・年齢〕がいっしょぐらいそうやったら、「あ齢いまいくつなの？」とかいうふうな会話から？「あ、いっしょやね」とか。そんなんで会話入れたらなあとか。〔グループの母親たちが〕話してたネタで〔ひとりでいる母親が〕入れそうなんがあったら、そこを振ってみるとか？　……夜寝るのが遅いとかやったら「夜寝るのどうなん？」とか。（2008 年 7 月 10 日のインタビュー）

ここからはまず、このスタッフが母親どうしをつなげることを自分の仕事と捉えていることがわかる。そのために自分がやっていることをいくつか挙げているが、それらがどれも母親たちに話しかけるやりかた、つまりやりとりにかんするものだということもわかる。さらにそのなかには、前の節のデータで伊吹がやっていた、子どもたちの齢の近さを指摘するというものもふくまれている。

私はフィールドワークを続けるうちに、母親どうしのつながりをスタッフたちが手伝うことが、子育てひろばにとって重要なやりとりだと思うようになっていった。ここでスタッフが語っていることは、その私の感覚を裏づけてくれる。また、子どもたちの齢の近さを指摘することとは別の、母親どうしのつながりをアシストするやりかたがあることも示唆されている（ひとりでいる母親も話せそうな話題が出たら、それについてその母親に質問するというもの）。つまり、新しい研究課題のヒントもそこから得ることができるわけである。

8.　どんなふうに連絡されていたのか

本章では、まず会話分析とフィールドワーク（エスノグラフィ）の関係を図式的に整理した。そのうえで、両者の関係をめぐる2つの大きな問題について、私自身がフィールドワークを行うなかで経験したことも交えながら、検討してきた。

会話分析とエスノグラフィは截然と分かたれてはいない。研究の目的と研究の手法に分解することで、両者がグラデーションを描くようにつながっている様子を詳らかにした。研究の目的からみたときに、会話分析はやりとりのしくみの解明を目指していることが多いが、それらのやりとりがなされている社会的世界の理解を目指していることもある。そして後者の目的は、エスノグラファーの多くがフィールドワークを通じて達成しようとしていることである。

他方で研究の手法から捉えると、会話分析はやりとりを書き起こす固有の

テクニックをもっていて、それを検討するメソドロジーもやはり固有のものである。そして、多くのエスノグラファーは会話分析に明るいとはいえない。だが、エスノグラファーがやりとりの検討をその研究に組み込もうとするなら、会話分析の知見と方法論を生かすことができる。また会話分析の研究者は、エスノグラファーのようなフィールドノーツを書くことはあまりないかもしれない。だが、それは収録が認められない状況でのやりとりを記録するときに利用可能である。

こんなふうに両者が結びついていることを論じたうえで、〈エスノグラフィ→会話分析〉というルートの上で生じる、「会話分析はエスノグラフィックな情報をどんなふうに使うべきか」という問題について検討した。

会話分析は参与者の指向にもとづいてやりとりを分析する。したがって、仮に研究者がフィールドワークを通じてそのやりとりに関係しそうなことを知っていても、やりとりをしている人たち自身が注意を払っていないことは分析にふくめないことが望ましい。だが、それはエスノグラフィックな情報を分析にふくめないということではない。やりとりをしている人たちが注意を払っている場合には、分析にふくめることが望ましい。そして、そんな分析をするために、研究者がエスノグラフィックな情報をもっていることが求められる。こうして会話分析を行う場合にもフィールドワークが必要になるわけである。

参与者の指向にもとづく分析というスタンスは、「会話分析を通じて社会的世界を解明するにはどうすればよいか」という、〈会話分析→エスノグラフィ〉のルートで生じる問題を検討するうえでも出発点になった。そのスタンスは、フィールドワークによって得られたエスノグラフィックな情報をやりとりに読み込むといった分析の進めかたを退ける。可能なやりかたのひとつは、何らかのやりとりのしくみを解明することを通じて、その社会的世界のありようを浮かび上がらせる、例証するといったものである。

だが、その社会的世界でなされているどんなやりとりのしくみを解明しても、その社会的世界に対する理解を深めることにつながるとはいえない。その社会的世界の住人たちにとって重要なやりとり、その社会的世界らしいや

りとりを選んで検討する必要がある。そして、どんなやりとりがそうなのか
に気づくためにフィールドワークが必要になる。

　そんな気づきを得るために、フィールドワークは期間的にそれなりに長
く、頻度的にもそれなりの濃さをもったものであることが望ましい。録音・
録画していない（あるいはできない）ときにも、その社会的世界に対する理解
を深めるうえで重要なことは生じる。だから、それらをフィールドノーツと
して記録しておくと、後で役に立つ。また、ときにはその社会的世界の住人
たちからじっくりと話を聞くことも有益である。つまり、会話分析のための
フィールドワークであっても、ビデオカメラを回す以外の手法を併用するこ
とが、その社会的世界をより深く理解することにつながる。

　本章が目指していたのはフィールドワークと会話分析を架橋することでは
なかった（そもそも、両者の間に橋が必要な大きな川は流れていない）。本章
はむしろ、両者がどんなふうに結びついているのかを詳らかにするものだっ
た。十全な会話分析を行うためには、フィールドワークとそれによって得ら
れるエスノグラフィックな情報が必要だ。会話分析によって社会的世界を解
明しようとするときにも、やはりフィールドワークが必要である。会話分析
にとってフィールドワークは、特別なときだけに必要になるものではない。
両者を連絡する道はすでに開通していて、いつでも通れるようになってい
る。後はそれぞれの研究者がその道を通るかどうか、通るとしてどんなふう
に通るのかだけなのである。

注

1　会話分析の創始者、Harvey Sacks の研究のなかでも、「ホットロッド」と呼ばれる
　　改造した自動車を乗り回す若者たちについての短い論文（Sacks 1979=1987）は、彼
　　らの社会的世界を明らかにしようとしたものといえるだろう。

2　これは、会話分析がやりとりを分析するときの主な着眼点、「位置と構成（position
　　and composition）」（Schegloff 2007: 20）を念頭に置いたものだろう。

3　なお Cicourel（1992）は、Aressandro Duranti と Charles Goodwin の編著、*Rethinking*

Context への寄稿で、Moerman（1988）や Mandelbaum（1990/1991）に対して直接的に言及してはいない。

4 Schegloff（1987: 219=1998: 158–159）は、Cicourel（1992）と同じ病院でのやりとりを例にとって、同じような見解を述べている。

5 分析に必要なエスノグラフィックな情報と必要でないそれを見極めるためにも、データセッション（音声・映像データとそのトランスクリプトを使って、複数の人たちが観察を言い合うミーティング）は有益である。そこでは、データを持ってきた人に対して、他の人たちからエスノグラフィックな情報についてのさまざまな質問がなされる。そして、データをくり返し再生しながら、やりとりをしている人たち自身がそれらを使っているかどうかについて意見を出し合うことになる。

6 子育てひろばを援助する事業は 2002 年に創設された。厚生労働省のウェブサイトに掲載されている、その趣旨を説明した文書には次のような一文がある（2018 年 5 月 1 日にアクセスした）。

> このため、主に乳幼児（0 〜 3 歳）をもつ子育て中の親が気軽に集い、うち解けた雰囲気の中で語り合うことで、精神的な安心感をもたらし、問題解決への糸口となる機会を提供することが必要であることから、その機能を有する「つどいの広場」事業を実施するものである。（http://www.mhlw.go.jp/houdou/2002/04/h0408–2.html#5）

ここからは、母親どうしが語り合って子どもや子育ての悩みを和らげることのできる場であることを、政府が子育てひろばに期待していることが窺える。

7 これらの付き合いかたのバリエーションについては、当の母親たちへのインタビュー調査にもとづいて検討した論文を書いた（戸江 2011）。

引用文献

Atkinson, J. M. and P. Drew. (1979) *Order in Court: The Organisation of Verbal Interaction in Judicial Settings*. London: The Macmillan Press Ltd.

Butler, C. W. (2008) *Talk and Social Interaction in the Playground*. Aldershot: Ashgate.

Cicourel, A. V. (1992) The Interpenetration of Communicative Contexts: Examples from Medical Encounters. In Duranti, A. and C. Goodwin. (eds.) *Rethinking Context: Language as an Interactive Phenomenon*, pp.291–301. Cambridge: Cambridge University Press.

Clemente, I. (2013) Conversation Analysis and Anthropology. In Sidnell, J. and T. Stivers. (eds.) *The Handbook of Conversation Analysis*, pp.688–700. Oxford: Wiley-Blackwell.

Clemente, I. (2015) *Uncertain Futures: Communication and Culture in Childhood Cancer Treatment*. Chichester: Wiley Blackwell.

Drew, P. and J. Heritage. (eds.) (1992) *Talk at Work: Interaction in Institutional Settings*. Cambridge: Cambridge University Press.

Duneier, M. and H. Molotch. (1999) Talking City Trouble: Interactional Vandalism, Social Inequality, and the 'Urban Interaction Problem'. *American Journal of Sociology* 104(5): pp.1263–1295.

Erickson, F. (2004) *Talk and Social Theory: Ecologies of Speaking and Listening in Everyday Life*. Cambridge: Polity.

Erickson, F. and J. Schultz. (1982) *The Counselor as Gatekeeper: Social Interaction in Interviews*. New York: Academic Press.

Goodwin, M. H. (1990) *He-Said-She-Said: Talk as Social Organization among Black Children*. Bloomington: Indiana University Press.

Goodwin, M. H. (2006) *The Hidden Life of Girls: Games of Stance, Status, and Exclusion*. Malden: Blackwell.

Heritage, J. (1990/1991) Intention, Meaning and Strategy: Observations on Constraints on Interaction Analysis. *Research on Language and Social Interaction* 24: pp.311–332.

Hopper, R. (1990/1991) Ethnography and Conversation Analysis after *Talking Culture*. *Research on Language and Social Interaction* 24: pp.161–170.

宝月誠（2010）「シカゴ学派社会学の理論的視点」『立命館産業社会論集』45(4): pp.45–65. 立命館大学産業社会学会

Kevoe-Feldman, H. and J. D. Robinson. (2012) Exploring Essentially Three-Turn Courses of Action: An Institutional Case Study with Implications for Ordinary Talk. *Discourse Studies* 14(2): pp.217–241.

串田秀也（2002）『対人サービス組織における「規則語り」の会話分析的研究：学童保育を事例として』1999–2001 年度科学研究費補助金研究成果報告書

Mandelbaum, J. (1990/1991) Beyond Mundane Reason: Conversation Analysis and Context. *Research on Language and Social Interaction* 24: pp.333–350.

Maynard, D. W. (1989) On the Ethnography and Analysis of Discourse in Institutional Settings. In Holstein, J. A. and G. Miller. (eds.) *Perspectives on Social Problems*, pp.127–146. Greenwich: JAI Press.

Maynard, D. W. (2003) *Bad News, Good News: Conversational Order in Everyday Talk and Clinical Settings*. Chicago: The University of Chicago Press.（ダグラス・メイナード 樫田美雄・岡田光弘訳（2004）『医療現場の会話分析：悪いニュースをどう伝えるか』勁草書房）

Maynard, D. W. and D. H. Zimmerman. (1984) Topical Talk, Ritual and the Social

Organization of Relationships. *Social Psychology Quarterly* 47(4): pp.301–316.

Miller, G. (1994) Toward Ethnographies of Institutional Discourse: Proposal and Suggestions. *Journal of Contemporary Ethnography* 23(3): pp.280–306.

Moerman, M. (1988) *Talking Culture: Ethnography and Conversation Analysis*. Philadelphia: University of Pennsylvania Press.

Nelson, C. K. (1994) Ethnomethodological Positions on the Use of Ethnographic Data in Conversation Analytic Research. *Journal of Contemporary Ethnography* 23(3): pp.307–329.

大豆生田啓友 (2006)『支え合い、育ち合いの子育て支援：保育所・幼稚園・ひろば型支援施設における子育て支援実践論』関東学院大学出版会

Pomerantz, A. (1990/1991) Mental Concepts in the Analysis of Social Action. *Research on Language and Social Interaction* 24: pp.299–310.

Pudlinski, C. (2005) The Mitigation of Advice: Interactional Dilemmas of Peers on a Telephone Support Service. In Baker, C. D., M. Emmison, and A. Firth. (eds.) *Calling for Help: Language and Social Interaction in Telephone Helplines*, pp. 109–131. Amsterdam: John Benjamins.

Robbins, D. M., C. R. Sanders, and S. E. Cahill. (1991) Dogs and Their People: Pet-Facilitated Interaction in a Public Setting. *Journal of Contemporary Ethnography* 20(1): pp.3–25.

Sacks, H. (1979) Hotrodder: A Revolutionary Category. In Psathas, G. (ed.) *Everyday Language: Studies in Ethnomethodology*, pp.7–14. New York: Irvington. (ハーヴェイ・サックス　山田富秋・好井裕明・山崎敬一訳 (1987)「ホットロッダー：革命的カテゴリー」ハロルド・ガーフィンケル，ハーヴェイ・サックス，メルヴィン・ポルナー，ドロシー・スミス，ローレンス・ウィーダー『エスノメソドロジー：社会学的思考の解体』pp.17–37. せりか書房)

佐藤郁哉 (1984)『暴走族のエスノグラフィー：モードの叛乱と文化の呪縛』新曜社

Schegloff, E. A. (1987) Between Micro and Macro: Contexts and Other Connections. In Alexander, J. C., B. Giesen., R. Münch, and N. J. Smelser. (eds.) *The Micro-Macro Link*, pp.207–234. Berkley: University of California Press. (エマニュエル・A・シェグロフ　石井幸夫訳 (1998)「ミクロとマクロの間：コンテクスト概念による接続策とその他の接続策」ジェフリー・C・アレグザンダー，ベルンハルト・ギーセン，リヒャルト・ミュンヒ，ニール・J・スメルサー『ミクロ－マクロ・リンクの社会理論』pp.139–178. 新泉社)

Schegloff, E. A. (2007) *Sequence Organization in Interaction: A Primer in Conversation Analysis, Vol.1.* Cambridge: Cambridge University Press.

Schegloff, E. A. and H. Sacks. (1973) Opening up Closings. *Semiotica* 8(4): pp.289–327. (エ

マニュエル・A・シェグロフ，ハーヴェイ・サックス　北澤裕・西阪仰訳（1989）「会話はどのように終了されるのか」ジョージ・サーサス，ハロルド・ガーフィンケル，ハーヴェイ・サックス，エマニュエル・A・シェグロフ『日常性の解剖学：知と会話』pp.175–241．マルジュ社）

Sidnell, J. (2005) *Talk and Social Epistemology: The Social Life of Knowledge in a Caribbean Community*. Amsterdam: John Benjamins.

Spencer, J. W. (1994) Mutual Relevance of Ethnography and Discourse. *Journal of Contemporary Ethnography* 23(3): pp.267–279.

田中慶子（2014）『どんなムチャぶりにも、いつも笑顔で?!：日雇い労働のケータイ販売イベントコンパニオンという労働』松籟社

田中研之輔（2016）『都市に刻む軌跡：スケートボーダーのエスノグラフィー』新曜社

戸江哲理（2008）「乳幼児をもつ母親の悩みの分かち合いと「先輩ママ」のアドヴァイス：ある「つどいの広場」の会話分析」『子ども社会研究』14: pp.59–74．日本子ども社会学会

戸江哲理（2009）「乳幼児をもつ母親どうしの関係性のやりくり：子育て支援サークルにおける会話の分析から」『フォーラム現代社会学』9: pp.120–134．関西社会学会

戸江哲理（2011）「なぜ通い続けるのか：ある子育て支援サークルの2つの利用のしかた」『京都社会学年報』19: pp.1–22. 京都大学大学院文学研究科社会学研究室

鵜飼正樹（1994）『大衆演劇への旅：南条まさきの一年二ヵ月』未来社

Unruh, D. R. (1979) Characteristics and Types of Participation in Social Worlds. *Symbolic Interaction* 2: pp.115–129.

渡辺顕一郎・橋本真紀編（2015）『註解 地域子育て支援拠点ガイドラインの手引：子ども家庭福祉の制度・実践をふまえて』第2版．中央法規出版

West, C. (1996) Ethnography and Orthography: A (Modest) Methodological Proposal. *Journal of Contemporary Ethnography* 25(3): pp.327–352.

第6章 発話デザイン選択と行為の構成

—— 精神科診療における処置決定連鎖の開始

串田 秀也

1. はじめに

　誰かに何かを頼むとき、「Xしてください」「Xしてくれる？」「Xしていただけるとありがたいんだけど」など、いろいろな言い方がある。このような、同じことをするために用いることのできる発話の構築の仕方における相違を「発話デザイン（turn design）」の相違と言う[1]。ある行為を遂行するためにどんな発話デザインを用いるか、これは人びとが相互行為の中でつねに行っている選択である。そうした選択がどのように行われているのかを記述することは、会話分析にとって基本的な研究主題の1つである。

　いま、ある行為を遂行するためにどんな発話デザインを用いるか、と述べた。だが、これは参与者が行っている唯一の選択ではない。ある連鎖上の位置においてある発話を組み立てるとき、人はたんに同じ行為を遂行するための異なる発話デザインからの選択を行うだけでなく、しばしば、異なる行為のあいだの選択も行っているかもしれない。たとえば、相手にXをさせようとするとき、「Xして」と言うか「Xしろ」と言うかは、依頼するための2つの発話デザインのあいだの選択というよりも、むしろ依頼するか命令するかの選択と呼ぶべきかもしれない[2]。

　Drew and Heritage（1992）は、発話デザインの選択という主題の中に、ある行為を遂行するための発話の組み立ての選択だけでなく、ある連鎖上の位置において遂行される行為の選択も含めて論じている。一見したところ、レベルの異なるこれら2つの選択を同じ用語でカヴァーするのは、奇妙に思え

る。だが、実際には、この2つの区別はしばしば困難である。相互行為の中では、しばしば、何らかの上位の目的を果たすために複数の行為が結びついていく。相互行為のある時点で、同じ上位の目的（例：処方する薬を決定する）に向かって進むために複数の発話デザインからの選択がなされるとき、その選択は、同じ行為を遂行する複数の発話デザイン（例：薬を提案するいろいろな言い方）からの選択だと記述すべきかもしれないし、同じ目的に向かう相異なる行為（例：「～に変えましょう」と薬を提案する、「～を飲んでください」と薬の服用を患者に指示する、等々）からの選択だと記述すべきかもしれない。

　人が相互行為中の特定の機会に発話デザインを選択しているとき、それは同じ行為を遂行する相異なる発話デザインからの選択だと、アプリオリに決めてかかるべきではない。むしろ、その選択がどういう水準の選択なのか（その選択においてどういう「同じこと」が問題になっているのか）は、データに則して経験的に見いだすべきことがらである。このことを例証するため、本章では、ある連鎖上の位置における発話デザインの選択が、同じ行為を遂行する複数の発話デザインのあいだの選択なのか、それとも同じ目的に向かう複数の行為のあいだの選択なのか、どちらとも決めがたい性質を持つ事例の記述を試みる。

　具体的には、精神科の診療場面において処置を決定する発話連鎖を医師が開始するさいの、発話デザインの選択を取り上げる。そして、この事例を記述するために、ある目的（処置決定）に向かって相互行為を進める複数の機能的ステップに注目し、およそ以下のような記述を構成する。ある場合には、処置決定のための発話連鎖は、複数の機能的ステップを一からたどる形で開始される。別の場合には、先行する文脈の中でいくつかの機能的ステップがすでに果たされていると見なせるために、処置決定の発話連鎖は機能的ステップの途中から開始される。同じ連鎖上の位置において用いられる複数の発話デザインのあいだで、発話を通じて果たされる機能的ステップが異なっているということがあるために、それらの発話デザインのあいだの選択は、上記どちらとも決めがたい性質を帯びることになる。

2. 行為の構成と発話デザイン

「行為の構成（action formation）」とは、「言葉、身体、相互行為の環境、相互行為の中での位置といった諸資源が、どのように組み合わせられることによって、特定の行為として、また受け手がその行為として認識できるものとして、デザインされるのか」（Schegloff 2007: xiv）という問題である[3]。この問題に関する近年の重要な研究動向は、発話デザインの選択に焦点を当てた研究の進展である。分析に入る前に、この動向が行為の構成に関する研究に何をもたらしたのかを簡単に振り返っておく。

ある言葉を話すことがどのようにして特定の行為になるのか、という問いを最初に立てたのは、言語哲学者オースティンである。オースティンは、行為を認識可能にする言語的標識（遂行動詞）にその答えを求めようとしたが、そうした標識なしにも行為は成立する事例がいくらでもあることに気づき、この試みを断念した（Austin 1962=1978）。オースティンの着想を継承して言語行為論を体系化したサールは、構成的規則を定式化することによって、ある言語形式がなぜある行為になるのかを説明する一般理論の構築を試みた（Searle 1969=1986）。たとえば、ある慣習的な言語形式（例：「Xを貸してください」）を、ある前提条件（例：Xは聞き手の所有物で、話し手が何も言わなければ聞き手はXを貸すことはない、など）のもとで、話し手がある意図（例：Xを貸してほしい）を持って発するとき、それは特定の行為（例：依頼）を構成する、という説明である。だが、この試みも、言語形式→行為という変換をあらゆる場合に一義的に可能にする規則を書き出すことの困難に突き当たった。

これに対し、会話分析は、実際の相互行為の中でいかにしてある発話がある行為として受け手に認識可能になるかを問題にし、この問いにとって、発話の置かれた連鎖上の位置が重要であることを見いだした（第2章参照）。相互行為の中の発話は、話し手の意図を起点として生じるのではなく、相手の先行発話を起点として生じる。先行発話は、その次にどんな行為がなされるべきかについて、一定の期待を作り出す。この期待を満たす形で発話が組

み立てられることによって、ある行為が受け手に認識可能になる（Schegloff 1984）。こうして、連鎖上の「位置（position）」と発話の「組み立て（composition）」（Schegloff 1993: 121）に注目して行為の認識可能性を記述することは、会話分析のもっとも基本的な方針となった。

　近年、連鎖上の位置を強調するだけでは「連鎖を開始する行為（sequence-initiating action）」を十分に記述できないという議論が提出されるようになった（Heritage 2012, 2013）。そこでは、言語行為論が考慮した話し手と聞き手にかかわる前提条件が、行為の認識可能性において果たす役割が再評価されている[4]。たとえば、話し手と聞き手の地位や役割に付帯していると見なされうる、「知識に関する権利の配分（epistemic status）」（Heritage 2012）（第7章参照）、「相手の未来の行為を決める権利の配分（deontic status）」（Stevanovic and Peräkylä 2012）、「利益を得る者と与える者という関係（benefactive status）」（Clayman and Heritage 2015）が、どのように行為の認識可能性を形づくるかが論じられている。ただし、言語行為論ではこれらの諸条件と言語形式とが話し手の意図を通じて結合されることで行為が決定されると考えるのに対し、会話分析においては、これらの諸条件と言語形式はともに行為を構成するために利用可能な資源であって、相互行為の中で交渉に晒されるものであることが強調される。

　以上のような相違はありながらも、行為の認識可能性に主題的に取り組んだ会話分析研究においては、発話それ自体が行為の構成に果たす役割は決定的なものではなく、連鎖上の位置および話し手と聞き手の地位や役割に結びついた諸期待の方が、行為の認識可能性にとって相対的に重要だと論じる傾向がある（Schegloff 1984, Heritage 2012, 2013）。つまり、これらの研究は、同じ発話デザインであっても相互行為環境に応じて異なる行為になる、という側面を強調してきた。

　これに対し、会話分析の中で行為の構成という主題にかかわるもう1つの研究群は、行為の産出に焦点を当ててきた（Drew and Couper-Kuhlen 2015）。行為の産出の問題は、行為の認識可能性の問題に還元できない。なぜなら、ある行為を認識可能にする発話デザインが複数あるなら、話し手が

それらから1つを選ぶのは、その発話デザインがその行為を認識可能にするからではなく、別の理由によるはずだからである。ある行為を産出するために「なぜ今それが(why that now)」(Curl and Drew 2008)選択されるのかの探究は、こうして、行為の認識可能性の記述を超えた問題提起を行為の構成に関する研究にもたらした。

とくに精力的に行われてきたのは、依頼(request)の発話デザインがどのように選択されているのかの研究である。依頼のデザインは、依頼が相手とのあいだですでに進行している協働的活動を促進する性質のものであるか、それとも依頼者が新たに開始する活動の一部であるかという相違に指向して選択される場合がある(Wootton 1981, Rossi 2012)。また、日常的に相手にやってもらっていることや緊急性の高い重大なことを頼むときなど、自分に依頼する権限があると見なせる状況とそうでない状況との相違に指向して選択されることもある(Lindström 2005, Heinemann 2006, Curl and Drew 2008, Craven and Potter 2010, Antaki and Kent 2012)。さらに、相手が依頼に応じることのできる状況にないかもしれないなど、依頼の実現を妨げうる諸事情(contingencies)の大小への指向に基づいて選択される場合もある(Curl and Drew 2008, Antaki and Kent 2012)。このほか、依頼以外に発話デザインの選択が記述された行為として、申し出(offer)がある。電話会話における援助の申し出を研究した Curl (2006)は、申し出が電話をかけた用件として最初になされるか、相手が明示的に提示した問題への反応としてなされるか、相手が非明示的に示唆した問題に対してなされるか、という連鎖的位置の違いに指向して、申し出の発話デザインが選択されていることを明らかにした。

ただし、これらの諸研究は、たんに発話デザインが予め与えられている相互行為環境(発話の連鎖的位置や話し手と聞き手の地位・役割など)を反映した形で選択される、といっているわけではない。重要なことは、特定の発話デザインを選択することを通じて、話し手は自分と聞き手が特定の相互行為環境の中にいることを主張しており、その意味で相互行為環境は少なくとも部分的には発話デザインを通じて構成されているということである[5]。したがって、発話デザインよりも相互行為環境が重要といった上述の議論に対し

て、これらの研究はむしろ、相互行為環境は発話デザインにおいて主張されることを通じて行為の認識可能性に関与している、という見方を含意することになる。

　この見方をもう一歩押し進めると、やはり発話デザインは行為の認識可能性にとって第一義的に重要だという議論に至る。Couper-Kuhlen（2014）は、「依頼」「申し出」「提案」「示唆」という4つの行為に用いられる多数の発話デザインを比較し、いずれか1つの行為にほぼ専用に用いられる発話デザイン（I群）と、複数の行為にまたがって用いられる発話デザイン（II群）があることを見いだした。そして、受け手が行為を認識するうえでまずはI群の発話デザインが重要であり、II群の発話デザインに関してのみ他の相互行為環境が参照されることを示した。こうして、行為の認識において発話デザインの果たす重要性が再評価されたことで、議論はほぼ一巡した感がある。

　さて、本章は、この議論に何らかの新たな展望をもたらすことを意図しているものではない。以上の駆け足の概観から導き出される1つの平凡な結論は、相互行為環境も発話デザインもどちらも行為の構成にとって重要だということである。ただ、先に述べたように、発話デザインの選択は行為の認識可能性にかかわるだけではない。「依頼」を行っていると認識可能な発話デザインが複数あるならば、それらのあいだの選択はある行為を依頼として認識可能にする以上の相互行為的仕事をしているはずである。他方で、発話デザインが行為の認識可能性において重要な役割を果たすと考えられる以上、相互行為のある連鎖上の位置で複数の発話デザインからの選択がなされているなら、それらは異なる行為のあいだからの選択になっているかもしれない。したがって、発話デザインの選択は、これら2つの可能性を視野に入れつつ記述される必要がある。以下に提示するのは、この観点から発話デザインの選択を記述する1つの試みである。

3. 精神科医が処置決定連鎖を開始する発話のデザイン

3.1. データの概要

　以下で分析するのは、2009年から2012年にかけてある私立精神科病院の外来診察室でビデオ録画した約100の診療場面である[6]。これらはすべて再診場面、すなわち、すでにこの外来で通院治療を受けている患者たちの診療場面である。患者たちは、統合失調症、大うつ病性障害、双極性障害、適応障害、不安障害、気分変調性障害、睡眠障害、てんかんなど、多様な病名を持つ。通院を始めたばかりの人もいれば、もう何十年も通院治療を続けている人もいる。診療時間は、短い患者では1〜2分だが、長い患者では1時間近くとばらつきが大きい。診察の成り行きは、患者ごとに大きく異なっている。

3.2. 処置決定の機能的ステップと処置決定連鎖

　今日の精神科治療の主軸は薬物療法なので、ほとんどの患者は何らかの向精神薬を処方されている。患者ごとに診療の成り行きはきわめて多様だが、それでも診療には1つの最大公約数的な目的がある。現在処方している薬を変更するかどうか、するならどんな変更をするかを決め、新しい処方箋を出すことである。処方する内容が決まるならば、(1)のように、診療は終了に向かうことが可能となる(57–64行目)。なお、以下に挙げるデータにおいて「D」は医師を「P」は患者を表す。

(1)[DCG9721(統合失調症)]
```
01   D：.hhhhhh>どうですかXくん<調子は.
02   P：あっだいぶ(.)いいです.
03   D：いいですか::?((言いながら視線をカルテに落とす))=
04   P：=はい.
05   D：°#は:い#.°
06   P：夜もぐっすり眠れて,
07   D：↑う:ん.
```

```
08      (1.2)
09   P:まいんち::家事:::(.)はやってるんで.((「は」の読みは「わ」))
10   D:ふ:ん.
11      (0.4)
12   D:そっか::.
13   P:はい.
14      (0.5)
15   P:いまの薬だいぶ合ってるんで,
16   D:ん::ん.
((36行省略:Dが「ひとりごと」や「父親との関係」について質問し、Pはいずれ
の質問にも問題ないとの応答を返す。))
53   D:.hh hh((大きく頷きながら))そっかじゃあだいぶいいね.
54   P:はい.
55   D:ん.
56      (0.2)
57 →D:.hhじゃ:いまのお薬続けてくださ[いね.]
58 ⇒P:                            [あっ ](.)わかり
59 ⇒   まし[た.]
60   D:    [ん.]=
61   P:=はい.=
62   D:=<はい>.
63   P:>°(あり[がとございま:す)°<((椅子から立ちながら))
64   D:      [またおだいじ    ]にしてくださ:い.
```

　ここで、57–59行目のように、処方する薬の内容を決めることを明示的な
アジェンダとする発話連鎖のことを「処置決定連鎖」と呼ぼう。処置決定連
鎖は典型的には次の特徴を持つ。第1に、患者の現状が報告され(02–15行
目)、医師が必要な情報収集(17–52行目の中略部分)および患者の現状への
評価(53行目)を行ったあとで開始される。第2に、医師が1つあるいは複
数の処置を提示する(57行目)ことによって開始される。第3に、患者が提
示された処置を受け入れる(58–59行目)ことによって終了可能(相互行為の
次のステップに進むことが可能)となる。

　医師が処置決定連鎖を開始するために用いる発話デザインはいろいろあ

る[7]。まず、医師が 1 つの処置だけを提示する場合と、複数の処置を提示して患者の選択を促す場合に大別できるが、われわれのデータにおける多数派は前者である[8]。本章の議論は前者に限定する。次に、前者にもさまざまな発話デザインがあり、処置をどの程度交渉の余地のあるものとして提示するかに関して、大まかな連続体を形成していると見なすことができる[9]。表 1 は、データ中に見られた主要な発話デザインを、そこに標示された交渉余地の小さいものから大きいものへと、およその順に並べたものである。表の上に行くほど、医師は自分が言及する処置を事実上決定済みのものとして提示しており、表の下に行くほど、患者の反応を踏まえて決定しようとするスタンスが示されている。

表 1　医師の処置決定連鎖開始の主要な発話デザイン

交渉余地	発話デザイン	例
小　↑↓　大	宣言形式	〜しておきます
	指令形式	〜してください
	勧奨形式のみ	〜しましょう
	勧奨形式＋「か」	〜しましょうか
	評価的陳述形式のみ	〜がいいかもしれません
	評価的陳述形式＋質問	〜がいいと思いますが、どうですか

　われわれのデータでは、まず、宣言形式・指令形式の 2 つとそれ以外の 4 形式のあいだに、明白な使い分けが見られた。宣言形式と指令形式は、圧倒的に、状態の安定した患者に現在処方中の薬を継続しようとするときに用いられる。これに対し、それ以外の 4 形式は、現在処方中の薬を変更しようとするか、あるいは、患者が何らかの問題を訴えているにもかかわらず現在処方中の薬を継続しようとするときに用いられる。また、後者の 4 形式の中でも、勧奨形式と評価的陳述形式のあいだには、のちに詳しく述べるように、使われる相互行為環境に体系的な相違が見いだされた。

　これらの使い分けを記述するために、処置決定という目的が達成されるために必要な複数の機能的ステップを考えてみよう。教会のミーティングにおける意思決定を分析した Stevanovic（2012）の議論を参照することが有益であ

る。彼女によれば、2人の人間のあいだの共同意思決定(joint decision)は、(a)提案者の提案内容に受け手がアクセスする、(b)提案者の見解に受け手が同意する、(c)提案内容に基づく未来の行為に受け手がコミットメントを表明する、という3つの構成要素からなる。本章では、この議論を参考にして、精神科再診場面における処置決定を構成する機能的ステップを次の①〜③のように考える。これらの機能的ステップは、そのすべてが処置決定連鎖において明示的に辿られることもあれば、ステップのいくつかは、処置決定連鎖の開始に先立つ相互行為の中に埋め込まれた形で辿られることもありうる。

①医師の提示する処置内容に患者がアクセスする。このステップは、患者がまだ知らない処置を提示する場合には、処置内容を医師が説明することを必要とする。だが、患者に既知の処置を提示する場合(とりわけ、現在処方中の薬を継続するときのように、処置内容を患者がすでに十分に理解していることを当てにできる場合)には、患者にわかるように処置を指示(refer)する[10]だけで、処置の内容を説明することは省略できる。

②医師がその処置を望ましいと判断する理由を患者が理解する。このステップも、必ずしも医師が処置を提示する理由を説明するという形で果たされなくてもよい。たとえば、処置決定連鎖の開始に先立って医師が患者の現在の状態を評価し患者がそれに同意するとき、このやりとりを通じて、医師がある処置を望ましいと判断する理由がすでに患者に理解されていると見なせる場合がある。

③患者が提示された処置を受け入れる。このステップだけは、処置決定連鎖の中で明示的に行われなければならない。

これを踏まえて(1)を見るなら、以下の2点に気づく。第1に、医師が提示している処置内容は前回と同じ薬を継続することなので、①のステップに関しては、医師は「いまのお薬」と患者に認識できるように処置を指示するだけでよい。そして、この指示を聞いて患者が指示対象を認識できなかった

ことがとくに示されない限り、医師は患者が処置内容にアクセスしたと見な
すことができる[11]。第2に、②のステップについては、医師が調子を尋ねる
と患者は現状を「いい」(02行目)と評価し、現状報告の中で「いまの薬だい
ぶ合ってる」(15行目)と薬にも言及して調子の良さを敷衍し、「じゃあだい
ぶいいね」(53行目)という医師の評価にも同意している(54行目)。これら
の成り行きを観察することで、医師は処置決定連鎖を開始するときにはすで
に、同じ薬を継続するという処置が望ましい理由を患者が理解していると当
てにすることができる[12]。したがって、この事例においては、医師が処置を
提示して患者の受け入れを求める③のステップのみが、処置決定連鎖を構成
する行為として表面化しており、①と②のステップは処置決定連鎖が開始さ
れるときにはすでに(過去の診療や先行する発話連鎖を通じて)果たされてい
るものとして扱われている。

　状態が安定している患者に同じ薬を継続しようとするとき、医師が処置決
定連鎖を開始する相互行為環境は、①②のステップがあらかじめ果たされて
いると見なしうるものである。このような相互行為環境においては、(1)に
限らず、医師はほとんどの場合に宣言形式や指令形式を用いて処置決定連鎖
を開始している。これらの発話デザイン選択は、次のように考えられる。医
師はたんに①②のステップがあらかじめ果たされていると見なせるだけでな
く、患者の状態が安定しており処置を変更する理由がとくに見当たらない以
上、③のステップに関しても、患者が受け入れることを自明視できる。そこ
で、③のステップはこの診療では形式的にのみ行えばよいと見なすことがで
きる。宣言形式や指令形式のように交渉の余地をほとんど与えない発話デザ
インは、医師が相互行為環境をこのようなものだと主張する方法になってい
ると考えられる。

　では、宣言形式と指令形式以外の発話デザインは、どのようにして選択さ
れているのだろうか。これらの中では、勧奨形式(以下では、「か」が付加さ
れた形式を含めてこの語を用いる)と評価的陳述(以下では、質問が付加され
た形式も含めてこの語を用いる)とのあいだに、比較的明確な使い分けが見
られた。以下では、これら2つのサブグループの比較を行う[13]。

3.3. 評価的陳述：患者の受け入れ準備が整う前の処置決定連鎖開始

　評価的陳述とは、処置をプラスに評価したり（例：「〜の方がいい」）、処置の有効性を叙述したり（例：「〜すれば〜が治る」）する発話デザインのことである。これらは多くの場合、「かもしれない」「思う」などの認識に関する（epistemic）不確かさの標示を伴う。また、ときにはこれらの発話成分に「どうですか」のような患者の意向を尋ねる質問が付される。

　評価的陳述の重要な特徴は、それが提案としても意見表明としても理解可能だという両義性を持つことである[14]。このデザインは、どちらとして扱うかの裁量の余地を患者に与えるので、患者はすぐ処置に関する態度決定をするようにと反応を制約されることはない。したがって、それは、まだ患者が処置内容や医師がその処置を望ましいと判断する理由を理解していない可能性があったり、患者の同意を妨げるその他の事情が考えられるときに、医師がまず慎重に処置を議論の俎上に乗せるのに適している。実際、①②のステップが果たされていることを医師が当てにできないという意味で、患者の受け入れ準備が整っていないと見なされる相互行為環境においては、医師が評価的陳述を用いて処置決定連鎖を開始するのが繰り返し観察される。

　（2）では、医師の評価的陳述に対して患者が処置の受け入れを表明することで、この発話デザインを提案として理解したことが示されている。

（2）［DCG21021（統合失調症）］
```
01   D:↑夜は眠れてます[かと
02   P:              [はい.おかげさまで.
03      (.)
04   D:は::い.
05      (2.7)((Dは電子カルテの処方記録を見ている))
06   D:.hhhh
07      (4.0)((Dは電子カルテの処方記録を見ている))
08 →D:薬:::を:::ちょっとその飲み方を::,
09   P:はい.
10 →D:たとえばねいま夜(.)寝る前にね:,
```

```
11   P: はい.
12 →D: 一括で飲んでるんだけ[ども  ]::,
13   P:              [ええ.]
14     (0.7)
15 →D: 分けて飲んだ方が.hh多少その副作用的には(.)減るし(.)
16 →   ムズムズも減るかもしんないんだけど::,
17     (0.3)
18 ⇒P: [あそれでもいい    ]です.=
19   D: [(も)どうしてもい-]
20   D: =それでもいいです[かね.
21   P:                [ええ.
22     (.)
23   D: ちょっと分けてのm- ね(.)飲むような形に
24     してもい[いですか[ね.
25   P:        [はい. [はいいいです.=
26   D: =これ以上増やしちゃうとちょっとね(.)
27     口の渇きも出ちゃうしね::, (.)
28     .hhhhちょっと飲み方を変えてみたいと思います↑ね.
29     (9.7)((Dが電子カルテの処方記録を操作する))
```

　この患者は、約2年半前に統合失調症と診断されて抗精神病薬による治療を継続している。前回診察時に「じっとしていられない」「ムズムズする」などの症状[15]を訴えたので、それを抑える薬を増やしたが、まだそれらの症状が少しあるという。医師は、薬の飲み方を変更することを評価的陳述形式で提示し(08–16行目)、統語的には発話を完了させないものの、患者が反応する機会を設けている(16–17行目)。患者はこれを受けて「それでもいいです」と述べ、これを提案として扱い、受け入れている(18行目)[16]。

　この事例の場合、そのあとのやりとりを見るとわかるように、医師はこの処置が患者に受け入れられにくい事情があることに注意を向けている。医師は、患者の反応と同時に「(も)どうしてもい-」と発話を継続しかけ(19行目)、他の選択肢に言及しかけているように見える。また、患者の意思を確認した(20–25行目)あと、提案理由として、もう1つの可能な処置(「これ以

上増やし」)がもたらしうる副作用(「口の渇き」)をあげることで、患者がこのもう1つの処置に興味を持っている可能性に対処している(26–27行目)。このように、医師は自分が処置決定連鎖を開始している相互行為環境を、患者が受け入れる準備がまだ整っていない可能性があるものとして捉えている。そして、評価的陳述は患者にすぐに態度決定を求めることなく、医師が慎重に処置決定連鎖を開始する方法になっている。だが、患者はこの評価的陳述を提案として扱い、受け入れることで、処置決定に向けて主体的に相互行為を前に進めている。

　これに対し(3)では、医師が評価的陳述を行うと、患者はそれをさしあたり専門的意見として聞き留めている。

（3）[DCG22221(適応障害)]

```
01  P：.hhhhな：：：：ん[かや　]る気がでなくて：：,
02  D：　　　　　　　　[うん．]
03  D：出↓ない
04  P：.hhhh夕飯-(0.7)[でも]：,作る：ときも作るんだけど：,
05  D：　　　　　　　　[うん]
06  D：[うん．]
07  P：[.hh　]hh作るまでが：：,(0.4)
08　　　[2時　　]間3時[間悩むん]です．
09  D：[(はい．)]　　　[°は：：ん°]
10  D：.hhhhなるほど：．
11  P：[°うん：．°]
12  D：[.shhh　]hhh °そっか．°
13　　　　(0.9)
14  D：いまあれだよね：もう聞こえてくることないん
15　　　だよ[(ね)．
16  P：　　　[ないです．
17　　　　(1.2)((Dが頷く))
18 →D：.hhhhそしたらm-(.)あれかな：ちょっとあの：：(2.0)
19 →　　tchいまインヴェガって飲んでもらっ[てるんだけど]：,
20  P：　　　　　　　　　　　　　　　　　　[あ：,はい．　]
```

第6章　発話デザイン選択と行為の構成　177

```
21      (0.4)
22 →D: これを:,(.)あの::::(0.8)最初のころに飲んでた:::,
23   P: はい.
24 →D: あ:の:::エビリファイにちょっと変え(.)たほうが
25 →    いいかもしれない(ね).
26 ⇒P: あっ,そうです[か.
27   D:          [う:んどうしてもそのインヴェガは
28    けっっっこうあの::(0.7)え:::飲んでる人が::,
29   P: うん.=
30   D: =↓こう:だるくなるとか,=
31   P: あ:あ:[あ:.
((9行省略:インヴェガのせいで抗うつ薬の効果がうまく出ていない可能性があ
ると説明。))
41   D: (で,)(0.5)エビリファイのほうが::,=
42   P: =うん.=
43   D: =逆にその気分を少しね,(0.3)[こ:  ]:う(0.3)=
44   P:                  [゜ええ゜]
45   D: =.hhh抑えるとゆう作用がないので::,
46   P: ああ:.
47   D: うん..hhhhぎゃくにその不安を軽くする作用,
48      (.)
49   P: うん.
50   D: もあるから::,[.hh  ]hhh(0.3)=
51   P:       [はい.]
52 →D: =ちょっとインヴェガの<ほうを::[やめ  ]て::>,=
53   P:                [ええ.]
54   P: =[はい.]
55 →D:   [ええ ]:::(.)エビリファイに::,
56   P: はい.
57 →D: ちょっと変えてみましょう.
58 ⇒P: あっ,わかりまし[た.]
59   D:        [ね.].nhhで今日まず,(0.6)
60    インヴェガま:6ミリ入ってるんで::,
61   P: ええ.
```

62　　D：これをまたあの減らして:,
63　　P：ええ.=
64　　D：=3ミリにします [°(から)°]
65　　P：　　　　　　　　[　はい.　]

　医師は患者に処方している抗精神病薬インヴェガを別の抗精神病薬エビリ
ファイに変更することを「〜いいかもしれないね」という評価的陳述形式で
提示している(18–25行目)。このとき、医師は処置内容に対する患者のアク
セスを確保するために、まず「最初のころに飲んでた」という特徴づけに
よって患者の想起を促し(22行目)、患者が「はい」と過去の処方に注意を
向けたことを示した(23行目)あとで、「エビリファイ」という名前で薬を指
示している。つまり、医師は①のステップを辿るための工夫を明示的に行っ
ている。このあとで、医師がこの処置内容を「いいかもしれない」とプラス
に評価すると(25行目)、患者は「あっそうですか」とこの評価的陳述を1
つの新しい情報として受理している(26行目)。これにより患者は、医師が
指示した「エビリファイ」という薬はわかる(=ステップ①は果たされた)
ものの、それに変えることがなぜよいのかその理由はまだ理解できていない
(=ステップ②は果たされていない)ことを示している。いいかえるなら、患
者はそれを医師の専門的意見としてさしあたり聞き留めるだけで、自分の態
度を表明することは保留している。
　医師のこの発話がどのような相互行為環境のもとで発せられているかに注
目しよう。患者はこの日、「やる気が出ない」(01行目)などの抑うつ症状を
訴えた。医師は、患者の報告が終わると、患者がもう幻聴を経験していない
ことを確かめ(14–16行目)、それを「そしたら」と受けて、いま確かめたこ
との帰結として処置決定連鎖を開始している。しかし、この時点では、エビ
リファイに変更することがなぜ患者の症状の解決になるのかは説明されてい
ない。医師は、処置内容や処置を自分が望ましいと考える理由を、患者がま
だ十分に理解していない可能性がある位置で、この発話を発している。医師
による評価的陳述形式の選択は、このような相互行為環境(=②③がまだ果
たされていないと見せる環境)への指向を示すものと言えよう。

第6章　発話デザイン選択と行為の構成　179

この事例では、医師はこのあと同じ処置内容を「〜変えてみましょう」という勧奨形式で再提案している（52–57行目）。そこで次に、この事例の続きを見ることで、勧奨形式に関する検討を始めたい。

3.4.　勧奨形式：患者の受け入れ準備が整ったときの処置決定連鎖開始

あらためていえば、勧奨形式とは「〜ましょう（か）」「〜ませんか」など、ある処置を自分と相手の両者にかかわる未来の行為として提示し、相手にそれを受け入れるよう誘いかける発話デザインのことである。この発話デザインは、評価的陳述形式とは異なり、すぐ次に処置に関する態度決定を行うよう患者の反応を制約する。したがってそれは、処置を患者が受け入れる準備が整った相互行為環境で患者の態度決定を直ちに求めるのに適しており、実際そうした環境において繰り返し用いられる。

（3）では、評価的陳述形式を用いた処置決定開始に対して、患者は提示された処置に関する理解が不十分であることを示していた（26行目）。そこでこのあと、医師はその不十分さを解決する工夫をすることが適切となる。医師が抗精神病薬の変更を望ましいと考える理由は、患者の訴える抑うつ症状がインヴェガによる副作用だと考えられ、エビリファイに変更することで症状の改善が期待できるからである。医師がインヴェガの副作用（27–30行目）とエビリファイにはその副作用がないこと（41–45行目）を説明すると、患者は「あ：あ：あ：」（31行目）、「ああ：」（46行目）と理解に達したことを主張する。これらの反応を見ることで、医師は自分がこの処置を望ましいと判断する理由を患者が理解した（＝ステップ②が果たされた）と見なすことができる。

医師はこのあとで同じ処置を再提案するとき、「変えてみましょう」という勧奨形式へと発話デザインを切り替えている（52–57行目）。このことは、患者が処置を受け入れる準備が整っているかどうかという相互行為環境の相違に指向して、医師が評価的陳述と勧奨形式を使い分けていることを例示している。患者は、今度は「あっ，わかりました」と提案を受け入れる（58行目）ことで、相互行為環境に関する医師の見立てを承認している[17]。このよ

うに、この事例では、先の（1）とは対照的に、①〜③のステップがすべて処置決定連鎖において表面化している[18]。

　（3）では、まず評価的陳述により慎重に処置決定連鎖が開始され、患者が医師の提案を受け入れる準備が整ったと見なしうる位置で、医師は勧奨形式に発話デザインを切り替えていた。これに対し、勧奨形式を用いて処置決定連鎖が開始されることもある。その場合、（4）に見られるように、処置決定連鎖に先立つ部分において、医師の提示する処置を患者が受け入れる準備ができていると見なしうるように相互行為が進行していることが多い。

（4）［DCG12521（大うつ病性障害）］

```
01  P：んん::(0.9)気持ち的[には ]だいぶ::=
02  D：                     [うん.]
03  P：=落[ち着    ]いて来ました.=ただ[ちょ    ]っと,=
04  D：    [ﾟうん.ﾟ]                  [ﾟうん.ﾟ]
05  P：=ものすごく::,眠くなることが多く
06      なっ(.)[て:,][.hh ]hhよる::も: ちゃんと::した=
07  D：        [うん ][うん.]
08  P：=時間に寝てるのに::[昼    ]間.hhhすっごく=
09  D：                   [うん.]
10  P：=だるくっ(.)[て:,]
11  D：           [うん ]うん.
12      (0.3)
13  P：ほんで::ちょっと休む程度に寝ても>(あなんか)<こう
14      目が回っちゃったり::[:だるくなるような感 ]じで:=
15  D：                    [うんう::::ん         ]
16  P：=ﾟすごく眠くなっちゃった[り:,ﾟ
17  D：                       [.hhhhそうか.
18      (0.3)
19  P：ﾟするんですけど::ﾟ[ただ  ]の夏:バテなのか(h)=
20  D：               [うん.]
21  P：  =[な(h):とも.hhhhﾟよくわ]かんなくって[ちょっとﾟ
22  D：   [んん::::::           ]            [.hhhいろ::
```

```
23      んな疲れがちょっと来てるかもね::.
24      (0.4)
25   D:とあと::まあ,お薬:
26      (1.1)
27   D:(い)が少し:.
28      (0.9)
29   D:あ:の:,よくなった分ね:(.)多めになってる
30      わけだ[から,それ](n)のかもしれないしね.
31   P:     [あ::あ.  ]
32      (1.2)
((49行省略:医師は患者の母親に家での様子を聞き、疲れているようだという報
告を受けて、良くなってきたので遊び回ってしまい、かえって疲れているのかも
しれないと述べる。))
82   D:よかった::みたいなこう取り戻すべ[く:,]
83   M:                            [う: ]ん.
84      あ:[それはあります.]
85   D:   [あれこれ. あれ ]これ.ehh
86   M:はい.
87   D:AH HAH HAH HAH HAH .hhhh
88      ん::んやりすぎないようにし[て()
89   M:                       [ah hah hah hah]
90   P:                       [hhhhhh    .hh]h
91      (0.7)
92   M:.hhh hhh
93 →D:>どうしようかな<ただ:,そ↑れだけ<ね↑むく>なる
94 →    >ってゆうのはね,<↑ちょっとお↑薬を,(0.4)
95 →    ひ↑るまだけ減らしましょうか.
96      (1.0)
97   P:あ::あ3錠だったのを2錠に,
98   D:うん[2錠に.        ]
99 ⇒P:   [°>(てゆうことで]すね)<°=[は    ]い.
100  D:                        [°ね.°]
101     (5.5)((Dが電子カルテに処方内容を打ち込む))
```

　この患者はこの日の診療でまず、状態の改善を報告した(01–03行目)。そ

れに続いて、ひどい眠気を訴え（03–16 行目）、それを過度に深刻には受け止めていないことも表明する（「ただの夏バテ」）ことで、問題への抵抗（Heritage and Robinson 2006）も示している（19–21 行目）。これを受けて医師は、問題の存在を受け止めつつその深刻さを軽減する説明をまず提示するとともに（22–23 行目）、その症状が薬の副作用である可能性も指摘する（25–30 行目）。患者の状態が改善したがゆえに薬の量が必要量よりも多くなった、というこの説明を聞くと、患者は「あ :: あ」（31 行目）といい、理解したことを主張している。ここでは、患者の状態に対する医師の仮説的説明がなされただけで、また処置決定連鎖は開始されていない。だが、医師は薬を減らすことを望ましいと考える理由がすでに患者に理解されたと見なすことができる[19]。また、処方中の薬を減量することは、患者が容易に理解できる処置内容であることを当てにできるだろう。

　このあと、医師は同席していた患者の母親に患者の家での様子を聞き、母親は患者が疲れているようだと報告する。これを受けて医師が、疲れているのは状態がよくなってきたので遊び回って疲れているのではないか、と楽観的なコメントをすると、母親も患者も笑って同意を示す（中略部分–92 行目）。医師が処置決定連鎖を開始するのはこのあとである。

　「どうしようかな」と処置に話を進めることを予告したあと、医師は「それだけ眠くなるってゆうのはね」と、明示的に患者の訴えに結びつけながら処置を提示しはじめる（93–94 行目）。医師は「それだけ眠くなる」と患者の訴えそのものを理由として提示しており、それ以外の理由をとくに付してはいない（この点は、（3）の 27–50 行目で述べられている提案理由と対照的である）。すなわち医師は、「お薬を」「昼間だけ減らす」ことがなぜ患者の訴えの解決になるのかはすでに理解されているものとして、この処置を提示している（94–95 行目）。したがって、「減らしましょうか」という勧奨形式は、処置の必要な理由を患者がすでに理解していると見なせる相互行為環境において、自分たちがそうした相互行為環境にいることを医師が主張する方法として選択されていると言える。

　この事例の場合、患者は「お薬を」「昼間だけ減らす」と言い表された処

置内容の理解に一時困難を示す（96 行目においてすぐに反応を返さずに 1 秒間黙っている）が、自分の理解候補を提示し確認が与えられると（97–99 行目）、ただちに「はい」と医師の提案を受け入れている（99 行目）。つまり、この事例では、処置決定連鎖の開始前に①②のステップが果たされたことを医師が当てにできる相互行為環境があり、③のステップから処置決定連鎖が開始されている。ただ、ステップ③が果たされる途上で、ステップ①に関して不十分さが顕在化したため、それを解決する手続きが挿入されたわけである。

3.5. 発話デザイン選択の実践的意味

　まとめよう。医師が処置決定連鎖を開始する 1 つの方法は、医師が適切だと考える 1 つの処置を患者に受け入れてもらうべく提示することである。このために選択される発話デザインは、そのときの相互行為環境において、①〜③のステップがどこまで果たされているかに関する医師の理解を示す方法として選択される。とともに、それは次の患者の反応を異なった仕方で制約することによって、処置決定連鎖の進行を方向づける。

　こうした発話デザインの選択は、一面では、処置決定に関する医師の専門的権威をどの程度主張するかに関する選択である。交渉可能性の少ない発話デザインを選択することは、それだけ医師の権威を強く主張することである。だが、以上の分析を踏まえるならば、主張される権威は、処置決定連鎖を開始するまでに示された患者の受け入れ準備を考慮に入れ、それに見合った形で選択されてもいる。医師たちは、自分が専門家として望ましいと思うというだけの理由で、素人である患者の考えを顧慮せずに権威を押し通しているわけではない。Peräkylä (1998) は、フィンランドのプライマリケア医が患者に診断を伝えるとき、「権威と説明責任の精妙なバランス」を取っていることを示した。この言葉は、医師が専門的権威を主張するだけでなく、自分の下す診断が患者に分かりにくい事情があるときには、その事情に応じて診断の根拠を提示することで、説明責任を果たし、権威の主張を弱めていることを意味する[20]。精神科医が処置決定連鎖を開始する発話デザインの選択

も、こうしたバランス調整の別の例と言える。

　精神疾患の継続治療においては、精神症状の再発を防止するため、患者が薬を納得して飲み続けることが非常に重要だとされる（たとえば渡邊 2000, 2010）。医師は処置を決定するとき、たんに医学的に妥当な決定を迅速に行うだけでなく、患者が納得できるようにことを進め、患者の服薬遵守（adherence）の可能性を最大化する必要がある。以上に分析した発話デザインの選択は、こうした臨床的な要請に応じるために医師が知らず知らずのうちに行っている工夫の 1 つだと考えられる[21]。

4. 結論

　発話デザインの選択に関する研究は、「同じ依頼という行為を遂行するためにどのように発話デザインが選択されるのか」などの問いに沿って、重要な研究成果を蓄積してきた。しかし、何が「同じ行為」なのかはなかなか難しい問題である。どこまでが「同じ行為を遂行する異なる発話デザイン」のあいだの選択で、どこからが「異なる行為」のあいだの選択なのだろうか。本章では、このような疑問を携えながら、精神科の再診場面において医師が処置決定連鎖を開始するために用いる発話デザインが、どのように選択されているかを記述してきた。

　本章で行ってきた分析を上記の疑問に引きつけるなら、いくつかの言い方が考えられる。第 1 は、処置決定連鎖の開始という同じ行為を遂行する異なる発話デザインの選択を記述してきた、というものである。第 2 は、われわれが見てきたのは 2 つの異なる行為だという言い方である。1 つ目の行為は、宣言形式や指令形式の発話デザインを用いて行われ、患者が過去にいちど同意している処置内容を形式的にのみ決定するためのもの。2 つ目の行為は、勧奨形式や評価的陳述の発話デザインを用いて行われ、患者がまだ同意していない処置を提示し、それを実質的に決定するためになされるもの。第 3 に、いまの 2 つ目の行為をさらに 2 つに分ける言い方も考えられる。勧奨形式は、直ちに患者の態度決定を要請するという意味で処置を提案している

のに対し、評価的陳述はまだ患者の態度決定をすぐには求めないという意味
で処置を示唆しているだけだ、などと。

　だが、上に挙げた3つの言い方からどれか1つを正しい言い方として選ぶ
ことは、必ずしも重要ではないと思う。重要なのは、参与者にとって複数の
発話デザインが選択可能なオルタナティブとして立ち現れているとき、それ
らをオルタナティブたらしめている構造を、精確に記述することである。本
章では、処置決定という目的に向けて相互行為を進めるための3つの機能的
ステップが、どのような形で辿られるかに注目することで、そうした記述を
試みた。精神科再診場面の特徴は、処置決定連鎖の開始という同じ連鎖上の
位置を占める複数の発話デザインが、それぞれ異なる機能的ステップを果た
す場合があるということである。このような性質を持つ発話デザイン選択の
場合、3つの言い方のいずれも間違いではない。むしろ、いずれか1つの言
い方だけを正しいものと見なすなら、実際に参与者が指向している選択の全
体的構造を捉え損ねることになりかねないだろう。

　処置決定連鎖を開始するための発話デザインは、医師の提示する処置を患
者が受け入れる準備が整っている相互行為環境であるかどうかに応じて、そ
うした相互行為環境に関する医師の見立てを主張する手段として選択されて
いる。この知見は、依頼や援助の申し出に関する先行研究の知見と広い意
味で収斂するものだ。たとえば、援助の申し出の発話デザインを研究した
Curl（2006）は、相手が問題の存在を示唆しただけのときには相手の意向を
尋ねる発話デザイン（e.g., "Do you want 〜 "）が用いられるのに対し、相手が
明示的に問題を提示したあとには相手の意向を問わない発話デザイン（e.g.,
"I'll 〜 "）が用いられることを示した。この選択は、相手が申し出を受け入れ
る準備が整っているかどうかに応じた選択だと解釈できるので、本章で見て
きた処置決定開始発話のデザイン選択とよく似ている。

　だが、相違もある。医師が処置決定連鎖を開始する発話デザインの選択
は、相手の先行する行為によって与えられた相互行為環境に基づいているだ
けでなく、部分的には自分自身の行為によって作り出された相互行為環境に
基づいている。（4）に見られたように、医師は患者の状態に関する情報を収

集する中で、患者の抱える問題に関する診断的発話を、処方中の薬の効果に言及しながら行うことも可能である。医師がそうすることを選ぶならば、処置決定連鎖を開始する以前に、望ましい処置に関する自分のスタンスを患者に垣間見せ、患者の反応を窺うことができる。つまり医師は、情報収集などの先行する発話連鎖を通じて処置決定のための機能的ステップをいわば「水面下」で進めておくか、それとも処置に関する自分のスタンスは処置決定連鎖を開始するときにはじめて示すかを選択することができる。医師が処置決定連鎖を開始するときの相互行為環境とは、そうした先行する自分自身の選択の産物でもある。処置決定連鎖を開始する発話のデザイン選択は、処置決定という目的に向けて診療をどのように進めるかという、より包括的な選択の一環として組織されている。ここに、先行研究が報告した依頼や援助の申し出の発話デザイン選択と、診療場面において処置決定連鎖を開始する発話デザインの選択との、相違点がある。

　本章で一例を示したように、相互行為の参与者は、ある目的に向かってどのように相互行為を進めるかに関して、しばしば連動した複合的な選択を行っている可能性がある。発話デザインの選択に関する探究は、そうした複合的な選択がどのように互いに連動しながら組織されているのかという、複雑な問題領域につながっている。

注

1　この定義は Drew（2013）に基づく。なお、正確には「発言順番のデザイン」と訳すべきだが、簡潔さを優先して「発話デザイン」と訳す。

2　Craven and Potter（2010）は、話し手が相手に何かをさせようとするとき、相手にそれをする能力があるか、相手はそれをすることを望むか、などの点が発話デザインにおいて考慮されているかどうかに応じて、相手は依頼と命令を区別して認識していることを示した。

3　構成された行為を受け手が「認識」するという言い方は、すでに一義的に確立された行為をたんに受け取るだけの受動的存在として受け手を描き出すきらいがあ

るため、行為の構成に対応する受け手の仕事は「行為の帰属（action ascription）」と呼ぶべきだという意見もある（Levinson 2013）。

4 サールが「命題内容規則」および「事前規則」という用語で論じた諸要素が、再評価の対象となっている（Heritage 2013: 572）。

5 この点に関して、とくに Curl and Drew（2008）の説得的な例証を参照されたい。

6 以下の分析は、Kushida and Yamakawa（2015）において行った分析を、若干の新たなデータを加えて発展させたものである。

7 ここで「処置決定連鎖の開始」と呼ぶものは、英語の会話分析の論文では通常 "treatment recommendation" という語で総称される（たとえば Stivers（2007））。しかし、"recommendation" の典型的な訳語である「勧め」は、相手の側に選択の余地があることを含意するので、ほとんど選択の余地を与えない発話デザインを包摂する用語としては馴染まない。このため、本章ではこの用語を使用しない。

8 処置決定を開始するこれら 2 つのやり方の相違は、Toerien, Shaw, and Reuber（2013）が論じている。

9 処置決定を開始する発話デザインにおいて交渉の余地が小さい（または大きい）ことを標示することは、「自分が相手の未来の行為を決定する権利（deontic authority/right）」（Stevanovic and Peräkylä 2012）が大きい（または小さい）ことを主張する 1 つの基本的方法だと考えられる。

10 これは、Sacks and Schegloff（1979）が「認識用指示（recognitional reference）」と呼んだものの一種である。この概念については串田（2008）も参照されたい。

11 認識用指示がなされたときに、受け手は通常、指示対象を認識できたことをとくに表明することはなく、その指示を含みつつ遂行された行為に反応を返すだけだが、これは「暗黙の認識主張」として機能する（Heritage 2007）。

12 患者の調子がよいなら、患者は（同じ薬の継続ではなく）薬を減らすことを期待する可能性もあるのではないか、という疑問を持つ読者がいるかもしれない。これは、最初に薬を処方するとき医師がどのようにその後の服薬計画を患者に伝えたかにもかかわる問題であり、1 回の診療場面だけを見ている分析者にはわからない場合もある。ただ、(1) に関しては、患者は「いまの薬だいぶ合ってる」(15 行目) と述べており、現在調子が「いい」ことを受けてなされる処置は、（薬を減らすことではなく）いまの薬を継続することだという期待を表示している。

13 ただし、「勧奨形式のみ」と「勧奨形式＋か」は等価ではないし、「評価的陳述形式のみ」と「評価的陳述形式＋質問」も等価ではない。また、後者については、表 1 における記載の順序についても疑問があるかもしれないが、この点も含め、同じサブグループに属する発話デザインのあいだでの使い分けは、別に検討する必要がある。

14 Couper-Kuhlen and Etelämäki（2015）の言葉を借りれば、この種の発話は

"epistemic" な解釈と "deontic" な解釈の両方を可能にしている。

15 これらは抗精神病薬の副作用だとされている症状(アカシジア)である。

16 この行為を「提案」ではなく「示唆」とか「申し出」と呼ぶことも可能だと思われる(cf. Couper-Kuhlen 2014)。この点は本章最後に少し言及する。

17 医師が勧奨形式を用いて処置決定連鎖を開始したとき、相互行為環境に関する医師の見立てがいつも患者に承認されるわけではない。患者は医師の提案に抵抗を示すことで、患者に受け入れ準備ができているという医師の見立てが時期尚早だったことを示すこともある。ただ、その場合でも、医師が勧奨形式を用いることで、患者は決定に関する態度を表明し、自分が処置を受け入れない理由を説明する必要が出てくる。

18 ただし、この事例では、処置内容は患者の知っている薬に変更することなので、①のステップは簡略化されている。これに対し、患者の知らない新しい薬を提示する形で処置決定連鎖が開始される事例では、その薬を説明するという形でより入念に①のステップが辿られる。

19 医師が処置を提案する理由を患者が理解することは、あくまでも受け入れへの必要条件である。患者は提案の医学的理由を理解しても、非医学的理由で提案に抵抗する可能性はある。

20 医師が患者に診断の根拠を説明することは、それ自体専門知識に基づいた行為だという意味では、医師の権威を支えている面もある。ただ、説明抜きに端的に診断を伝えるやり方と比べるならば、患者を説得し患者の納得を得ることが必要だと見なしている点で、権威を主張している度合いは小さい。

21 精神疾患以外にも、慢性疾患の治療に関する処置決定においては、急性疾患の場合(たとえば Stivers(2007))には見られない患者の納得を得るための相互行為上の工夫が見られることが報告されている(Koenig et al. 2014)。

引用文献

Antaki, C. and A. Kent. (2012) Telling People What to Do (and, Sometimes, Why): Contingency, Entitlement and Explanation in Staff Requests to Adults with Intellectual Impairments. *Journal of Pragmatics* 44(6–7): pp.876–889.

Austin, J. L. (1962) *How to Do Things with Words.* Oxford: Oxford University Press. (J・L・オースティン　坂本百大訳 (1978) 『言語と行為』大修館書店)

Clayman, S. and J. Heritage. (2015) Benefactors and Beneficiaries: Benefactive Status and Stance in the Management of Offers and Requests. In Drew, P. and E. Couper-Kuhlen. (eds.) *Requesting in Social Interaction*, pp.55–86. Amsterdam: John Benjamins.

Couper-Kuhlen, E. (2014) What does Grammar Tell us about Action? *Pragmatics* 24(3):

pp.623–647.

Couper-Kuhlen, E. and M. Etelämäki. (2015) Nominated Actions and Their Targeted Agents in Finnish Conversational Directives. *Journal of Pragmatics* 78: pp.7–24.

Craven, A. and J. Potter. (2010) Directives: Entitlement and Contingency in Action. *Discourse Studies* 12(4): pp.419–442.

Curl, T. S. (2006) Offers of Assistance: Constraints on Syntactic Design. *Journal of Pragmatics* 38(8): pp.1257–1280.

Curl, T. S. and P. Drew. (2008) Contingency and Action: A Comparison of Two Forms of Requesting. *Research on Language and Social Interaction* 41(2): pp.129–153.

Drew, P. (2013) Turn Design. In Sidnell, J. and T. Stivers. (eds.) *The Handbook of Conversation Analysis,* pp.131–149. Oxford: Wiley-Blackwell.

Drew, P. and E. Couper-Kuhlen. (2015) Requesting: From Speech Act to Recruitment. In Drew, P. and E. Couper-Kuhlen. (eds.) *Requesting in Social Interaction*, pp.1–34. Amsterdam: John Benjamins.

Drew, P. and J. Heritage. (1992) Analyzing Talk at Work: An Introduction. In Drew, P. and J. Heritage. (eds.) *Talk at Work: Interaction in Institutional Settings*, pp.3–65. Cambridge: Cambridge University Press.

Heinemann, T. (2006) 'Will You or Can't You?': Displaying Entitlement in Interrogative Requests. *Journal of Pragmatics* 38(7): pp.1081–1104.

Heritage, J. (2007) Intersubjectivity and Progressivity in Person (and Place) Reference. In Enfield, N. J. and T. Stivers. (eds.) *Person Reference in Interaction: Linguistic, Cultural and Social Perspectives*, pp.255–280. Cambridge: Cambridge University Press.

Heritage, J. (2012) Epistemics in Action: Action Formation and Territories of Knowledge. *Research on Language and Social Interaction* 45(1): pp.1–29.

Heritage, J. (2013) Action Formation and its Epistemic (and Other) Backgrounds. *Discourse Studies* 15(5): pp.551–578.

Heritage, J. and J. Robinson. (2006) Accounting for the Visit: Giving Reasons for Seeking Medical Care. In Heritage, J. and D. W. Maynard. (eds.) *Communication in Medical Care: Interaction between Primary Care Physicians and Patients*, pp.48–85. Cambridge: Cambridge University Press.

Koenig, C. J., L. M. Wingard., C. Sabee., D. Olsher, and I. Vandergriff. (2014) Managing Patient-centered Communication across the Type 2 Diabetes Illness Trajectory: A Grounded Practical Theory of Interactional Sensitivity. *Journal of Applied Communication Research* 42(3): pp.244–267.

串田秀也 (2008)「指示者が開始する認識探索：認識と進行性のやりくり」『社会言語科学』10(2): pp.96–108. 社会言語科学会

Kushida, S. and Y. Yamakawa. (2015) Fitting Proposals to their Sequential Environment: A Comparisons of Turn Designs for Proposing Treatment in Ongoing Outpatient Psychiatric Consultations in Japan. *Sociology of Health and Illness* 37(4): pp.522–544.

Levinson, S. C. (2013) Action Formation and Ascription. In Sidnell, J. and T. Stivers. (eds.) *The Handbook of Conversation Analysis*, pp.103–130. Oxford: Wiley-Blackwell.

Lindström, A. (2005) Language as Social Action: A Study of How Senior Citizens Request Assistance with Practical Tasks in the Swedish Home Help Service. In Hakulinen, A. and M. Selting. (eds.) *Syntax and Lexis in Conversation: Studies on the Use of Linguistic Resources in Talk-in-Interaction*, pp.209–232. Amsterdam: John Benjamins.

Peräkylä, A. (1998) Authority and Accountability: The Delivery of Diagnosis in Primary Health Care. *Social Psychology Quarterly* 61(4): pp.301–320.

Rossi, G. (2012) Bilateral and Unilateral Requests: The Use of Imperatives and *Mi X?* Interrogatives in Italian. *Discourse Processes* 49(5): pp.426–458.

Sacks, H. and E. A. Schegloff. (1979) Two Preferences in the Organization of Reference to Persons in Conversation and their Interaction. In Psathas, G. (ed.) *Everyday Language: Studies in Ethnomethodology*, pp.15–21. New York: Irvington.

Schegloff, E. A. (1984) On Some Questions and Ambiguities. In Atkinson, J. M. and J. Heritage, (eds.) *Structures of Social Action: Studies in Conversation Analysis*, pp.28–52. Cambridge: Cambridge University Press.

Schegloff, E. A. (1993) Reflections on Quantification in the Study of Conversation. *Research on Language and Social Interaction* 26(1): pp.99–128.

Schegloff, E. A. (2007) *Sequence Organization in Interaction: A Primer in Conversation Analysis, Vol.1.* Cambridge: Cambridge University Press.

Searle, J. R. (1969) *Speech Acts: An Essay in the Philosophy of Language.* Cambridge: Cambridge University Press.（ジョン・R・サール　坂本百大・土屋俊訳(1986)『言語行為：言語哲学への試論』勁草書房）

Stevanovic, M. (2012) Establishing Joint Decisions in a Dyad. *Discourse Studies* 14(6): pp.1–25.

Stevanovic, M. and A. Peräkylä. (2012) Deontic Authority in Interaction: The Right to Announce, Propose, and Decide. *Research on Language and Social Interaction* 45(3): pp.297–321.

Stivers, T. (2007) *Prescribing under Pressure: Parent-Physician Conversations and Antibiotics.* New York: Oxford University Press.

Toerien, M., R. Shaw, and M. Reuber. (2013) Initiating Decision-making in Neurology Consultations: 'Recommending' versus 'Option-listing' and the Implications for Medical Authority. *Sociology of Health and Illness* 35(6): pp.873–890.

渡邊衡一郎 (2000)「服薬コンプライアンスに対する通院精神分裂病患者の服薬観と病識の影響」『慶應医学』77(6): pp.309–317. 慶應医学会

渡邊衡一郎 (2010)「変わりゆくうつ病の薬物療法」『精神神経学雑誌』112(11): pp.1105–1114. 日本精神神経学会

Wootton, A. J. (1981) Two Request Forms of Four Years Olds. *Journal of Pragmatics* 5(6): pp.511–523.

第7章　認識的テリトリー

——知識・経験の区分と会話の組織

早野　薫

1.　はじめに

　日常会話では、参加者たちがなんらかの物事、人物、出来事などの評価を
めぐって同意しあったり、共感しあったりする機会がしばしば出現する。例
えば事例(1)では、ルミとミキがいたずら電話について話し合い、それが「気
持ち悪い」、「いや」なものだと言って同意しあっている。

（1）［CallFriend, JPN6666］[1]
01　ルミ：↑でも↓気持ち悪いよね:
02　　　　（0.2）
03　ミキ：いやだよね:
04　　　　（.）
05　ルミ：ん::ん

　01行目でルミは、いたずら電話を「気持ち悪い」ものとしてネガティブ
に評価している（第一評価）。それに対してミキは、ルミと同じように「いた
ずら電話」という対象をネガティブに評価することで、ルミに同意している
（第二評価）（03行目）。

　この例のように、ある対象に対する評価発話（第一評価）が産出され、その
対象が受け手も知っているものであった場合、受け手が第二評価を産出する
機会ができる。その第二評価は、第一評価との関係の中で、同意、または不
同意として理解される。同意が産出されれば共感が生まれ、参加者たちの連

帯感が強まり、不同意が産出されれば連帯感が損なわれるものと考えることができる (Heritage 1984a)。Anita Pomerantz は、このようなやりとりを分析し、同意と不同意は等価の選択肢ではなく、同意は優先的に産出され、不同意は様々な手段を用いて回避されることを示した (Pomerantz 1984a)[2]。

　同じ論文の中で、Pomerantz はもう1つ重要な指摘をしている。会話の中で評価発話を産出するということは、評価の対象に関わる経験、知識の主張を必然的に伴うものだという指摘である。上の事例では、ルミもミキも、それぞれにいたずら電話について自分なりの評価を述べることにより、いたずら電話を受けた経験があるという主張をしているように聞こえる。会話参加者たちは、対象を評価する際、同時に自分がどのようにして対象を知っているのかを主張しているのである。

　このような知識や経験に関わる主張は、誰でも自由にできるものではない。会話において、知識や経験は社会的な価値を持ち、「認識的テリトリー (epistemic territory)」(Heritage 2011) に属する重要な資源として取り扱われ、会話参加者たちは、自分のテリトリーへの侵入行為がないかどうか、日常会話の中でたがいに目を光らせあっている[3]。とくに、会話参加者たちが何か、あるいは誰かについて評価を述べあうときには、認識的テリトリーを守ることは、会話相手と共感を築くということと同じくらい、時にはそれ以上に、重要な関心事であり得るのである。

　この、会話参加者たちの知識・経験に対する志向性、すなわち「認識性 (epistemics)」は、様々な形で立ち現れ、発話の組み立てを形づくり、会話の組織を支えている。本章では、様々な角度から認識性というテーマを取り上げた先行研究の知見を整理、概観する (2、3、4、5節)。その上で、6節では、ひとつの事例を取り上げ、経験・知識に関わる主張をする際、その主張を正当な主張として打ち出すためにいかに多彩な手段が講じられるかを示し、さらに、基本的には共感、連帯感を志向する会話参加者たちにとって、なぜ自分の認識的テリトリーを主張することがそこまで重要な問題になり得るのか、考察を試みる。

2. 経験・知識の区分と発話の組み立て

　言葉を適切に使用するためには、相手が何を知っているのか、経験したことがあるのかを正しく把握する必要がある。しかしながら、会話の中で問題となるのは、それだけではない。会話参加者たちのふるまいを詳しく分析すると、経験や知識は、それがどのような経験なのか、どの程度の知識なのか、様々なやり方で差別化されているということ、発話の一つひとつは、自分がどのような経験、知識を持つことを主張しようとしているのかを示すように組み立てられていることが分かる。

2.1. 経験の区分

　先に触れたように、Pomerantz は、何かを評価するということは、その評価の対象を自分自身が直接経験した、あるいはその対象についてなんらかの知識を持っているという主張をすることになると指摘している。Pomerantz は、このことを、対象への「独立アクセス (independent access) の主張」という表現で表している。上の例 (1) で言うならば、ルミは、まず自分から「いたずら電話」という出来事に対して評価を述べることで、自分が独立したアクセスを持っていることを暗に主張している。これに対して、ミキも自分の言葉で「いやだよね」と評価を述べることで、独立アクセスを持つことを主張している。もしもミキがいたずら電話を受けた経験を持たないのであれば、「へえ、そうなんだ」「そっか、大変だったねえ」など、独立アクセスを主張しない形で応答することが可能だろう。このように、会話参加者たちは、ある対象を評価したり、その評価発話に応じたりする際、発話の組み立てを通して、自分がその対象を経験したことがあるのか、アクセスを持っているのかどうかを示している。

　評価発話の組み立てによって区別されるのは、アクセスを持っているか持っていないかということだけではない。経験というものは、デジタル式に、X という対象を経験したか、していないか、という二項対立の中で捉えられるものとは限らないのである。同じ X を経験しているにしても、

その経験の仕方は様々な形で区別され、そして「ランクづけ」されている（Heritage and Raymond 2005: 17）。会話分析研究の中でこのことを最初に指摘したのは、おそらく Harvey Sacks だろう。第1章でも言及されているように、Sacks は交通事故を例に挙げ、事故を直接、自分の目で目撃した人物と、人から間接的に聞いただけの人物とでは、この経験に対して持つ「資格（entitlement）」が異なっているということ、そしてそのことは、それぞれの人物がその事故について語る際のやり方に表れなくてはならない、と指摘している。直接目撃した人物は、感情的に、動揺した口ぶりで詳細に語る資格を持つが、人から聞いただけの人物が、目撃者と同じように動揺した口ぶりでその事故について語ると、それは奇妙なこととして受け止められるだろう。言い換えるならば、直接経験は、伝聞によって得られた間接的な経験よりも、「ランキング」が上の経験として取り扱われているのである。

　さらに Charles Goodwin と Marjorie H. Goodwin は、次の例（事例2）を分析し、同じ「アスパラガス・パイ」に関わる経験であっても、「個別具体的なアスパラガス・パイ」を経験するということと、「アスパラガス・パイ一般」を経験するということは異なっているということ、そしてそのことがダイアンとクラシアの発話の組み立てに表れているということを指摘している（Goodwin and Goodwin 1987）。

（2）［Goodwin and Goodwin, 1987: 24–41（Heritage 2011: 169–170）］
```
01  ダイアン： Jeff made en asparagus pie
            （ジェフがアスパラガス・パイを作ったんだけど、）
02            it was s:::so[: goo:d.
            （とってもおいしかった。）
03  クラシア：              [I love it. °Yeah I love [tha:t.
            （私大好き。うん、あれ、大好き。）
04  ダイアン：                                        [<He pu:t uhm,
                                                      （あの）
05            (0.7)
```

```
06 ダイアン：Tch! put crabmeat on th'bo::dum.
          （一番下にカニを入れて、）
07 クラシア：Oh:[::.
          （わあ）
08 ダイアン：   [(Y'know)/(Made it) with chee::se,
          （チーズを入れて、）
```

　ダイアンは、ある日ジェフという人物が作った、個別具体的なアスパラガス・パイを対象とし、それを「とってもおいしかった」と評している（01–02行目）。一方クラシアは、ジェフが作ったというそのアスパラガス・パイは食べたことがない。したがって、「へえ、そうなんだ。それは良かったね」など、自分が対象に対して独立アクセスを持たないことを認めた形で応答することも可能だっただろう。しかし、クラシアは、「私大好き。うん、あれ、大好き。」と、自分も評価発話を発しており、独立アクセスを主張しているのである。ジェフが作ったアスパラガス・パイを食べていないクラシアが、どうして独立アクセスを主張することができるのか。

　ここでクラシアが「大好き」と評しているのは、実は、ジェフが作ったアスパラガス・パイではない。「あれ（that）」という表現を使うことによって、彼女自身も食べたことがある「アスパラガス・パイというもの」全般を指し、評価の対象を自分もアクセスがあるものに置き換えているのである。そうすることにより、本来であれば同意できそうもない、自分がアクセスを持たない対象に関する評価発話に対して同意することを可能にしているのである。

　ただし、このようにして産出される同意は、個別具体的な対象そのものを経験した上で産出される同意と同じ説得力を持つものではないようだ。Heritage（2011: 168）は、上のクラシアの応答のような、一般的な経験にもとづく評価のことを「相等評価（parallel assessment）」と呼び、相等評価は、ややもすると表面的なものとして受け止められるリスクがあることを指摘している。上の事例でも、クラシアの共感は、ダイアンから退けられているように見える。ダイアンは、クラシアの03行目の応答の後、ジェフのアスパラ

ガス・パイにカニが入っていたこと、チーズが入っていたことなどを詳細に説明している。これは、ジェフのアスパラガス・パイと、クラシアが食べたことがあるアスパラガス・パイとを差別化し、クラシアが持つ一般的な経験が、同意の土台として不十分なものであるとして退けているものと理解することができるだろう。

Heritage は、この他にも、直接的な経験を持たない話し手が相手の経験に共感するための手段として「仮定法的評価（subjunctive assessment）」と呼べるものがあると論じている。これは、例えば会話相手が、自分が食べたことがないアスパラガス・パイを描写し、それを「おいしかった」と評価したときに、「それはおいしそうね」など、自分が同じ対象を経験したとしたら持つであろう評価を述べる、というものである。経験の区分ということで考えるならば、仮定法的評価は、実経験を欠く話し手が会話相手の描写に依存して、仮想にもとづいて産出するものであり、共感の根拠として強いとは言えないと考えられる。

このように、何かについて「知っている」、あるいは「経験がある」といっても、その「知り方」、「経験の仕方」は様々な形で区別され、ランクづけされている。直接的に、具体的に経験したことに対しては、会話参加者は優先的に評価したり語ったりする資格を得る。それができない場合には、間接的な、一般的な、あるいは想像上の経験にもとづいて評価をすることになるが、そのような評価は優先性が低い、弱いものとして扱われる。評価発話は、対象に対する評価を表すだけではなく、その対象に対して話し手がどのような経験や知識を持つのかを主張するように組み立てられている。

2.2. 知識の区分：認識的独立性・権威・優位性

前節では、話し手が評価対象に対して独立アクセスを持っているかどうか、持っているとしたらどのような経験によって得られたものなのか、評価発話の組み立てによって指標されていると述べた。Heritage は、評価発話の組み立てをさらに詳しく分析し、会話参加者たちが、様々な文法的資源を用いて相対的な知識の程度、経験の質の様々な側面を取り上げ、それをめぐっ

て交渉、ときには競合していることを示している[4]。

　Heritage（2002）によると、評価発話とそれに続く応答では、次のような仕組みで、相対的な知識量や経験の質が必然的に問題となる。まず、1つ目の評価発話（第一評価）を産出するという行為自体が、話し手が受け手よりも評価の対象をよく知っている、あるいは優先的に評価する権利を持つという主張として理解される。それに対し、後続する第二評価は、相手に遅れて後から評価をしているという、その発話順番ゆえに、1つ目の評価発話に依存し、それによって引き出された消極的なものとして受け取られるリスクがある。このように評価発話には、それが相手よりも先に産出されたものであれ、相手に続いて産出されたものであれ、相対的な知識量や対象を評価する権利といった認識性の問題がつきまとい、話し手たちはそのことに対処せざるを得ないというのである。

　第一評価の話し手が「自分の方が相手よりも対象をよく知っている」という主張をしないためには、なんらかの手段が講じられなければならない。例えば「〜そう」、「〜みたい」など、証拠性を弱める標識や付加疑問形式がそのためのリソースとして用いられる（Heritage and Raymond 2005, Raymond and Heritage 2006）。

　また、第二評価で様々な認識的主張を行なうための文法資源もある（Heritage and Raymond 2005, Raymond and Heritage 2006, Schegloff 1996, Stivers 2005 など）。そのひとつとして感嘆詞 oh が挙げられる。感嘆詞 oh は、（その後に続く）第二評価が、第一評価に依存せずに、話し手自身が独自に導き出したものだということ、すなわち「認識的独立性（epistemic independence）」を主張する働きをする（Heritage 2002）。事例（3）は、Heritage（2002）による例である。エイブとベンはバーミーズという種類の猫について話している。事例に先立って、エイブはバーミーズを飼い始めたと報告している（02–03 行目）。

（3）［Heritage 2002: 207］[5]
01　エイブ： =D'yihknow what that breed[is?

```
                    (その種類(の猫)のこと知ってる？)
02  ベン：                          [Oh yes indee:d uh we had a
                                   (ああうん、そういえば、うちの
03          neighbor thet had a couple a' Burmese.
            近所にバーミーズを何匹か飼っている人がいたよ。)
04          (.)
05  ベン：   They're ni:ce.
            (いい猫だよね。)
06→エイブ：Oh:: it's a great cat. It's the- only cat I ever saw thet
            (Oh 素晴らしい猫だよ。犬を追いかける猫なんて
07          chased do:gs.
            他に見たことないよ。)
```

　このやりとりの中で、ベンは、バーミーズを飼っているエイブよりも先にバーミーズについての評価発話を産出しており（05行目）、そうすることで、自分はこの猫を飼っていないにもかかわらず、エイブに対してこの猫を評価する権利を主張してしまっている。06行目のエイブの応答は、ただベンに同意するのではなく、このベンの主張を退けるように組み立てられている。発話冒頭の oh は、基本的に「状態の変化」を表すもので（Heritage 1984b）、先行する発話によって新しい情報がもたらされた際などに産出されることが多いが、これが同意発話の冒頭に現れる場合には、認識的独立性を主張する働きをする（詳しくは Heritage 2002 を参照されたい）。さらにこのコンテクストにおいては、エイブがベンよりもバーミーズについてよく知っているということ、（すなわち）「認識的権威（epistemic authority）」を持っていることを主張する働きをしている。たしかにエイブは、06 – 07行目で自身が飼っているバーミーズの具体的なエピソードを語っており、そうすることで自分がバーミーズについて持っている知識がベンのそれとは一線を画すものであることを主張しているように見える。

　経験や知識に関わる主張をするための文法的資源は、もちろん、日本語にも、その他の言語にもある（Asmuß 2011, Hakulinen and Sorjonen 2011, Hayano 2011, 2013, Heinneman, Lindström, and Steensig 2011, Keevallik 2011,

Mondada 2011, Sorjonen 2001 他)[6]。日本語で相手よりも自分の方がよく知っているということを主張する文法資源の代表的なものとして、終助詞「よ」がある (Hayano 2011, 2013, 神尾 1990, 金井 2004, Morita 2002)。Hayano (2011, 2013) によると、評価発話において、終助詞「よ」は、認識的アクセスが共有されていることを主張する「ね」や「よね」とは対照的に、「認識的優位性 (epistemic primacy)」を主張するマーカーとして使用される[7]。

　事例 (4) を見てみよう。これはヒロとタロウの電話会話からの抜粋で、二人はボストンについて話している。ヒロは最近ボストンに住み始めたのに対し、タロウはボストンには行ったことがなく、ボストンに行ったことがある知人から話を聞いたに過ぎない。この経験の差が、二人の発話の組み立てによって指標されている。

（4）［CallFriend, JPN 4573］

```
01  ヒロ：  まじゃあ, (0.4) ここにしようかつって.
02  タロウ： ああそう.
03  ヒロ：  はい.
04  タロウ： ん::?, .hh なんか俺の友達でね:, やっぱあの::
05         最近ボストンに(行ってた) 人がいたんだけど:,
06  ヒロ：  はい.=
07  タロウ： =.hh やっぱすご:- いい町だって言ってたね,
08→ ヒロ：  す[んごい          ]いいですよ.=
09  タロウ：   [egh((咳払い))]
10  タロウ： =町がこう- ちょっと- (0.2) >なんての<
11         れんが造りの家がおおくて:?,
12         (.)
13  ヒロ：  んん,
14  タロウ： んで:: まあ-歴史も感じるしさ:,
15         (0.4)
16  タロウ： .hh
17  ヒロ：  アメリカで一番古い町じゃないですかここ,
18  タロウ： ああそう
19  ヒロ：  んん
```

20　タロウ：ふんん：

　ヒロがボストンに住むことになった経緯を聞き終わったタロウは、07行目で、ボストンに行ったことがある知人が、ボストンを「いい町だ」と評価していたと報告している。このとき、一度は「すごい」という強意表現を産出し始めているが、それを途中で止め、飲み込むようにしている。それに対してヒロは、ただ「そうですね、いい町ですね」と同意するのではなく、発話の組み立て全体を通して認識的優位性を主張していると分析することができる。まず、終助詞「よ」が認識的優位性を主張している。それに加えて、強意表現「すごい」の使用も認識的優位性の主張と無関係ではない。「すごい」を飲み込むようにして発話を中断したタロウに対し、ヒロは、「すんごいいいですよ」、と、「すごい」に強勢を置いて発声している。この環境において、強意表現は、自分が相手よりも強い立場にコミットするだけの準備があること、それだけの認識的な土台を持つことを示唆するものと考えられる。実際、第二評価において話し手が「よ」を使用して認識的優位性を主張する際には、強意表現を伴うことが多いということが報告されている（Hayano 2011, 2013）。

　このヒロの応答の後、タロウは続けて知人から聞いたボストンの様子について述べるが（10–11、14行目）、その描写に対してヒロは、「ボストンはアメリカで一番古い町である」という情報を持ち出している（17行目）。タロウの描写はボストンに行ったことがある人であれば誰でもすることができるものである。それに対し、ボストンはアメリカで一番古い町である、ということは、たまたまボストンに行っただけでは得られないかもしれない情報だと言えるだろう。もちろん、これはボストン住民に限らず広く共有されている情報であるが、それでも、ボストンに所縁のある人間であれば知っていることが期待される類の情報であり、その意味において、ボストンに所縁のある人間（例えば住民）と、そうでない人間（例えば訪れたことすらない人間）を区別する可能性を持つ情報だと言える。案の定、タロウはこのことを知らないということを18行目で認めており、それにより二人の認識的立場が非対

称的であることがはっきりしている。このようにして一連のやりとりを分析すると、08行目におけるヒロの「よ」と強意表現の使用は、認識的優位性を主張し確立しようとするヒロの取り組みの中の一手として見ることができるのである。

このように、英語にも日本語にも、そしてその他の言語にも、誰が認識的独立性を持つのか、誰が認識的権威を持つのか、誰が認識的優位性を持つのか、など、経験や知識に関わる様々な主張をするための文法資源がある。上で挙げた以外にも、相互行為の中で観察される現象を分析するのに、「認識的優先性 (epistemic priority)」(Heritage and Raymond 2005)、「認識的権利 (epistemic right)」(Stivers 2005)、「認識的距離 (epistemic distance)」(Kushida 2015)、「認識的責任 (epistemic responsibility)」(Stivers, Mondada, and Steensig 2011) など、様々な概念が用いられている。実は、その一つひとつが厳密に定義、区別されているわけではない。しかしながら、分析者たちがこれだけ様々な言葉を動員したくなるほどに、会話参加者たちは様々な形でたがいの経験や知識を差別化し、自分のテリトリーを管理しているのである。

3. 経験・知識の主張と交渉

1節で触れたように、同意と不同意とでは同意の方が優先的に産出される (Pomerantz 1984a)。これは、同意と不同意が、異なった形で産出されているという観察から導き出された分析である。同意は、第一評価の後、遅れることなく産出されるのに対し、不同意は、沈黙や言い淀み、挿入連鎖（の第1成分）など、様々な手段によって遅延される。同意はストレートに、明示的に組み立てられるのに対し、不同意は間接的に伝えられる。このようなパターンにしたがって同意、不同意をそれぞれ産出することによって、同意が優先的に産出され、不同意が回避されるということが可能になるのである (Heritage 1984a, Sacks 1987, Schegloff 2007)。

さらに、同意の優先性は、発話連鎖の展開の仕方にも顕在化する。同意が産出された場合には発話連鎖はそのまま収束して次の連鎖が開始される傾向

があるのに対し、不同意が産出された場合には、連鎖が拡張するのである（Pomerantz 1984a, Schegloff 2007）。例として事例（5）を見てみよう。マサとケンの山梨産のワインに関する評価発話連鎖は、ケンがマサに不同意を示した後で拡張している。

（5）［DWT］
```
01   マサ：なんか日本のあ[じがする[ね?,
02   ケン：            [.shh   [いや日本の味=
03      =しないよ, f-なんか d-[ど-（    ）
04   マサ：                [なんかさ,
05   ユキ：ん[ん
06→ マサ：   [やっぱりほ- 外国のと違う
```

　それぞれワインを一口ずつ飲んだ後、マサは「なんか日本の味がする」と述べるが（01行目）、それに対してケンは「いや日本の味しないよ」と、真っ向から反対している（02–03行目）[8]。するとマサは、04、06行目で、「なんかさ,やっぱりほ-外国のと違う」と、言葉を変えながらも、01行目で述べた自分の見解を再度主張している。このように、第一評価に対して不同意が産出された場合、第一評価の話者が自分の見解をもう一度述べ、連鎖が拡張するということがしばしば起きる。そうすることで、二人の間に生じた齟齬を解消するための機会が用意されるのだ。
　ところが、事例（6）では、カズコの第一評価（01行目）はヨウコから同意を得ている（02、04行目）にもかかわらず、事例（5）と似た形で連鎖が拡張している。このことは、どのように説明できるだろうか。カズコとヨウコは、カズコの家の居間にならんで座り、お茶を飲みながらベランダに咲く花を眺めている。花を目の前にして話しているのだから、両者がこの花に対して独立アクセスを持つということになる。そのような状況で、カズコは、この花を指して「これがまたかわいい」と、うっとりしたような口調で評価し、それに重なるようにしてヨウコも「かわいいよね、合うもん。ちょうどね」と同意している（「合うもん。ちょうどね」というのは、おそらくベランダにある

他の植物と調和しているということを指している）（02、04 行目）。

（6）［Inlaws］

```
01   カズ：°これがまたかわい[い:_°
02   ヨウ：            [かわいいよね.[合うもん.=
03   カズ：                    [んん,
04   ヨウ：=ちょうど[ね:,
05→  カズ：       [あさがか[わいいのよ,
06   ヨウ：            [ん::
07        (0.5)
08→  カズ：ほんとにもう,
09        (0.7)
10→  カズ：>あの< (.) <朝は>もう目が覚める
11        ほどかわいい.
12   ヨウ：ああそう,=
13   カズ：=んん!
```

　カズコの評価発話（01 行目）に対して、ヨウコは、自分も評価発話を産出することで独立アクセスを主張しながら同意している（02、04 行目）。その際、終助詞「よね」を用いることで、自分がカズコと同等の認識的アクセスを持つという主張も同時に行なっている（Hayano 2011）。二人は花の評価について同意し合っているわけだから、連鎖はここで収束しても良いはずである。にもかかわらず連鎖が拡張しているのは、評価そのものについてではなく、認識性というレベルで二人の間に齟齬が生じているためだと考えられる。

　「これがまた～だ」という言い方は、必ずしも眼前にある対象に対して、今、その場でくだした評価を表すのではなく、むしろ、眼前にはないものに対する感慨を相手に対して描写し、その感慨が際立っていることを表しているようにも聞こえる。そうであるとすれば、カズコの 01 行目の評価発話は、共に花を鑑賞しているヨウコからの同意を引き出すためのものではなく、むしろ、ヨウコにはアクセスのないものを対象とした「報告」として産出さ

れているのかもしれない。しかしながらヨウコは、そのような可能性には志向せず、カズコの評価を、自分も今目にしている対象に関するものとして受け止め、自分もこれを「かわいい」と評価することで応答している（02、04行目）。ここで、二人の認識的主張の間に齟齬、「認識的不調和（epistemic incongruence)」(Hayano 2011)が生じているのである。

この連鎖の05行目以降の拡張は、この齟齬を解消するためにカズコによって開始されたものとして分析することができる。05行目でカズコは、「朝がかわいいのよ」と、自分がしている評価の対象が、眼前にある花ではなく、同じ花でもその朝の様子であること、つまり、ヨウコにとってはアクセスのないものであることを明示的に述べている。さらに、ここで終助詞「よ」を用いることで、自分とヨウコがこの花に対して持つアクセスが等価ではないことを主張している。さらに、08、11行目で「ほんとにもう」、「朝は目が覚めるほどかわいい」、と加え、この花の「朝のかわいらしさ」が、今、ヨウコが目の前にしているかわいらしさとは別格だということをことさら強調している。それを受け、ヨウコは12行目で「ああそう」と感心した口調で応じている。この応答は、カズコの発話を情報価値のあるものとして受け止める形をとっており、そうすることでカズコの認識的優位性を認めていることになる。このようにして、カズコの主張が受け入れられ、認識的不調和が解消されているのである。

このようにして見ると、評価発話連鎖において、会話参加者たちは、同意を達成しようとするだけではなく、誰が、何を、どのように、誰よりも知っているのか、という問題についての合意（「認識的調和（epistemic congruence)」)(Hayano 2011, 2013)をも形成しようとしていることがわかる。認識性に関わる主張を相手がすぐに受け入れてくれるのであれば、認識性が問題として相互行為の表面に浮上することはないかもしれない。しかしながら、主張が相手に受け入れられなかった場合には、それは解消するべき齟齬として取り扱われ、そのために、連鎖は非優先的な応答（不同意）を得たときと同じように拡張する。言い換えるならば、相手の認識的主張を受け入れる応答は、それを退ける応答よりも優先的な応答として取り扱われるのである。

認識性のレベルで生じる不調和は、評価そのもののレベルで生じる不調和（つまり不同意）と比較するならば、それほど深刻なものではないのかもしれない。ヨウコの02、04行目の応答は、カズコとの間に認識的不調和を生じさせるものであるが、だからと言ってカズコに対する同意であることに変わりはない。実際、この発話は、遅延されることも婉曲的に組み立てられることもなく、あくまで「同意」として産出されているのである。Stephen Levinson が述べているように、認識性は、確かに「そこ」にあり、発話の組み立て、連鎖の展開を左右しているが、多くの場合は相互行為の「水面下」で管理される「二次的仕事（second-order business）」（Levinson 2013: 123）であると考えるのが妥当なのかもしれない。

　ここまでは、評価発話において経験、知識のテリトリーに関わる会話参加者たちの志向性がどのように発話の組み立てと連鎖の展開に具現しているか、それが同意、共感の達成に対する志向性とどのように関わっているかを論じてきた。しかしながら、認識性は他の形でも会話の組織を支えている。

4.　行為の組み立てと認識性

　前節まで、評価発話は、話し手の認識的態度を示す形で組み立てられているということを示してきた。その際、発話が評価発話として理解可能だということは前提として議論を進めた。しかし、ある発話が評価発話として（あるいは質問として、あるいは報告として）理解されるためには、その発話は、評価発話として理解されるように組み立てられていなければならない[9]。Heritage（2012a）は、認識性は、発話がどのような行為を達成しようとしているのか、その理解を支える働きをすると論じている。

　このことが如実に分かるのは、英語における、いわゆる平叙疑問文の形をとる発話である。例えば、"Lila is turning three tomorrow.（ライラは明日3歳になる）" という発話は、平叙文の形をとっており、報告として理解される場合が多いだろう。しかし、この発話が他人からライラの母親に向けられた

ものであるならば、文法的に質問として組み立てられていなくても質問として理解され、応答として肯定または否定を引き出すだろう。このような現象を説明するのに、Labov and Fanshel（1977）は、「A-event」と「B-event」という区別を導入した。A-event は、話し手 A には既知であるが受け手 B には未知の事柄、B-event は、話し手 A には未知であるが受け手 B には既知の事柄を指す（上の例では、「ライラが明日 3 歳になる」というのは、話し手である他人（A）にとっては未知（あるいは不確か）な情報で、受け手であるライラの母親（B）にとっては知っていて当然の、既知のことだと考えられる）。B-event に関する叙述は、それが疑問文の形式を取っていなくても、相手からの答えを引き出す質問として理解される。

　Pomerantz は、これと似た指摘を「1 型情報」（Type 1 knowables）」と「2 型情報（Type 2 knowables）」という概念を用いて行なっている（Pomerantz 1980）。前者は話し手が直接経験したことにもとづいて知っている権利と義務を持つ事柄を、後者は間接的、あるいは偶発的な経験によりたまたま知ることになった事柄を指す。そして、自分にとっての 2 型情報であり、相手にとっての 1 型情報となるような事柄に言及することは、相手側からの説明を「釣る」ための道具として使用される。例えば、「さっき電話したけど話し中だったね」と、自分にとっての 2 型情報に言及すると、疑問文の形式を用いていないにもかかわらず、その受け手は、「ああ、義母から電話がかかってきてね」など、どういうわけで話し中だったのか、情報を提供することになるのである。

　Heritage は、このような発話理解の仕組みを説明するためには、「認識的地位（epistemic status）」と「認識的スタンス（epistemic stance）」という 2 つの概念の区別が必要だと主張している。認識的地位は、特定の経験や知識の領域に対する相対的なアクセスにもとづく会話参加者たちの地位のことであり、会話参加者たちの間で共有され、ある程度の安定性を持つものである。それに対して認識的スタンスは、発話の形式を通して、会話の中でその都度表される態度のことを指す。例えば "Lilla is turning three tomorrow." という発話が他人からライラの母親に向かって発される場合、母親の方が他人より

も優位な認識的地位にあるものと考えるのが普通である。が、認識的スタンスという点では、報告、断言など、認識的に優位な立場にある話者が行なうはずの行為と結びついた平叙文形式が用いられている。このように認識的地位と認識的スタンスの間に齟齬が生じた場合、認識的地位の方が発話理解の土台となり、認識的スタンス（叙述形式の使用）の方は、同じ質問であっても、質問者がどの程度の確信を持っているのかを表す働きをするのである。上の例のように平叙文が用いられている場合、"Is Lilla turning three tomorrow?"という疑問文の形式をとった場合と比較して、より高い確信を持ってこの質問が問われていることが表される。

　相手が産出した発話がどのような行為を行なうのか、という発話理解の問題は、相互行為において、参加者が絶えず取り組まなければならない問題である。認識性が行為の組み立てのための1つのリソースであるのならば、認識的テリトリーは、会話の組織を支える要素の1つとして、参加者たちが絶えず参照しなければならないことだということになる[10]。

5. 認識性と応答の確保

　会話参加者たちが、絶えず相対的な認識的テリトリーに志向していなければならない理由はもう1つある。誰が何を知っているのかという問題が、発話が特定の受け手に合わせて組み立て、その相手から応答を引き出すという、会話を遂行する上で基本的な課題の1つと関わりあっているという理由である。

　一般的に、話し手は、一つひとつの発話を、それを向ける特定の聞き手に合わせてデザインしなければならない（Sacks, Schegloff, and Jefferson 1974, Sacks 1992）。この「受け手に向けたデザイン（recipient design）」の原則は様々な形で具現するが、その1つが、「相手が何を知っているのかに合わせて発話を組み立てよ」、というルールである。例えば、何か、ニュース性があり得るような出来事が起きた際、そのことについてすでに知っている相手に対して、それを「ニュース」として語ることはできない（Sacks 1974:

139, Goodwin 1981, Terasaki 2004)。さらに、発話を産出し始めた後であっても、その瞬間に発話を向けている相手が何を知っているのか（いないのか）に合わせて、発話のデザインを変容させていくということも観察されている（Goodwin 1979）。

　このように、発話は、受け手の知識のあり方に関する話し手の理解を表すように組み立てられている。逆に言うならば、現在の話し手以外の会話参加者は、発話がどのように組み立てられているか、どの情報が、受け手も知っているものとして、あるいは知らないものとして提示されているかに注意を向けることにより、発話が誰に宛てられたものなのか、誰の応答が期待されているのかを知る手がかりを得ることができるのである。

　相手からの応答を引き出すことと認識性の関わりについて、さらなる議論を展開させているのが Stivers and Rossano（2010）である。会話分析において、発話が隣接対の第 1 成分として組み立てられ、それが特定の受け手に向けて宛てられた場合、その受け手には、次の順番で第 2 成分（応答）を産出する義務が発生する（Schegloff 1968, Schegloff and Sacks 1973）（隣接対について、詳しくは第 2 章を参照されたい）。従来、そのような状況（すなわち第 1 成分が特定の受け手に宛てられている状況）では、第 1 成分がどのようなものであれ、応答が期待され、第 1 成分を宛てられた受け手が応答を産出しない場合には、違反行為として取り扱われるものと考えられてきた[11]。

　それに対して Stivers and Rossano（2010）は、第 1 成分がどのように組み立てられているかにより、応答を要請する力には程度の差が生じると主張している。そして、その差を生む 1 つの要因が、認識性であると論じているのである。(7) は、彼らによる事例である。キムとマークは夕食を食べている。そのうちの一皿はキムが作ったサラダで、キムはそのサラダにレーズンを入れたことを報告する（01 行目）。この発話に対するマークからの応答が産出されなかったとき（02 行目）、キムは、「あなたこれ好き？（"D'you like that?"）」と質問し、マークからの応答を「追求」している（03 行目）（Pomerantz 1984b）。この追求により、マークからの応答が得られる（04 行目）。

（7）［Stivers and Rossano 2010: 21］
01 →キム：　［I put raisins in thuh salad.
　　　　　　　（サラダにレーズンを入れてみたの。）
02　　　　　　（.）
03 →キム：　D'you like that? ((マークに目線を向ける))
　　　　　　　（あなたこれ好き？）
04　マーク：Mm hm?,
　　　　　　　（うん。）

　キムの 01 行目の発話がマークからの応答を得なかったのに対して、03 行目の発話は応答を得ている。Stivers and Rossano (2010) は、この違いは、それぞれの発話が応答を引き出すための特性をどれだけ備え持っているかによって生じていると論じている。応答を引き出すための特性としては、発話を叙述ではなく質問として組み立てること、受け手に視線を送ること、上昇イントネーションの使用、が挙げられる。キムの 01 行目の発話はこれらの特徴を持たないのに対し、03 行目の方はすべて含んでいるのである。もう1 つ、応答を引き出すことに貢献している要因が、誰の認識的テリトリーに言及する発話として組み立てられているか、ということにある。01 行目のキムの発話は自分が何をしたかに言及しているのに対し、03 行目の方は、相手(マーク)がこのサラダを好きかどうか、という、マークのテリトリーに属する事柄に言及している。このように、「受け手に傾いた認識的アシメトリー」(Stivers and Rossano 2010: 9) に言及する形で発話を組み立てるということも、相手からの応答を引き出すためのリソースとして働く。
　Heritage が「認識的原動力 (epistemic engine)」という表現で示そうとしているのも、Stivers and Rossano (2010) の主張と同様に、応答確保のためのシステムだと言えるだろう (Heritage 2012b)。Heritage は、話し手と聞き手の間に「情報のギャップ」があるとき、そのギャップは、やりとりを動かす力を生むシーソーとして働き、相手からの応答を引き出し、発話連鎖を展開させていくと論じている。逆に、会話参加者たちの間で情報が共有されており、両者の間に情報のギャップがないのであれば、動力が足りず、やりとり

が停滞してしまうというのである。この理論は、（事例（7）のように）情報を持たない側の話し手によって連鎖が開始されるケースだけではなく、情報を持つ参加者が、持たない参加者に対して発話を向けて連鎖が開始されるケースも説明するものである。

　この節で取り上げた先行研究は、認識的テリトリーそのものが問題となって指標されたり交渉されたりしているというケースに着目したものではない。そうではなく、相互行為上の基本的な課題（すなわち相手からの応答を確保しやりとりを前に進めるという課題）を達成するための手段として認識性が働いているということを示すものである。前節で見た発話理解という課題同様、応答を確保するということは、参加者たちが絶えず直面する課題であり、したがって、認識性が会話において常に問題となり得るということが分かる。

6. 認識的主張とその「正当化」： ハンド・マッサージ場面からの事例の分析

　2節、3節では、評価発話が産出されるとき、同時に経験や経験に関わる主張がなされているということ、そして、誰がどの程度の経験、知識を持つかについて、会話参加者たちの間で合意を形成することが志向されているということが確認できた。本節では、評価発話連鎖という環境に焦点を戻し、誰が、何を拠り所として認識的主張をしているのか、そして認識的主張をすることによって相互行為上どのようなことが達成されているのか、ひとつの事例を見ながら検討したい。

　認識的主張がなされる時、その主張は、合理的な、正当なものとして見ることができる場合が多い。例えば事例（3）では、エイブは、話題となっている猫を実際に飼っており、やりとりの中でも、そのことが引き合いに出されていた。事例（4）では、ヒロはボストンに住んでいるが、タロウはボストンを訪れたこともない、という明確な経験の差があった。このような場合には、認識的権威、あるいは認識的優位性の主張は、話し手の立場やアイデン

ティティと結びついた、正当で、受け手から受け入れられやすい主張として見ることができるだろう。

　しかしながら、アイデンティティと結びついた認識的主張であれば、問題なく相手に受け入れられるとも限らない。ある状況で、ある対象をめぐって問題となり得るアイデンティティは複数あり得るからである。例えば、「子ども」という話題について話すとき、多くの場合は「親」が「他人」に対して認識的権威を主張することが妥当だと想像できる。しかしながら、（子どもの）「主治医」が「患者（の親）」に対して認識的権威を主張する状況もあり得るし、他人が親に対して認識的権威を主張する状況もあり得るだろう（Heritage and Raymond 2005, Raymond and Heritage 2006, Sacks 1972）。相互行為において、どの瞬間にどのアイデンティティが問題となり、認識的主張の根拠として参照されるかは、参加者たちのふるまいによってその場で交渉され決定されることなのである。

　さらに、日常的なやりとりにおいては、はっきりとした社会的アイデンティティと結びついていない対象について認識的主張がなされることも多くある。例えば、会話参加者のうち、どちらの方が映画通か、どちらが共通の友人のことをよりよく分かっているか、など、特定の職業や血縁関係などと結びついていない話題が問題になるとき、誰が認識的権威を持っているかは、やりとりの中でどれだけの知識や造詣を提示することができるかによって、そしてそのようなやりとりの積み重ねによって、確立されていくだろう[12]。だからこそ、認識的主張の多くは、その主張を合理的な、正当な主張として提示する努力を伴うのである。

　そのような相互行為プロセスを観察するために、事例(8)を検討したい。このやりとりの中で話題となっているのは、参加者の「手の凝り」である[13]。マッサージをする手の感覚から相手の手が凝っていると判断することは、誰にでもできることではない。「凝り」を「凝り」として認識するためには、それなりの経験や能力が必要であり、ただ触覚的アクセスを得れば良いというものではない。また、「凝り」というのは、他者が触覚によって感知できるものでもあり得るが、同時に、当事者が苦痛として経験するもので

もある。マッサージの最中に、しばしば「凝ってますねえ」、「そうなんですよ」、といったやりとりが起きるが、これは、マッサージをしている人と、マッサージを受けている人が、それぞれに異なるアクセス（前者はマッサージする手によって得られる触覚的アクセス、後者は身体的経験）にもとづいて得た評価（この場合では「凝っている」）を述べ合い、それが一致するかどうかをみるやりとりだと言うことができる。このとき、マッサージする人の触覚的アクセスと、マッサージされる人の身体的経験は、対等には扱われないことが多いだろう。多くの場合、マッサージされる人の方が、終助詞「よ」を用いて認識的優先性を主張することは問題視されないはずである。それに対して、マッサージしている人の方が「こってますよ」と言うことが許されるのは、例えばその人がプロのマッサージ師である場合などに限られているのではないだろうか。ところが、事例（8）では、一般の学生が、相手の手が凝っていると断定し、さらにはその判断を述べるのに「よ」を用いているのである。この「よ」の使用、そしてそれによってなされる認識的主張は、どのようにして正当化され得るのだろうか。そして、そのような主張をすることによって、相互行為に何がもたらされているのだろうか。

　この事例は、東日本大震災に続く原発事故による被害に遭い、福島県内の仮設住宅で避難生活を送っている避難者と、「足湯ボランティア」をしている学生とのやりとりからの抜粋である。足湯ボランティアとは、避難者がたらいに張ったお湯に足を浸け、その間にボランティアがハンドマッサージを提供する、というものである（西阪ほか 2013）。多くのボランティアは県内外からやってくる一般の学生で、避難者とはその場で初めて会い、会話をすることになる。この事例で、ボランティアは、避難者の左手をマッサージし、続けて右手をマッサージし始めてしばらく経ったところで、「こっちの方がこってますね」と言っている（02行目）。それに対して避難者の方は、「あ あきもちい（でも）」と言い、ボランティアの発話に直接応答しておらず（04行目）、そうすることで不同意を表している（Pomerantz 1984a, Sacks 1987）。にもかかわらず、ボランティアは、避難者の右手が左手よりも凝っていると再度言い切り（15行目）、さらには、終助詞「よ」を使用して認識的優位性

を主張しているのである（事例（8）後半、46行目）。

（8）Fuku6-#2　（前半）[14]
01　　　　　(8.0)
02　ボラ：　°k'こ‐ (.)　こっちの方が<u>こ</u>ってますね:,
03　　　　　(.)
04　避難者：あ:_ ↑きもちい(でも).
05　　　　　(0.4)
06　避難者：ほんと
07　ボラ：　(h)
08　　　　　(1.2)
09　ボラ：　>あ み‐< (.)　あ右利き<u>で</u>すか.
　　　　　　　[((避難者、小さく頷きながら))
10　避難者：え?[み<u>ぎ</u>↓:]
11　ボラ：　　　[み<u>ぎ</u>　]利きで‐
12　ボラ：　[ああだからですか<u>ね</u>:,=>なんか<　み<u>ぎ</u>の方が.
13　避難者：[(んん)
14　　　　　(0.3)
15　ボラ：　<u>こ</u>ってます.

　まず、02行目のボランティアの発話の組み立てに注目したい。ここでボランティアは、ただ「凝っている」と言うのではなく、現在マッサージしている右手の方が、先ほどまでマッサージしていた左手よりも凝っている、と述べている。ただ「凝っている」と指摘するのであれば、それは、マッサージしている部位が多少なりとも凝っていれば受け入れてもらえるであろう、いわば安全な指摘である。そして、それだけに、あまりあてにならない、誰にでも出来る指摘だと言えるかもしれない。それに比べ、右の方が左よりも凝っているという指摘は、より限定的であり、否定されるリスクも高い分、受け入れられた場合には、それ自体がマッサージする者の腕を証明する働きをするだろう。
　ところが、避難者は、この指摘を受け入れていない（04行目）。そこでボランティアは、自分の指摘の根拠を示そうとしている。それが「右利きです

か」という 09 行目の質問だ。避難者が右利きであるということは、右手の方が左手よりも凝っているということの原因として解釈し得る。そして、原因の存在が確認できれば、帰結としての「右手の凝り」の存在を打ち立てる、という論法を使うことができてしまう。案の定、避難者が右利きだということが確認されると（10 行目で、避難者は一旦「え？」と聞き返すが、続けて頷きながらすぐに「みぎ」と答えている）、ボランティアは、右手の凝りを避難者が右利きであることの帰結として扱い、自分の観察の正当性を主張している（12、15 行目）。また、この発話は「なんかみぎの方が凝ってます」と、報告として組み立てられている。そうすることで、右手の方が左手よりも凝っている、という観察を、避難者本人によって肯定あるいは否定されるべき仮説としてではなく、避難者が自覚しているかいないかにかかわらず自分が確かに知覚したこととして報告しているのである。

　しかしながら、避難者は、ボランティアによるこの発話（「ああだからですかね、なんかみぎの方が凝ってます」）も受け入れてはいない。続くやりとりを見てみよう。

（8）Fuku6-#2　（後半）
```
                   [[((避難者、左腕を動かす))
16  避難者：こっちは[[カバーしてんだな:,
17  ボラ：　 h H H H H .HH
18        (2.5)
19  避難者：ひだり肩があ(れ)
20        (0.2)
21  ボラ：　 左肩悪いんです↑か?
22        (0.3)
23  避難者：あ:そ:(h) h ch そこ(h)↓: .nhhhh 板の間じゃないですか< h
24        (1.0)
25  ボラ：　 いたぬま
26        (0.5)
27  避難者：あ:ついもんだから:,
28  ボラ：　 あ:::
```

```
29  避難者：こっちの- (0.2) こうやって-
            [[((ボランティア、左肩に触れながら左側に少し体を傾ける))
30          [[横んなった[りして)]
31  ボラ：              [あ：：]::[↓:
32  避難者：                      [ここがやっぱり-
33          (0.2) ((ボランティアうなずく))
34  避難者：°°どしても°°
35          (.)
36  ボラ：  °°ss( )°°
37  避難者：(    )°°ちゃって°°
38  ボラ：  °°°そっか°°°
39          (1.2)
40  避難者：そ:れぐらい なんにもしないってゆうことです [h
42  ボラ：                              [eHHehhe=
43          = [hhe
44  避難者：  [hehhehhe
45          (0.2)
46  ボラ：  でも .h こ:- みぎ すごくこってますよ.=これ
47          (0.3)
48  ボラ：  ここらへん
49          (1.0)
50  ボラ：  hh h h .hh
```

　16行目で避難者は、「こっち（左）はカバーしてんだな」と左手を動かしな
がら述べている。そうすることにより、（「カバーしている」からボランティ
アが感知できなくても無理はないものの）実は、右ではなく左の方に問題を
抱えていることを示唆し、ボランティアによる、「右手の方が左手の方が凝っ
ている」という観察が、「左肩の方に問題を抱えている」という自分の経験
とは一致しないということを暗に主張しているのである（現に、ボランティ
アが46行目で再び自分の知覚を主張する際には、発話を「でも」で始めて
おり、相手（避難者）からの不同意に直面しているという理解を示している）。
　避難者は続けて、左肩を痛めることになった経緯の説明として、仮設住宅
での様子を描写する（23–37行目）。40行目でこの描写が締めくくられると、

ボランティアは、凝りの問題に話を戻し、右手が凝っていると再度主張する（「でも .h こ :- みぎ すごくこってますよ .= これ」「ここらへん」46、48行目）。この発話は、凝っているという手の部位を押しながら産出されている。そうすることで、避難者の手の凝りを、自分が触覚によってはっきりと認識することができる事象として提示し、それを避難者自身も体感することを促しているのである。このとき、ボランティアが持つ触覚的なアクセスは、避難者が持つ身体的な経験とは独立したものとして、そして避難者が自覚していない「凝り」を知覚できる、より確実なものとして提示されていると言うことができるだろう。このことが、この発話における終助詞「よ」の使用を支える働きをしているものと分析することができる。

　ボランティアは、このようにして、自分の主張（避難者の右手の方が左手よりも凝っているという主張、そして本人よりも自分の方が認識的に優位な立場にあるという主張）を正当なものとして提示しようとしているのである。では、そこまでしてなぜ、自分の見解、認識的立場を主張しようとしているのだろうか。それは、彼女が「マッサージが上手な人」としてふるまう資格を獲得できるかどうかが、この会話において重要であるからではないだろうか。前述した通り、このやりとりは「足湯ボランティア活動」として、赤の他人同士が向かい合って会話をするという、不自然とも言える環境で起きたものである。そのような状況で会話をすることは、必ずしも簡単なことではなく、会話が途切れ、気まずい空気が流れることもある。現に上のやりとりは、8秒間の沈黙（01行目）をやぶる発話（02行目）をきっかけとして展開しているのだ。そのような状況の中、ボランティアが「マッサージが上手な人」であり、上手なマッサージを避難者に提供しているという認識が共有されたならば、たとえ会話がうまく盛り上がっていなかったとしても、この出会いは有意義な、充実したものとなり得るだろう[15]。

　このようにして見ると、認識的主張は、自分の「テリトリー」を守ったり、拡大したりするという利己的とも言える目的のためだけに行なわれるわけではないことが分かる。認識的主張は、話者一人一人が「何者として会話に参加しているか」という重要な問題と結びついており、ひいては会話全体

がどのような会話として認識されるか——充実した、有意義な会話だったのか、気まずいだけの会話だったのか——にも関わっているのである。だからこそ、会話参加者たちは、認識的主張をし、その主張を正当化するための相互行為上の努力を惜しまないのだろう。

7. おわりに

　本章の冒頭で述べたように、「誰が何を知っているか」ということが会話の中で問題になり得るということは、会話分析研究において古くから指摘されてきた。しかしながら、最近の研究成果から、「誰が何を知っているか」は、以前考えられていたよりも広範にわたって会話組織を支えているということが言えそうである。発話を産出する際、そして発話を特定の受け手に宛てる際には、受け手が何を知っているか、ということを参照した上で発話をデザインすることが求められる。発話を受ける側も、同様に、発話を的確に理解し、応答するためには、自分を含めた会話参加者たちが何を知っているか、知っているべきかを参照しなければならない。また、評価発話連鎖においては、発話を相手の知識のあり方に合わせてデザインするだけではなく、自分の経験、知識を主張し、自分のテリトリーを主張するという営みにも従事しなければならない。

　さいごに、認識性に関わる研究は、会話分析において発展途中の領域だということを言い添えたい。認識性研究に対し、様々な批判の声も挙がってはいるものの、議論が十分になされているとは言えない（Lindwall, Lymer, and Ivarsson 2016）。その中で分析者は、あくまでも会話参加者たちにとって何が問題になっているのか、データに忠実に示していかなければならない（Schegloff 1991）。そうして得られた分析を積み重ねることにより、会話参加者が、経験や知識をどのように捉え、取り扱っているのかを、分析者の先入観によって歪曲することなく描き出すことが可能になるだろう。

注

1　事例（1）と（4）は TalkBank にて公開されている CallFriend コーパスから抜粋したものである。このコーパスの概要については MacWhinney (2007) を参照のこと。

2　優先組織について、詳しくは第 2 章および第 9 章を参照のこと。

3　認識的テリトリーと同様の概念は、「情報のなわ張り」（神尾 1990）、あるいは「保護区域」（Goffman 1971）とも呼ばれてきた。

4　会話分析と文法については、第 3 章に詳しい。

5　事例（3）の 6 行目に現れる英語感嘆詞 oh は、日本語感嘆詞「ああ」に相当するものと考えられることが多い。しかしながら、会話における oh と「ああ」の働きは、必ずしも同じものではない（Hayashi and Hayano, 2018）。事例の翻訳において、oh を原語のまま表記しているのはそのためである。

6　異なる言語における相互行為のための文法的資源については第 8 章で詳しく論じられている。

7　「認識的権威」という表現は、なんらかの社会的アイデンティティ（例：特定の種の猫の飼い主）と結びついた、専門的な知識を有する立場を想起させる。一方、「よ」によって指標されるのは、偶発的な事柄によってたまたま相手よりもよく対象を知っている、あるいは相手よりも先に対象を経験した、という状況など、様々な根拠にもとづく、相手との相対関係における知識の「優位性」だと特徴付けることができる。

8　この事例でケンがしているように、不同意発話を遅延させず、ストレートに述べることは、同意を優先するという規範に反しているように見える。しかしながら、このやりとりの場合は、ワインがマサからのプレゼントだったということ、「日本の味がする」というのは、ワインを評する表現としてあまり好ましくないという理解が可能だということから、ケンがマサに真っ向から反対していることが、むしろ、マサとの関係性に対する配慮として聞くことができる。

9　発話の組み立てと行為の関連については第 6 章で論じられている。

10　Lindwall ら（Lindwall, Lymer, and Ivarsson 2016）は、Heritage が取り上げたような発話を理解するためのシステムとして、「認識的地位」という概念の導入は必要ないと主張している。この問題については、今後さらなる検討、議論が期待される。

11　本書第 2 章では、Stivers and Rossano (2010) の議論の理論的な位置づけについて論じられている。

12　このことは、例えば鈴木 (2010) でも指摘されている。

13　通常「凝る」のは肩や腰などで、「手が凝っている」というのは聞きなれないように感じられるかもしれないが、このデータのように手だけを対象としたマッサージが施されている状況においては、「手の凝り」が話題になるのは自然なことだ

と考えられる。

14 この事例は、文部科学省科学研究費補助金基盤研究C（代表：西阪仰、課題番号23530627）によって収集されたデータベースからの抜粋である。

15 このような足湯ボランティア場面の特性と、それによってもたらされる相互行為上の帰結については、西阪（2013）で詳しく議論されている。

引用文献

Asmuß, B. (2011) Proposing Shared Knowledge as a Means of Pursuing Agreement. In Stivers, T., L. Mondada, and J. Steensig. (eds.) *The Morality of Knowledge in Conversation*, pp.207–234. Cambridge: Cambridge University Press.

Goffman, E. (1971) *Relations in Public: Microstudies of the Public Order*. New York: Harper and Row.

Goodwin, C. (1979) The Interactive Construction of a Sentence in Natural Conversation. In Psathas, G. (ed.) *Everyday Language: Studies in Ethnomethodology*, pp.97–121. New York: Irvington Publishers.

Goodwin, C. (1981) *Conversational Organization: Interaction between Speakers and Hearers*. New York: Academic Press.

Goodwin, C. and M. H. Goodwin. (1987) Concurrent Operations on Talk: Notes on the Interactive Organization of Assessments. *IPrA Papers in Pragmatics* 1(1): pp.1–52.

Hakulinen, A. and M. L. Sorjonen. (2011) Ways of Agreeing with Negative Stance Taking. In Stivers, T., L. Mondada, and J. Steensig. (eds.) *The Morality of Knowledge in Conversation*, pp.235–256. Cambridge: Cambridge University Press.

Hayano, K. (2011) Claiming Epistemic Primacy: *Yo*-marked Assessments in Japanese. In Stivers, T., L. Mondada, and J. Steensig. (eds.) *The Morality of Knowledge in Conversation*, pp.58–81. Cambridge: Cambridge University Press.

Hayano, K. (2013) *Territories of Knowledge in Japanese Conversation*. Unpublished Doctoral Dissertation. Radboud University Nijmegen.

Hayashi, M. and K. Hayano. (2018) *A*-prefaced Responses to Inquiry in Japanese. In Heritage, J. and M. L. Sorjonen. (eds.) *Between Turn and Sequence: Turn-initial Particles across Languages*, pp.183–216. Amsterdam: John Benjamins.

Heritage, J. (1984a) *Garfinkel and Ethnomethodology*. Cambridge: Polity Press.

Heritage, J. (1984b) A Change-of-State Token and Aspects of its Sequential Placement. In Atkinson, J. M. and J. Heritage. (eds.) *Structures of Social Action*, pp.299–345. Cambridge: Cambridge University Press.

Heritage, J. (2002) *Oh*-prefaced Responses to Assessments: A Method of Modifying Agreement/Disagreement. In Ford, C., B. Fox, and S. A. Thompson. (eds.) *The*

Language of Turn and Sequence, pp.196–224. Oxford: Oxford University Press.

Heritage, J. (2011) Territories of Knowledge, Territories of Experience: Empathic Moments in Interaction. In Stivers, T., L. Mondada, and J. Steensig. (eds.) *The Morality of Knowledge in Conversation*, pp.156–183. Cambridge: Cambridge University Press.

Heritage, J. (2012a) Epistemics in Action: Action Formation and Territories of Knowledge. *Research on Language and Social Interaction* 45(1): pp.1–29.

Heritage, J. (2012b) The Epistemic Engine: Sequence Organization and Territories of Knowledge. *Research on Language and Social Interaction* 45(1): pp.30–52.

Heritage, J. and G. Raymond. (2005) The Terms of Agreement: Indexing Epistemic Authority and Subordination in Talk-in-Interaction. *Social Psychology Quarterly* 68 (1): pp.15–38.

神尾昭雄 (1990)『情報のなわ張り理論：言語の機能的分析』大修館書店

金井薫 (2004)「会話における認識的権威の交渉：終助詞よ、ね、驚き表示の分析を通して」『語用論研究』6: pp.17–28. 日本語用論学会

Keevallik, L. (2011) The Terms of not Knowing. In Stivers, T., L. Mondada, and J. Steensig. (eds.) *The Morality of Knowledge in Conversation*, pp.184–206. Cambridge: Cambridge University Press.

Kushida, S. (2015) Using Names for Referring without Claiming Shared Knowledge: Name-quoting Descriptors in Japanese. *Research on Language and Social Interaction* 48 (2): pp.230–251.

Labov, W. and D. Fanshel. (1977) *Therapeutic Discourse: Psychotherapy as Conversation*. New York: Academic Press.

Levinson, S. C. (2013) Action Formation and Ascription. In Sidnell, J. and T. Stivers. (eds.) *The Handbook of Conversation Analysis*, pp.103–130. Malden: Wiley-Blackwell.

Lindwall, O., G. Lymer, and J. Ivarsson. (2016) Epistemic Status and the Recognizability of Social Actions. *Discourse Studies* 18(5): pp.500–525.

MacWhinney, B. (2007) The TalkBank Project. In Beal, J. C., K. P. Corrigan, and H. L. Moisl. (eds.) *Creating and Digitizing Language Corpora, Volume 1, Synchronic Databases*, pp.163–180. Houndmills: Palgrave-Macmillan.

Mondada, L. (2011) The Management of Knowledge Discrepancies and of Epistemic Changes in Institutional Interactions. In Stivers, T., L. Mondada, and J. Steensig. (eds.) *The Morality of Knowledge in Conversation*, pp.27–57. Cambridge: Cambridge University Press.

Morita, E. (2002) Stance Marking in the Collaborative Completion of Sentences: Final Particles as Epistemic Markers in Japanese. In Akatsuka, N. and S. Strauss. (eds.) *Japanese/Korean Linguistics* 10, pp.220–233. Stanford: CSLI.

西阪仰（2013）「二つで一つ：複合活動としての足湯活動」西阪仰・早野薫・須永将史・黒嶋智美・岩田夏穂『共感の技法：福島県における足湯ボランティアの会話分析』pp.13–28. 勁草書房

西阪仰・早野薫・須永将史・黒嶋智美・岩田夏穂（2013）『共感の技法：福島県における足湯ボランティアの会話分析』勁草書房

Pomerantz, A. (1980) Telling My Side: "Limited Access" as a "Fishing" Device. *Sociological Inquiry* 50(3/4): pp.186–198.

Pomerantz, A. (1984a) Agreeing and Disagreeing with Assessments: Some Features of Preferred/Dispreferred Turn Shapes. In Atkinson, J. M. and J. Heritage. (eds.) *Structures of Social Action: Studies in Conversation Analysis*. pp.57–101. Cambridge: Cambridge University Press.

Pomerantz, A. (1984b) Pursuing a Response. In Atkinson, J. M. and J. Heritage. (eds.) *Structures of Social Action: Studies in Conversation Analysis*, pp.152–163. Cambridge: Cambridge University Press.

Raymond, G. and J. Heritage. (2006) The Epistemics of Social Relations: Owning Grandchildren. *Language in Society* 35(5): pp.677–705.

Sacks, H. (1972) An Initial Investigation of the Usability of Conversational Data for Doing Sociology. In Sudnow, D. (ed.) *Studies in Social Interaction*, pp.31–74. New York: Free Press.

Sacks, H. (1987) On the Preferences for Agreement and Contiguity in Sequences in Conversation. In Button, G. and J. R. E. Lee. (eds.) *Talk and Social Organization*, pp.54–69. Clevedon: Multilingual Matters.

Sacks, H. (1992) *Lectures on Conversation, Volume 1*. Oxford: Basil Blackwell.

Sacks, H. (1974) An Analysis of the Course of a Joke's Telling in Conversation. In Bauman, R. and J. Sherzer (eds.) *Explorations in the Ethnography of Speaking*. pp.337–353. Cambridge: Cambridge University Press.

Sacks, H., E. A. Schegloff, and G. Jefferson. (1974) A Simplest Systematics for the Organization of Turn-taking for Conversation. *Language* 50(4): pp.696–735.

Schegloff, E. A. (1968) Sequencing in Conversational Openings. *American Anthropologist* 70(6): pp.1075–1095.

Schegloff, E. A. (1991) Reflections on Talk and Social Structure. In Boden, D. and D. H. Zimmerman. (eds.) *Talk and Social Structure*, pp.44–70. Berkeley: University of California Press.

Schegloff, E. A. (1996) Confirming Allusions: Toward an Empirical Account of Action. *American Journal of Sociology* 102(1): pp.161–216.

Schegloff, E. A. (2007) *Sequence Organization in Interaction: A Primer in Conversation*

Analysis, Vol.1. Cambridge: Cambridge University Press.

Schegloff, E. A. and H. Sacks. (1973) Opening up Closings. *Semiotica* 8(4): pp.289–327.

Sorjonen, M. L. (2001) *Responding in Conversation: A Study of Response Particles in Finnish*. Amsterdam: John Benjamins.

Stivers, T. (2005) Modified Repeats: One Method for Primary Rights from Second Position. *Research on Language and Social Interaction* 38(2): pp.131–158.

Stivers, T. and F. Rossano. (2010) Mobilizing Response. *Research on Language and Social Interaction* 43(1): pp.3–31.

Stivers, T., L. Mondada, and J. Steensig. (2011) Introduction. In Stivers, T., L. Mondada, and J. Steensig. (eds.) *The Morality of Knowledge in Conversation*, pp.3–26. Cambridge: Cambridge University Press.

鈴木佳奈 (2010)「「より知る者」としての立場の確立：言い間違いの指摘とそれに対する抵抗」木村大治・中村美知夫・高梨克也編『インタラクションの境界と接続：サル・人・会話研究から』pp.318–338. 昭和堂

Terasaki, A. K. (2004) [1976] Pre-announcement Sequences in Conversation. In Lerner, G. (ed.) *Conversation Analysis: Studies from the First Generation*, pp.171–223. Amsterdam: John Benjamins.

謝辞

本章をまとめる上で、増田将伸さん、戸江哲理さん、西阪仰先生、串田秀也先生から大変貴重なコメントを頂戴しました。心よりお礼申し上げます。

第8章 会話分析と多言語比較

林 誠

1. はじめに

　本書のテーマである「会話分析の広がり」のひとつの顕著な現れとして、近年さまざまな言語のデータに基づく会話分析研究が広く行われるようになった。こうした流れを受け、最近では、相互行為のプラクティスを多言語・多文化間で比較する研究への関心も高まってきている。本章では、会話分析における多言語比較研究のこれまでの展開を概観し、今後の展望を示す。その議論のたたき台として、会話分析における多言語比較研究の今後の方向性について興味深い提案を行った Sidnell and Enfield (2012) の論考を紹介する。彼らの分析の意義および問題点を指摘し、今後どのような形の多言語比較研究が期待されるかを議論する。

2. 会話分析と言語構造

　会話分析は 1960 年代に Harvey Sacks、Emanuel A. Schegloff、Gail Jefferson らによって始められたが、その創成期の研究に用いられたデータはアメリカ英語の (電話) 会話であった。しかし、彼らは自分たちの研究成果を「アメリカ英語」の会話の組織の分析とは位置づけなかった。例えば、1974 年に出版され現在も様々な分野に大きな影響を与えているいわゆる「順番交替論文」("A simplest systematics for the organization of turn-taking for conversation," Sacks, Schegloff, and Jefferson 1974) も、そのタイトルに見られるように、「英語会話」ではなく、あくまで「会話」のための順番交替組織

の研究として提示されている。このタイトルの選択は、分析したデータの言語を明示することに著者たちが無頓着だった結果ではない。むしろ、そこには会話分析が取る分析的立場が表明されていると言えよう。SchegloffとSacksは次のように述べている。

> 会話がすべて「アメリカ英語」であるという事実が、会話をそのように特徴づける正当な理由とはならない。なぜなら、その他にも同様に「真」である特徴づけの方法がいくらでもあるからだ。例えば、会話が「大人の」会話であるとか、（叫んだり、ささやいたりではなく）「話された」会話であるとか等々。データがすべて「アメリカ英語」であることは、それが分析にとって適切な意味で「アメリカ英語」であるということを意味しない。(中略)すべてのこうした特徴づけは、分析的に適切であるという正当な理由によって保証されなければならないが、この論文の最後の節で述べた特徴づけ（訳者注：参与者の志向によって裏付けられる特徴づけ）を除いては、そうした保証は見いだされない。民族、国、言語が何であるかということは、特に言語人類学系の研究者には一見もっともらしい特徴づけであるが、それらの正当性はその他の特徴づけの正当性と大した違いはない。(Schegloff and Sacks 1973: 291–292; 引用者訳；強調は原著者による)

　このように、Sacksらは相互行為に用いられる言語の種類を、常に分析に直結する自明のものとして扱うことに警鐘を鳴らした。彼らが目指したものは、ある個別の言語の相互行為に見られる組織を研究することではなく、言語や文化の差異を超えて、人間の相互行為に一般的に存在する諸問題（generic interactional problems）を明らかにし、それを解決する手続き・方法を記述することであった。例えば、何語の話者であれ、相互行為を行うにあたっては、その場その場で発話の機会をどのようにして配分すればいいのか、行為をどのように組み立て（本書第6章参照）、行為の流れをどのように参与者間で調整していくのか（本書第2章参照）、発話の組み立てや聞

き取り、理解に問題が生じた場合にどのように対処すればいいのか（いわゆる「修復」の問題）、などの問題に直面する。これらは、いつどこで誰が相互行為を行おうとも生じる普遍的な問題であり、参与者はそれらの問題をその都度秩序だったやり方で解決する方法を知っている[1]。会話分析はこうした普遍的な相互行為秩序（interaction order）、およびそれを可能にする相互行為能力（interactional competence）を解明する研究プログラムとして出発した（Heritage and Atkinson 1984）。

　しかしながら、言語構造に差異が見られれば、それらの言語を用いて行われる相互行為のやり方・手続きにも何らかの差異が見られるのではないかという指摘は早くからなされていた。そうした可能性にいち早く言及したのは Stephen C. Levinson である（Levinson 1983）。主として言語学系の読者に向けて書かれた会話分析の紹介の中で、Levinson は、異なる言語に備わる構造的特性が、相互行為の一般的諸問題を解決する際に異なる形で利用可能となりうることを示唆した（Levinson 1983: 364–366）。例えば、ドラヴィダ諸語や日本語に見られる「左枝分かれ（left-branching）」構造[2]は、句・節・文などの文法単位の主辞（head）がそれぞれの構造の終端部に置かれるがゆえに、それらの文法単位を用いて構築される発言順番はその完了が明確に示されることになり、会話の順番交替において発話の重なりを回避するのに適した構造的特性を有しているのではないかと議論した。また反対に、英語などに見られる「右枝分かれ（right-branching）」構造は、文の末尾に句・節等を連接的に付加して文構造を（理論的には無限に）拡張することを可能にする特性を有しているがゆえに、いったん完了した発言順番を、聞き手の反応次第で構造的に拡張することを容易にする特性を持っていると論じた。これらの個々の指摘の妥当性は経験的に検証されなければならないが[3]、重要なのは、相互行為と言語構造の関わりを探究することで多くの知見が得られる可能性があることを Levinson が示唆したことである。それがその後の「相互行為言語学」の発展（本書第 3 章参照）、および会話分析における多言語比較研究の展開に寄与したことは間違いないであろう。実際、1980 年代半ばから 90 年代にかけて、英語以外のさまざまな言語の会話データを基にした会

話分析研究が次々と発表されるようになった。それがどのような流れで「多言語比較研究」へと発展していったかを次節で述べよう。

3. 英語以外の言語の会話分析から多言語比較研究へ

Sacks らが拠点とする南カリフォルニアで始まった会話分析は、1980 年代には J. Maxwell Atkinson、Paul Drew、John Heritage らが拠点を置くイギリスでも大きな発展を見せた。それと並行するように、他のヨーロッパ諸国でも現地の言語のデータを用いた会話分析研究の萌芽が見られた。特に、ドイツ（Auer 1984, Selting 1988 など）、オランダ（Houtkoop and Mazeland 1985 など）、フィンランド（Hakulinen 1987）では、その後それぞれの言語の会話分析研究のリーダー的な存在となる研究者が初期の研究を発表した[4]。

この時期の英語以外の言語の会話分析研究は、他言語との比較を念頭に行われたものではなかった。それらは、あくまでそれぞれの言語において相互行為上の一般的諸問題がどのように解決されるかを探究し、そのための手続き・方法を記述するものであった。しかしながら、これらの研究は明示的にであれ、非明示的にであれ、Sacks らが英語の会話データの分析をもとに示した相互行為のプラクティスの記述をベースにしており、その点において、少なくとも英語との比較の可能性を内包するものであった。

1990 年代に入ると、英語以外の言語の会話分析研究がその量、および対象言語ともに飛躍的に増加した。それまでは主として西洋圏の言語が分析対象とされてきたが、この時期には非西洋圏の言語をデータに用いる研究が行われるようになった。また、この流れと並行して、言語間の比較対照を明示的な焦点とする研究も発表されるようになった。これらの研究は、主として言語学的な観点から相互行為のプラクティスを言語間で比較するものが多かったが、中でも日本語と英語を比較する研究（Ford and Mori 1994, Fox, Hayashi, and Jasperson 1996, Lerner and Takagi 1999, Tanaka 1999）がその初期段階から多く見られたことは特筆すべきであろう。その背景にはさまざまな要因があったであろうが、ひとつ言えることは、それまでの英語以外の会話

分析研究の対象となった西洋諸語に比べて、日本語および日本語会話が構造的、文化的に英語との差異が大きく、比較対照研究に適していると考えられたことであろう。こうした研究は、会話分析の手法を用いる研究者の中でも、そもそも多言語・多文化比較に対する関心の度合いが高い言語学系および人類学系の研究者の関心を捉え、その後の言語学的、人類学的観点からの多言語比較研究の展開につながっていった。

2000 年代には、異なる言語の会話を分析する研究者が多人数でプロジェクト・チームを組み、ある特定の相互行為の領域に焦点を当てて、それぞれの言語でどのようなプラクティスが用いられるかを記述・分析するプロジェクトが行われるようになった。代表例としては、言語学者、人類学者が多く在籍するオランダのマックスプランク心理言語学研究所に拠点を置く Levinson、Nick Enfield、Tanya Stivers らを中心とした研究グループによる数々のプロジェクトがある。これらのプロジェクトでは、「人物指示」(Enfield and Stivers 2007)、「質問－応答連鎖」(Stivers, Enfield, and Levinson 2010)、「認識性」(Stivers, Mondada, and Steensig 2011)、「他者開始修復」(Dingemanse and Enfield 2015)、「場所指示」(San Roque and Enfield 2017) などの領域で用いられる相互行為のプラクティスを、それぞれの研究者がそれぞれの言語データを用いて分析し、その成果を論文集の形で発表した[5]。

2009 年に出版された Jack Sidnell 編の *Conversation Analysis: Comparative Perspectives* (Sidnell 2009a) は、多言語比較に焦点を当てた会話分析研究を論文集の形でまとめたものとしては初めてのものであり、注目に値する。それまでの会話分析の多言語比較研究は個々のプロジェクトをベースに行われてきたが、この論文集の序章で Sidnell は、多言語比較研究を会話分析のひとつの正当なアプローチとして位置づけ、その有効性について理論的・方法論的観点から包括的に論じている。その中で、本章の最初に述べた Schegloff と Sacks の分析的立場、つまりデータに用いられた言語が何であるかということを分析に直結する自明のものとして扱うことに警鐘を鳴らす会話分析の視点に触れ、次のように述べている。

重要なのは、Schegloff と Sacks は異なる社会の間に、あるいは同じ社会の中の異なる集団の間に、違いがあることを否定していたわけではないということである。そうではなく、彼らが指摘していたのは、そうした違いが相互行為の組織にどのような関連性を持つかということに関して何らかの主張することについての理論的・方法論的問題である。(中略)
　例えば、あるデータを「ポーランド語の依頼」や「フランス語のほめ」などと記述するとしても、往々にして相互行為の参与者は使われている言語や自分たちの民族性に何ら志向を示さないのであるから、そうした記述の正当性はどのようにして得られるのか。これはとりわけ難しい問題で、本書がただひとつの決定的な解決法を提出できるわけではない。(中略)この序章では、解決法になりうる方法をひとつ述べておこう。それは、相互行為のプラクティスを、用いられている言語に特有の側面と結びつけることで、そのプラクティスをデータに用いた言語の種類によって特徴づけることに正当性を与えるという方法である。つまり、考え方としては、相互行為を組織するのに、特定の言語が特定のリソースを提供するとともにまた固有の制約も設けるのだというものである。(Sidnell 2009b: 9–10; 筆者訳)

　Sidnell がこの序章で強調しているのは、以下のことである。会話分析の目的はあくまでも人間の相互行為一般に見られる諸問題を参与者がどのように秩序だった形で(つまり、どのようなプラクティスを用いて)解決しているかを記述することであるが、そうした問題解決の方法・プラクティスが特定の言語のリソースを用いて組み立てられる以上、それぞれの言語が有する固有の特性が何らかの形で相互行為のプラクティスの組み立てに影響を与えていてもおかしくはない[6]。そして、そうした可能性を追究し、多言語間で比較することは人間の相互行為一般の研究に重要な知見を提供する、という論点である。こうした議論をもとに、Sidnell は会話分析における多言語比較研究の正当性を明確に主張した。
　このように多言語比較研究を会話分析の 1 つの正当なアプローチとして位

置づけた Sidnell は、その後、Enfield との共著論文（Sidnell and Enfield 2012）において、多言語比較研究のさらなる可能性を提唱する興味深い提案を行った。次節では、会話分析における多言語比較研究の今後の展開の一方向を提案するものとして、Sidnell and Enfield（2012）の提唱した「付随効果（collateral effects）」という概念を紹介し、その意義および問題点を検討してみよう。

4.「付随効果」と多言語比較研究の展開

　Sidnell と Enfield はともに言語人類学のバックグラウンドを持ち、会話分析の手法を用いて言語人類学的な研究課題の探究を行ってきた研究者である。この 2 人が執筆した "Language diversity and social action: A third locus of linguistic relativity"（Sidnell and Enfield 2012）は、人類学の学術誌 *Current Anthropology* に掲載された。そのタイトルが示す通り、この論文は「言語の多様性」と「社会的行為」の関係を「言語相対性の第 3 の領域」と位置づけ、20 世紀の文化／言語人類学でおおいに議論されてきた言語相対性仮説に新たな一石を投じることを試みた。

　言語相対性仮説とは、ごく簡単に言えば、異なる言語を話す者は、その言語の相違ゆえに、自分をとりまく世界を異なったように理解する、という仮説である。これまで、言語相対性仮説はおもに「言語と思考様式／認知様式」の相関関係（Sidnell and Enfield（2012）のいう「第 1 の領域」）と「言語と社会文化的コンテクスト」の相関関係（Sidnell and Enfield（2012）のいう「第 2 の領域」）について議論を重ねてきた。前者は、「言語が異なれば、話し手の思考・認知の仕方が異なる」という仮説であり、後者は、「言語が異なれば、指標される社会文化的コンテクスト（例えば、話し手と聞き手の関係性）が異なる」という仮説である[7]。これに対し、Sidnell と Enfield は、会話分析（そして会話分析を含む社会学全般）の中心概念である「社会的行為（social action）」に焦点を当て、言語と社会的行為の相関関係を言語相対性研究の新たな領域として探究することを提案した。

　Sidnell と Enfield の議論は、おおよそ以下の通りである。人々は社会生活

を営むために日々さまざまな社会的行為を行っているが、ごく一般的なタイプの行為、例えば、「質問する」、「依頼する」、「評価する」、「同意する」等々は、いかなる言語の話者でも行うであろう基本的な行為である。しかしながら、こうした一般的なタイプの行為も、言語が異なれば、異なる言語的手段を用いて行われる。例えば、質問という行為を行う発話を組み立てるのに、ある言語では、日本語の終助詞「か」や中国語の「嗎」のような文末表現を付加するという手段を用いるかもしれないし、別の言語では、英語の「主語－助動詞の倒置」のような語順の変換という手段を用いるかもしれない。さらに別の言語では、平叙文と同じ構造の発話を上昇調のイントネーションで産出するという手段で質問を組み立てるかもしれない。

　ところで、ある言語的手段(例えば「語順の変換」)は必ずしもひとつの機能(例えば「質問すること」)に限定して用いられるとはかぎらず、その他の機能を担う可能性も十分にある。つまり、ある行為 A を行うためにそれぞれの言語で用いられる言語的手段には、行為 A を遂行することとは別の機能を担うアフォーダンス(ある行為の遂行を可能にする特性)が備わっている可能性がある。図解すると以下のようになろう。

　行為 A を行うために言語 1 で用いられる言語的手段 X は、行為 A を遂行すること以外の機能(機能 B、機能 C、…)を担うアフォーダンスを備えてい

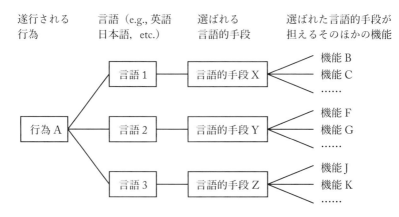

図 1　異なる言語的手段に備わる異なるアフォーダンス

るかもしれず、言語 2 で用いられる言語的手段 Y はまた別の機能（機能 F、機能 G、…）を担うアフォーダンスを備えているかもしれない[8]。つまり、同じ行為 A を行うのに、言語によって異なるアフォーダンスを備えた手段を用いている可能性があるのだ。だとすれば、それぞれの手段に備わった異なるアフォーダンスが、行為 A を遂行する際にも影響し、「同じ行為」が言語によって少しずつ異なる効果を伴って実現されるのではないか。これが Sidnell と Enfield の提示した仮説である。彼らは、そうした効果を「付随効果（collateral effects）」と呼び、同じ行為が異なる言語で遂行される際に、どのように異なる付随効果を持ってそれがなされるかを探究することで、言語相対性仮説の新たな研究領域を開拓できると主張した。

　では、付随効果とは具体的にどのようなものだろうか。Sidnell と Enfield の挙げた事例を紹介して解説してみよう。彼らが、いかなる言語の話者でも行うであろう基本的な行為として取り上げたのは、「評価への同意」である。ある事柄に関して他人が下した評価に対して、同意を表明することはおそらくどのような言語・文化コミュニティでも行われるだろう。ただ、Sidnell と Enfield が注目したのは、「評価への同意」全般ではなく、ある特定のタイプの同意のやり方である。それは以下のようなものである。

　「評価への同意」は往々にして、同じ評価対象に関して「第 2 の評価（second assessment）」を行うことで成し遂げられる（Pomerantz 1984）。例えば、知り合い同士が道ばたで会ったときに、一方が「今日はいい天気ですね」と言ったのに対して、もう一方が「ほんとにいい天気ですね」と言うような場合である。この例の場合、評価対象（天気）に関して、2 人の話者はおそらく同程度の知識を持っていると言えるだろう。しかし、場合によっては、ある対象について 2 人の話者の評価が一致していたとしても、どちらがその対象についてよりよく知っているのかについて交渉が行われることがある（Hayano 2013, Heritage and Raymond 2005, Raymond and Heritage 2006, Stivers, Mondada, and Steensig 2011, 本書第 7 章参照）。例えば、知り合い同士の会話で、一方（A）が「お宅のお孫さん、元気ねぇ」と言い、もう一方（B）が「元気なのよ」と答えた場合、B は A の評価に同意すると同時に、終助

詞「よ」を使うことで、評価対象（自分の孫）について自分の方が相手よりも知識を持っているというスタンスを示している（Hayano 2011, 2013, Morita 2005）。Sidnell と Enfield が着目したのは、このようなタイプの「評価への同意」である。彼らはこのような行為、すなわち、評価対象について相手よりも自分の方がよく知っているというスタンスを出しつつ同意を行う行為を「K+2A」と呼んだ。「K+」は知識（Knowledge）がある（+）ということを表し、「2A」は第 2 の評価（2nd Assessment）を表している。Sidnell と Enfield は、K+2A が異なる言語においてどのような言語的手段を用いて遂行され、それがどのような付随効果を伴ってなされるかを調べた。

　この目的で Sidnell と Enfield が検討したのは、地理的・言語類型的・文化的に異なる 3 つの言語——カリビアン・クレオール語（中央アメリカ）、フィンランド語（北欧）、ラオ語（東南アジア）——である。これらの言語で K+2A がどのように遂行されるか、Sidnell と Enfield の解説にしたがって説明しよう。

　英語をベースにしたクレオール語であるカリビアン・クレオール語では、K+2A を遂行するための言語的手段として、「if を前置きに用いて、先行発話を（部分的に）繰り返す発話」が用いられる。つまり、ある発話の後に、その発話の一部あるいは全体を繰り返す形で産出される発話の冒頭に if を置く、というプラクティスである。Sidnell と Enfield によると、このタイプの発話がカリビアン・クレオール語において最も典型的に用いられる文脈は、実は K+2A を遂行する文脈ではなく、修復の他者開始（Schegloff, Jefferson, and Sacks 1977）が行われる文脈である。まずは、「if を前置きにした（部分的）繰り返し発話」が修復の他者開始に用いられる事例を見てみよう。次の断片では、ベクイ島の住人 Pat と Benson が、島のカーニバルの 1 週間後に話しており、01 行目で Benson が Pat に質問をする。

（1）[Sidnell and Enfield 2012: 314]

```
01  Benson: yu    biin hii  fu   kanival(.) Pat?
            were you  here for  Carnival   Pat?
```

　　　　　　　（あなた、カーニバルのときにここにいた？　パット）
02　　　　　　(.)
03→ Pat:　　　***if mi bin wa?***
　　　　　　　if I　was what?
　　　　　　　（私がなに？）
04　Benson:　*Bekwe fu kanival?*
　　　　　　　Bequia for Carnival?
　　　　　　　（カーニバルのときベクイに（いた）？）
05　Pat:　　　*yeah:*
　　　　　　　（うん）

　03行目でPatはifで発話を開始した後、01行目のBensonの先行発話を部分的に繰り返し（mi binは01行目のyu biinの二人称代名詞を一人称に変えて繰り返したもの）、その後にwa（what）を加えることにより、Bensonの発話のhii fu kanival（here for Carnival）の部分に聞き取り、もしくは理解の問題があったことを示している。04行目でBensonは、01行目のhii fu kanivalのhii（here）を地名に置き換えて繰り返すことでPatの修復開始に応答し、05行目でPatはBensonの質問に答えている。

　このやりとりの中で、03行目の冒頭のifは何をしているのだろうか。SidnellとEnfieldによると、このifは先行発話が極性質問（「はい／いいえ」で答えられる質問）であったという理解を示すマーカーだという。つまり、修復の他者開始の発話の冒頭に置かれるこのifは、先行発話に聞き取り、もしくは理解の問題があるにしても、少なくともその発話が極性質問であったということは理解したということを示す働きをするのである。

　この「先行発話が極性質問であったという理解を示す」というifの機能が、K+2Aを遂行する上で重要となる。次の断片では、「ifを前置きにした（部分的）繰り返し発話」が「第2の評価」を行う発話として用いられている。ここでは、親戚同士であるKikiとShankaが庭で話しており、その周りには3人の小さい子供（Zaria、Roxanne、Naksin）が遊んでいる。

236 林 誠

（2）[Sidnell and Enfield 2012:314]

```
01  Kiki:    Zaria muv from de.=tek a ting. wapa Rakzan.
             Zaria move from there. Take that thing. Where is Roxanne.
             (ザリア、そこどいて．それ拾いなさい．ロクサンはどこ？)
02           (3.0) ((ZariaがRoxanneのいる方を指差す))
03  Kiki:    Naksin lii shii:: tek da- an ting- Jak ting.
             Naksin leave her, take that and thing, Jack's thing
             (ナクシン、その子を離しなさい．それ拾って．ジャックの．)
04           (2.0) ((Zariaが走って逃げる))
05  Shanka:  Wailnes Zaria a kom wid.
             Wildness Zaria comes with
             (ザリアは手に負えない子ね)
06→ Kiki:    if Zaria wail?
             if Zaria is wild
             (ザリアは手に負えないよ)
07           (0.4)
08  Kiki:    Naksin kom.
             Naksin come here
             (ナクシン、ここに来なさい)
```

　06行目のKikiの発話はその冒頭にifが置かれ、（多少の変更が加えられ
つつも）先行発話を繰り返す要素が続いている。注目したいのは、この発話
が置かれている位置である。上の断片（1）では、ifで始まる発話は極性質問
の後に置かれ、まさに先行発話が極性質問であったという理解をifによっ
て示していた。それに対して断片（2）では、ifで始まる発話は極性質問の後
ではなく、評価を行う発話の後に置かれている。しかしながら、Sidnellと
Enfieldによれば、「先行発話が極性質問であったという理解を示す」という
ifの機能が、断片（2）のように評価の後に置かれた場合でも効いているとい
う。すなわち、相手の評価に対してifで始まる発話で同じ評価を繰り返す
場合、上記のifの機能によって、第2の評価の話者は先行の評価をあたか
も「質問」であるかのように扱うのである。「あたかも質問のように扱う」
とは以下のことを指す。質問という行為は、あることがらについて質問者

が知識を持っていない（K-）というスタンス、つまり当該のことがらについて「確信がない（uncertain）」というスタンスを示す行為である。ゆえに、先行の評価発話をあたかも「質問」であるかのように扱うということは、その評価を「K-」あるいは「確信のないもの」であるかのように扱うということである。そして、相手の評価を「確信のないもの」と扱うことで、自らの評価を相対的に「より確信のあるもの（K+）」と位置づけることが可能となるのである[9]。このように、ある言語的手段（ifで始まる繰り返し発話）が典型的に用いられる文脈で果たす機能（先行発話が質問であるという理解を示す）が、別の文脈（第2の評価を行う場面）にも影響し、特定の付随効果（先行評価を確信のないものと位置づける）をもたらすのである。

　次に、フィンランド語を検討しよう。フィンランド語で第2の評価を行うのに用いられる言語的手段はさまざまあるが（Sorjonen and Hakulinen 2009）、ここでは特定の「語順」を手段に用いて第2の評価を行うやり方について説明する。

　フィンランド語で第2の評価を行う場合、先行の評価の発話の一部を繰り返すことで同意を示す方法がいくつかある。その中で、先行発話の主語（S）と述語（V）を「V+S」の語順で繰り返す方法に注目しよう。例えば、以下のような場合である。

（3）[Sorjonen and Hakulinen 2009]
第1の評価：*Se   mekko on hieno*
　　　　　that dress is great
　　　　　（あのドレスきれいね）
第2の評価：*On se* [V+S]
　　　　　is it
　　　　　（そうよ）

　Sorjonen and Hakulinen（2009）の記述をもとにした Sidnell と Enfield の解説によると、「V+S」の語順で先行の評価に同意した場合、それは第2の評価の話者が同じ評価対象について、先行話者とは異なる観点から同意の評価

を下しているというスタンスを表す。それはしばしば、単に相手の評価に同意していることを示すだけではなく、自分がどのような観点から同意を行っているかをその後の話題として展開する可能性を示唆する。

次の事例を見てみよう。この断片では、2人の友人 Anna と Leila が電話で話している。フィンランドでは、休暇を過ごす山荘を所有している人が多いが、この2人も同じ別荘地にそれぞれ山荘を所有しており、Anna は現在自分の山荘に滞在中で、Leila は自宅にいる。季節は秋で、2人はしばらくの間、それぞれの場所の天気について話していたが、05–06 行目で Anna は、その日の天気の話から、秋という季節一般についての評価に移行する。Sorjonen and Hakulinen (2009) によれば、この季節一般に関する評価はそれまでの天気の話題を終息に向かわせるひとつの手続きである。07 行目で Leila は、先行発話の主語 (S) と述語 (V) を「V+S」の語順で繰り返すことで Anna の評価への同意を示す。

（4）[Sorjonen and Hakulinen 2009: 284–285 — 一部改変]

```
01   Anna:    ...ollak[i.Mut kyllä sie]l on ihanaa heti      kun=
                     be.CLI  but sure   there is lovely immediately when
             (...でも雨がやんでから、ほんとにいい天気よ)
02   Leila:          [Ai(           )]
03   Anna:    =ei  sada.
                NEG rain
04   Leila: ↑Nii, [Joo,
              right yeah
             (そうね, うん,)
05   Anna:          [.hh Kyl se on:syksy  on niin mahdottoman
                        PRT it is autumn is so   impossibly
                 (.hh 本当に, 秋は本当にすごくきれい)
06         kaunis.[h
                beautiful
07→  Leila:       [On se.=
                 (そうよ)
```

```
08  Anna:  =.Jo[o
               (うん)
09→ Leila:    [>Kyllä mä vi- ei  viikonloppuna menen< .hhh mä meen
                  sure I  we- NEG weekend      go.1     I go.1
              (週末にはそっちに行くの. .hhh それで土地を掘りかえしたり)
10→        kans t- kääntää ↑maat ja  .hh laittamaan kuntoon
           also   turn   lands and   put      shape.ILL
           (いろいろ全部片付けたり修理したりするの念のため)
11→        varmuuden vuoks kaikki    jos (.) jos sitte ei   tuu
           safety's  sake everything if    if then NEG comes
           (もうそっちに行けなくなるかもしれないから)
12→        enää   °mennyks°
           anymore going
```

　Sorjonen と Hakulinen の分析によれば、Leila が 07 行目で「V+S」の語順
で同意を示すとき、それは Anna とは異なる観点から同意をしていることを
示す。そして、さらにそれは「異なる観点」について何らかの語りが次に行
われる可能性を示唆する。この断片では、07 行目の同意の後、Leila はほぼ
間髪を入れずに 09 行目で「異なる観点」にかかわる語りを始める。ここで
Leila は、週末に山荘に行き、いろいろ片付けたり修理したりする予定だが、
それはもうこの別荘地には行けなくなるかもしれないからだと告白する。こ
の断片の後に続く語りで、Leila は山荘に関するトラブルについて話し、近々
山荘を売却することを考慮していると述べる。つまり、07 行目での Leila の
同意は、現在もそしてこれからも別荘地の秋の美しさを満喫できる Anna と
は異なり、もうそれを楽しむことができないかもしれないという観点から
の、一種の惜念の思いを込めた同意であると遡及的に聞きうる。

　このように、「V+S」の語順を用いた同意は、先行話者とは異なる観点
からそれがなされているというスタンスを示すはたらきがあるがゆえに、
「V+S」を用いた第 2 の評価の話者が、評価の対象について相手の評価から
は独立した何らかの経験・知識・その他を持っており（K+）、そうした観点
から第 2 の評価を行っているというニュアンスを出す。これが、「V+S」と

いう特定の言語的手段を用いて K+2A を遂行する際に生じる付随効果である。そして、さらなる効果として、K+2A が遂行された後に「異なる観点」についての話題を展開する可能性を示唆するという効果をもたらすのである。

　最後に、ラオ語を検討しよう。ラオ語で K+2A を遂行するのに用いられるひとつの言語的手段は、文末辞 lèq1 である。この文末辞は、「終える」という意味の動詞 lèèw4 と語源的に関連があり、通常は行為やイベントの「完了」を表すマーカーとして用いられる。これが第2の評価の発話末に置かれるとき、それは先行話者の評価が主張する命題の真理値についての判断が現話者にとってはすでに「完了している」、つまり相手が主張する前にすでにその真理値が独自に確立している、というスタンスを出す。真理値がすでに独自に確立しているということは、その命題についてすでに「知っている」（K+）ということであり、ゆえに完了の文末辞 lèq1 が K+2A を遂行するためのリソースとして用いられるのである。

　では事例をひとつ見てみよう。ここでは、ある村に住む男性2人(Ka と P)がこの地域で採れる薬草について話している。2人の会話は、どちらが薬草やそれが採れる土地についてより知識があるかについて競い合うような展開になっている。01 行目で P はある薬草を手に持っており、その薬草のことを多くの人は "haak phang khii" だと思っているが、本当は "kok sii din" なのだ（03 行目）と自分の薬草に関する博識ぶりを披露する。すると今度は、03 行目の P の発話に重なりながら Ka が発話を始め、"haak phang khii" という薬草がどこにたくさん生えているかを話しだす（04 行目）。それを聞いた P は、"haak phang khii" がたくさん生えている場所の名前（「Vang Phééng 堰」）を、Ka が口に出す前に述べる（07 行目）。Ka が P の出した地名に承認を与える（08 行目）と、P は Ka の 04 行目の評価に対する第2の評価を行う（09 行目）。

（5）[Sidnell and Enfiled 2012:319 ── 一部改変[10]]

01　P:　*laang2 khon2　khaw3 vaal* (*haak4 phang2 khii5*) *vaal san4*
　　　some　person 3PL　say　plant sp.　　　　　say　thus
　　　（これがhaak phang khiiだと言う人がいるが）

02　　　*bòø mèèn1*
　　　NEG be.so
　　　（そうじゃない）

03　　　*qanø-nii4 kok2　sii2 din3* [*qanø-niø qaø*
　　　CLF-this plant sp.　　　CLF-this PCL
　　　（これはkok sii dinだ）

04　Ka:　　　　　　　　　　　[*haak4 phang2 khii5 kaø　　　　bòø*
　　　　　　　　　　　　　　plant sp.　　　TOPIC.LINK　NEG
　　　　　　　　　　　　　　（haak phang khiiはたくさん生えている）

05　　　*qùt2　　juu1* [*thèèw3-*
　　　lacking LOC　　area
　　　（場所で言うと…）

06　P:　　　　　　　　　[*qee5*
　　　　　　　　　　　yeah
　　　　　　　　　　　（そう）

07　P:　*kaø　　　cang1 vaa1 faaj3 vang2 phêêng2 faaj3 ñang3 qooj4*
　　　TOPIC.LINK so　say　weir　VP　　　　　weir　what　INTJ
　　　（私が言ったように、Vang Phééng堰だったかなんとかいう堰で。あっ。）

08　Ka:　*m5*
　　　mm
　　　（うん）

09→ P:　**bòø qùt2　　lèq1,　　faaj3 qanø nanø naø**
　　　NEG lacking FAC.PRF weir　CLF　that TPC
　　　（たくさん生えているさ、あの堰には）

　09行目のPの第2の評価は、04行目のKaの第1の評価の発話で用いられた表現（bòø qùt2「豊富にある」）を繰り返し、そのあとに文末辞lèq1を置く形で産出されている（さらにそのあと、「あの堰には」にあたる部分が、発話の拡張（increment）として続く）。上でも述べたように、文末辞lèq1は通常、行為やイベントの「完了」を示すはたらきを持つが、上の断片の文脈においては、そのはたらきが以下のような付随効果をもたらす。すなわち、

「haak phang khii という薬草が豊富に生えている」という命題の真理値が P にとってはすでに独自に確立していたもの、つまり相手が主張する前からすでに知っていたものであるというスタンスを示す効果をもたらすのである。ゆえに、09 行目の第 2 の評価がその対象に関して「K+」の立場からなされていることの表示となり、K+2A を遂行するリソースとなる。そして、「K+」の立場からの同意の評価であるがゆえに、単なる同意を超えて、当該の命題に関して「確認を与える (confirm)」ニュアンスを伝える。

さらに、Sidnell と Enfield によれば、当該の命題の真理値が「相手が主張する前からすでに確立されているもの」であるというスタンスを伝える文末辞 lèq1 のはたらきは、その命題に関する話題は「すでに完了している」というニュアンスを出すことにもなり、話題の終息を促すという付随効果ももたらすという。

ラオ語の文末辞 lèq1 による K+2A についてまとめると、文末辞 lèq1 の「完了を示す」という基本的な機能が第 2 の評価を行う場面で利用され、先行話者の評価が主張する命題の真理値が、現話者にとってはすでに独自に確立しており、すでに知っているものであるというスタンスを示す。これが、文末辞 lèq1 という言語的手段を用いて K+2A を遂行する際に生じる付随効果である。そして、さらなる効果として、lèq1 の基本的な機能である「完了」を

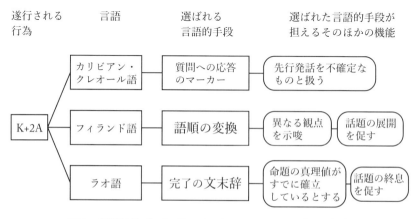

図 2　付随効果（Sidnell and Enfield 2012: 320 にもとづく）

示すはたらきが、当該の話題に関しても「完了している」というニュアンスを出し、K+2A の後に話題が終息することを促す結果となる。

　以上が、3 つの言語からの事例を用いて Sidnell と Enfield が解説した「付随効果」の概要である。まとめると図 2 のようになろう。

　次の節では、「付随効果」に関する Sidnell と Enfield の提案を検討し、会話分析における多言語比較研究の今後の展望について議論しよう。

5.　ディスカッション

　Sidnell と Enfield がこの共著論文で提案したアプローチは、今後の多言語比較研究の方向性を考える上で示唆に富んだものである。中でも特に重要だと思われるのは、「社会的行為」を多言語比較研究の中心に据えたアプローチがどのようなものであるかを示したことである。これまでの多言語比較研究は、何らかの「形式」（言語形式、非言語行動の形式、その他）を比較の対象とするものが多かった。例えば、異なる言語間で「同じ語」に相当する形式（例として、英語の because と日本語の「から」；Ford and Mori 1994）に着目し、言語間でその働きを比較したり、「同じ発話産出上の行動」の形式（例えば、自己修復の開始のために産出中の単語を中断する行動；Fox et al. 2009）を言語間で比較したり、「同じ非言語行動」の形式（例えば、ある連鎖環境における「視線」の使用；Rossano, Brown, and Levinson 2009）を言語間で比較したりする研究がそうである。これらはそれぞれに意義のある研究ではあるが、Schegloff が指摘したように（Schegloff 2009）、こうした比較研究には「比較可能性（comparability）」の問題がつきまとう。比較可能性の問題とは以下のようなものである。

　そもそも、何かと何かの比較が意味をなすためには、比較されているものが「同等（equivalent）」の水準にあるものでなければならない。例えば、東京の天気と大阪の天気の比較は、「天気」という同等のものを比較している点で意味があるが、東京の天気と大阪の物価を比較しても意味をなさない。同様に、相互行為上のふるまいを比較する場合も、それが言語間で「同等の

もの」であることが確立されなければならないが、何をもって「同等」とみなすかは、何らかの抽象的な基準（例えば、because と「から」の翻訳可能性）によるのではなく、参与者自身がそれぞれの言語での相互行為の中で示す志向性によって決められなければならない。つまり、相互行為上のふるまいの同等性は、形式上の同等性によって保証されるのではなく、参与者がそれを用いて成し遂げる相互行為上の仕事の同等性によって保証されるのである。ある相互行為上の仕事を成し遂げるのに参与者が用いるふるまいは、言語Aと言語Bとでは形式上まったく異なるものかもしれない。例えば、「自身の発話に対する相手の反応を促す」という相互行為上の仕事を成し遂げるのに、言語Aでは「視線を向ける」というふるまいが用いられるのに対して、言語Bでは「発話末のイントネーションを上げる」というふるまいが取られるかもしれない。このように、形式上はまったく異なるふるまいが、「同等のもの」として比較の基盤を提供することになる。だから、相互行為上のふるまいを比較するための同等性を確立するには、どのような相互行為上の仕事を成し遂げているか、すなわち、どのような「社会的行為」を成し遂げているか、に注意を払うところから始めなければならない。言語や文化の差異をこえて、人間の相互行為を組織する上で一般的・普遍的に見られる社会的行為を見いだし、それらがそれぞれの言語でどのような形式的リソースを用いて成し遂げられているかを精査することが、多言語比較研究の出発点となるべきである。その意味で、Sidnell と Enfield が、言語や文化を超えて一般的に見られる社会的行為として K+2A に注目し、行為の同等性を措定した上で各言語の異なる形式を比較するアプローチを取ったことは、今後の多言語比較研究の方向性を示すものとして意義深い。

　しかしながら、比較対象の同等性という点に関して、Sidnell と Enfield の議論に問題がないわけではない。分析の焦点となっている K+2A、つまり、相手の評価に同意する際に自分の方が評価対象をよく知っているというスタンスを出すという行為は、たしかに、多くの言語・文化コミュニティで見られる一般的な行為であるかもしれない。しかし、「相手の評価を不確定のものと位置づける」ことと、「相手の評価とは異なる観点にもとづいている

ことを示唆する」ことと、「相手の評価で主張された命題の真理値がすでに独自に確立しているというスタンスを出す」ことは、それぞれ極めて異なるものであり、それらをすべて「K+」というラベルのもとに同等のものとして扱えるものなのか、疑問が残る。これらは「同じ行為のバリエーション」なのか、それともそれぞれに「異なる行為」なのか。その線引きを分析的に適切なやり方で（つまり、参与者の志向性に根拠づけられる形で）行うことはできるのか。これらは「行為とは何か、それはどのように構成され、理解されるか」という、会話分析の中心問題のひとつ（串田・平本・林 2017, Schegloff 2007, Levinson 2013, 本書第 6 章参照）に関わる重要な問題であるが、Sidnell と Enfield の論考にその解答は記されていない。上で述べたとおり、比較しているものの同等性が確立できないかぎり、比較はその意味を失う。「社会的行為」を中心に据えた多言語比較研究は今後の会話分析研究の広がりの一端を担っていく重要な研究領域ではあるが、まずはそれぞれの言語において「社会的行為」を分析的に適切なやり方で精密に記述していくことが不可欠である。

　行為の記述に関する分析的な問題点をさらに指摘すれば、Sidnell と Enfield の論文に提示されている個々の事例の分析は、往々にして参与者の志向に根拠づけられていない（注 9 参照）。カリビアン・クレオール語の「if を前置きにした繰り返し発話」が「相手の評価を不確定のものと位置づける」という主張はデータの中に見られる参与者の振る舞いに根拠づけられてはいないし、ラオ語の文末辞 lèq1 が「相手の評価で主張された命題の真理値がすでに独自に確立しているというスタンスを出す」という主張も参与者の志向によって裏付けられてはいない。こうした点は、Sidnell と Enfield の論考が詳細な分析を展開する研究論文としてではなく、主として展望論文として提示されていることに起因する可能性もあるが、社会的行為に焦点を当てた多言語比較研究の今後の方向性を示すという目的に照らすと大きな欠陥であり、今後の同様の研究が乗り越えなければならない課題である。

　さて、かりに前節で概説した 3 つのプラクティスがすべて「同じ行為」のバリエーションだと記述できたとしても、Sidnell と Enfield の議論にはさら

なる問題点が存在する。それは、ある言語において1つの行為を遂行するのに用いられる言語的手段は、1つとは限らないという点である。Heritageと Raymondによれば、英語でK+2Aを遂行するのに少なくとも4つの言語的手段が利用可能であり、そのうちの2つは「相手が評価をする前から、独自に同じ評価をしていた」というスタンスを出すことでK+を示し、あとの2つは「第2の評価をあたかも第1の評価のように産出し、相手の同意を求める」形式を利用してK+を示す（Heritage and Raymond 2005）。このように、ある行為を行うのに、1つの言語内で異なる「付随効果」をともなう言語的手段が存在するのであれば[11]、SidnellとEnfieldが記述する付随効果のバリエーションは、必ずしも「言語間」のバリエーションではなく、1つの言語内にも存在しうるバリエーションである可能性がでてくる[12]。だとすれば、SidnellとEnfieldの行った観察は、もはや「言語相対性」（言語によって、同じ行為を異なったやり方で行う）の例示ではなく、ある行為のさまざまな「やり方」の記述ということになるだろう。

　まとめると、SidnellとEnfieldの付随効果に関する議論は、これからの多言語比較研究のひとつの有望な方向性を示すものとして非常に示唆に富むものであるが、上に記したように批判の余地もある。今後、各言語において、さまざまな社会的行為がどのように構成され、どのように理解されるのかに関する詳細な分析を蓄積し、より精密な記述にもとづいた多言語比較研究が発展することを期待する。

6.　おわりに

　冒頭で述べたように、会話分析は英語会話の分析を中心として発展してきた。英語データをもとに積み上げられてきた知見がどの程度普遍的なものであり、どの程度、言語や文化によってバリエーションを持つものかを探求することは、人間という種に共通する相互行為を理解する上で非常に重要である。言語や文化をこえて存在する相互行為の一般的諸問題を、それぞれの言語の話者がどのように秩序だった形で解決しているのかを記述し、その解決

第 8 章　会話分析と多言語比較　247

方法が参与者の用いている言語の特性とどのように関連しているのかを探究することは、人間の相互行為の普遍性と個別性を明らかにすることに貢献する。そうした意味で、会話分析における多言語比較研究の意義はこれからもますます高まるだろう。しかしながら、これまでの多言語比較研究には、本章で指摘したような方法論上の問題が見られるものも少なくない。多言語比較は、ともすれば安易な言語／文化ステレオタイプ化に陥る危険性もある。性急な一般化を避け、真に意味のある多言語比較研究を行うためには、まずそれぞれの言語での相互行為を詳細かつ精密に分析することが不可欠である。そのような分析にもとづく多言語比較研究の今後の発展・深化をおおいに期待したい。

注

1　Michael Moerman のタイ語における修復の組織の研究（Moerman 1977）は、このような視点を経験的に裏付けるものとして提示された。そこでは、タイ語会話に見られる修復の組織が、言語・文化の差異に関わらず、Schegloff, Jefferson, and Sacks（1977）が英語会話のデータに基づいて明らかにした修復の組織と変わらないものであることが示された。

2　左枝分かれ構造とは、修飾語句（modifiers）がそれによって修飾される主辞（head）の「左側」、すなわち「前」に展開する構造を指す。例えば、「南向きの窓がある部屋」という名詞句では、主辞「部屋」を修飾する語句「南向きの窓がある」が主辞の左側に展開している。これに対し、右枝分かれ構造では、修飾語句がそれによって修飾される主辞の「右側」、すなわち「後」に展開する構造を指す。例えば、上記の名詞句を英語で表現すると the room that has a window facing the south となり、主辞 the room を修飾する語句 that has a window facing the south が主辞の右側に展開している。

3　日本語の文法構造と順番交代システムの関わりについては、Tanaka（1999）が詳述している。枝分かれ構造と発言順番構成単位（turn-constructional unit）の拡張プラクティスの関連については、英語、ドイツ語、日本語を比較した Couper-Kuhlen and Ono（2007）を参照。

4　この時期のヨーロッパにおける会話分析の発展には、1978 年に Jefferson がヨー

ロッパに拠点を移したことが大きく寄与したと考えられる（本書第1章参照）。

5　ここに挙げた5つのプロジェクトのうち、質問–応答連鎖を扱った Stivers, Enfield, and Levinson (2010) と他者開始修復を扱った Dingemanse and Enfield (2015) では、テーマとなっている相互行為の領域に関して、プロジェクト・リーダーである編者が記述のガイドライン（現象の定義、分類を含め、記述の方針を記したもの）を措定し、それに従ってそれぞれの研究者が各言語に見られるプラクティスを系統的に記述するという形式を取っている。それに対し、人物指示を扱った Enfield and Stivers (2007)、認識性を扱った Stivers, Mondada, and Steensig (2011)、そして場所指示を扱った San Roque and Enfield (2017) では、それぞれの研究者がテーマとなっている相互行為の領域に見られる現象をさまざまな角度から分析している。後者のアプローチを取るものとしてこの他に、電話会話の組織を比較した Luke and Pavlidou (2002)、質問の行為と参与者間の提携・非提携との関連を探究した Steensig and Drew (2008) などがある。

6　「言語の固有の特性が相互行為のプラクティスの組み立てに影響する」ということが具体的にどのようなことを指すのかについては、次節で提示する Sidnell and Enfield (2012) の分析の解説を参照いただきたい。

7　前者に関する代表的な議論は Berlin and Kay (1969)、Sapir (1921)、Whorf (1956) 等に見られる。後者を探究した代表的な著作としては、Hanks (1990)、Silverstein (1976) 等がある。

8　ここでいう「機能」とは、以下で解説する「付随効果」をもたらすような、ある言語形式に備わった「はたらき」のようなものであると、ここではとりあえず理解されたい。詳細は以下の解説を参照のこと。

9　「先行の評価をあたかも「質問」であるかのように扱う」あるいは「自らの評価を相対的に「より確信のあるもの（K+）」と位置づける」という分析に関して、Sidnell と Enfield の論考では、それらが会話断片の中の参与者の振る舞いに根拠づけられる形で論じられてはいない。この点は会話分析の方法論から言うと問題であり、第5節でも指摘するように、Sidnell と Enfield の議論の不備である。

10　この断片の日本語訳には、Sidnell and Enfiled (2012) で提供されている英語訳に加え、同じ断片が部分的に掲載されている Enfield (2013) の日本語訳 (2015) を参考にした。

11　実際、Sorjonen and Hakulinen (2009) によれば、フィンランド語には「V+S」の語順で「異なる観点」の存在を示唆することで K+ を示す方法以外に、「S+V」の語順で先行評価を繰り返すことで「相手が下した評価とは独立して、評価対象に関して独自の知識がある」というスタンスを示す方法がある (Sorjonen and Hakulinen 2009)。つまり、フィンランド語の K+2A は、常に「異なる観点」を示唆することで遂行されるのではないのだ。

12 この点は Sidnell と Enfield も認識している（Sidnell and Enfield 2012: 312–313）。しかし、彼らの主張は、たとえ言語内で同じ行為を行う手段のバリエーションがあったとしても、言語間の構造的差異は極めて大きいため、バリエーションの範囲は言語によって異なるだろうというものである。この主張が正当なものであるか否かは、今後の研究によって明らかにされなければならない。

引用文献

Auer, P. (1984) Referential Problems in Conversation. *Journal of Pragmatics* 8(5/6): pp.627–648.

Berlin, B. and P. Kay. (1969) *Basic Color Terms: Their Universality and Evolution*. Berkeley: University of California Press.

Couper-Kuhlen, E. and T. Ono. (2007) 'Incrementing' in Conversation: A Comparison of Practices in English, German and Japanese. *Pragmatics* 17(4): pp.513–552.

Dingemanse, M. and N. J. Enfield. (eds.) (2015) Other-initiated Repair across Languages. *Open Linguistics* 1(1).

Enfield, N. J. (2013) *Relationship Thinking: Agency, Enchrony, and Human Sociality*. New York: Oxford University Press.（N. J. エンフィールド　井出祥子監修　横森大輔・梶丸岳・木本幸憲・遠藤智子訳 (2015)『やりとりの言語学：関係性思考がつなぐ記号・認知・文化』大修館書店）

Enfield, N. J. and T. Stivers. (eds.) (2007) *Person Reference in Interaction: Linguistic, Cultural, and Social Perspectives*. Cambridge: Cambridge University Press.

Ford, C. E. and J. Mori. (1994) Causal Markers in Japanese and English Conversations: A Cross-linguistic Study of Interactional Grammar. *Pragmatics* 4(1): pp.31–61.

Fox, B. A., M. Hayashi, and R. Jasperson. (1996) Resources and Repair: A Cross-linguistic Study of Syntax and Repair. In Ochs, E., E. A. Schegloff, and S. A. Thompson. (eds.) *Interaction and Grammar*, pp.185–237. Cambridge: Cambridge University Press.

Fox, B. A., F. Wouk, M. Hayashi, S. Fincke, L. Tao, M-L. Sorjonen, M. Laakso, and W. F. Hernandez. (2009) A Cross-linguistic Investigation of the Site of Initiation in Same-turn Self-repair. In Sidnell, J. (ed.) *Conversation Analysis: Comparative Perspectives*, pp.60–103. Cambridge: Cambridge University Press.

Hakulinen, A. (1987) Avoiding Personal Reference in Finnish. In Verschueren, J. and M. Bertucelli-Papi. (eds.) *The Pragmatic Perspective: Selected Papers from the 1985 International Pragmatics Conference*, pp.140–153. Amsterdam: John Benjamins.

Hanks, W. F. (1990) *Referential Practice: Language and Lived Space among the Maya*. Chicago: University of Chicago Press.

Hayano, K. (2011) Claiming Epistemic Primacy: *Yo*-marked Assessments in Japanese.

In Stivers, T., L. Mondada, and J. Steensig. (eds.) *The Morality of Knowledge in Conversation*, pp.58–81. Cambridge: Cambridge University Press.

Hayano, K. (2013) *Territories of Knowledge in Japanese Conversation*. Unpublished Doctoral Dissertation, Radboud University Nijmegen.

Heritage, J. and J. M. Atkinson. (1984) Introduction. In Atkinson, J. M. and J. Heritage. (eds.) *Structures of Social Action: Studies in Conversation Analysis*, pp.1–15. Cambridge: Cambridge University Press.

Heritage, J. and G. Raymond. (2005) The Terms of Agreement: Indexing Epistemic Authority and Subordination in Talk-in-Interaction. *Social Psychology Quarterly* 68(1): pp.15–38.

Houtkoop, H. and H. Mazeland. (1985) Turns and Discourse Units in Everyday Conversation. *Journal of Pragmatics* 9(5): pp.595–619.

串田秀也・平本毅・林誠(2017)『会話分析入門』勁草書房

Lerner, G. H. and T. Takagi. (1999) On the Place of Linguistic Resources in the Organization of Talk-in-Interaction: A Co-investigation of English and Japanese Grammatical Practices. *Journal of Pragmatics* 31(1): pp.49–75.

Levinson, S. C. (1983) *Pragmatics*. Cambridge: Cambridge University Press.

Levinson, S. C. (2013) Action Formation and Ascription. In Sidnell, J. and T. Stivers. (eds.) *The Handbook of Conversation Analysis*, pp.103–130. Oxford: Wiley-Blackwell.

Luke, K. K. and T-S. Pavlidou. (eds.) (2002) *Telephone Calls: Unity and Diversity in Conversational Structure across Languages and Cultures*. Amsterdam: John Benjamins.

Moerman, M. (1977) The Preference for Self-correction in a Thai Conversational Corpus. *Language* 53(4): pp.872–882.

Morita, E. (2005) *Negotiation of Contingent Talk: The Japanese Interactional Particles* Ne *and* Sa. Amsterdam: John Benjamins.

Pomerantz, A. (1984) Agreeing and Disagreeing with Assessments: Some Features of Preferred/Dispreferred Turn Shapes. In Atkinson, J. M. and J. Heritage. (eds.) *Structures of Social Action: Studies in Conversation Analysis*. pp.57–101. Cambridge: Cambridge University Press.

Raymond, G. and J. Heritage. (2006) The Epistemics of Social Relations: Owning Grandchildren. *Language in Society* 35(5): pp.677–705.

Rossano, F., P. Brown, and S. C. Levinson. (2009) Gaze, Questioning, and Culture. In Sidnell, J. (ed.) *Conversation Analysis: Comparative Perspectives*, pp.187–249. Cambridge: Cambridge University Press.

Sacks, H., E. A. Schegloff, and G. Jefferson. (1974) A Simplest Systematics for the Organization of Turn-taking for Conversation. *Language* 50(4): pp.696–735. (ハー

ヴィ・サックス，エマニュエル・A. シェグロフ，ゲール・ジェファソン　西阪
仰訳（2010）「会話のための順番交替の組織：最も単純な体系的記述」『会話分析
基本論集』pp.7–153. 世界思想社）

San Roque, L. and N. J. Enfield. (eds.) (2017) Place Reference in Interaction. *Open Linguistics* 3(1).

Sapir, Edward. (1921) *Language: An Introduction to the Study of Speech*. New York: Harcourt, Brace.

Schegloff, E. A. (2007) *Sequence Organization in Interaction: A Primer in Conversation Analysis, Vol.1*. Cambridge: Cambridge University Press.

Schegloff, E. A. (2009) One Perspective on Conversation Analysis, Comparative Perspectives. In Sidnell, Jack. (ed.) *Conversation Analysis: Comparative Perspectives*, pp.357–406. Cambridge: Cambridge University Press.

Schegloff, E. A., G. Jefferson, and H. Sacks. (1977) The Preference for Self-Correction in the Organization of Repair in Conversation, *Language* 53(2): pp.361–382. （エマニュエル・A. シェグロフ，ゲール・ジェファソン，ハーヴィ・サックス　西阪仰訳（2010）「会話における修復の組織：自己訂正の優先性」『会話分析基本論集』pp.147–246. 世界思想社）

Schegloff, E. A. and H. Sacks. (1973) Opening up Closings. *Semiotica*, 8(4): pp.289–327.

Selting, M. (1988) The Role of Intonation in the Organization of Repair and Problem Handling Sequences in Conversation. *Journal of Pragmatics* 12(3): pp.293–322.

Sidnell, J. (ed.) (2009a) *Conversation Analysis: Comparative Perspectives*. Cambridge: Cambridge University Press.

Sidnell, J. (2009b) Comparative Perspectives in Conversation Analysis. In Sidnell, J. (ed.) *Conversation Analysis: Comparative Perspectives*, pp.3–33. Cambridge: Cambridge University Press.

Sidnell, J. and N. J. Enfield. (2012) Language Diversity and Social Action: A Third Locus of Linguistic Relativity. *Current Anthropology* 53(3): pp.302–321.

Silverstein, M. (1976) Shifters, Linguistic Categories, and Cultural Description. In Basso, K. H. and H. A. Selby. (eds.) *Meaning in Anthropology*, pp.11–55. Albuquerque: University of New Mexico Press.

Sorjonen, M-L. and A. Hakulinen. (2009) Alternative Responses to Assessments. In Sidnell, J. (ed.) *Conversation Analysis: Comparative Perspectives*, pp.281–303. Cambridge: Cambridge University Press.

Steensig, J. and P. Drew. (eds.) (2008) Questioning and Affiliation/Disaffiliation in Interaction. *Discourse Studies* 10(1): pp.5–133.

Stivers, T., N. J. Enfield, and S. C. Levinson. (eds.) (2010) Question-response Sequences in

Conversation across Ten Languages. *Journal of Pragmatics* 42(10): pp.2615–2860.

Stivers, T., L. Mondada, and J. Steensig. (eds.) (2011) *The Morality of Knowledge in Conversation*. Cambridge: Cambridge University Press.

Tanaka, H. (1999) *Turn-taking in Japanese Conversation: A Study in Grammar and Interaction*. Amsterdam: John Benjamins.

Whorf, B. L. (1956) *Language, Thought, and Reality: Selected Writings of Benjamin Lee Whorf* (ed. by J. Carroll) Cambridge: MIT Press.

第9章　会話分析はどこへ向かうのか

西阪　仰

1.　3つの主題

　会話分析はどこに向かっているのか。この問に対して、いろいろな答えがありうるだろう。例えば、近年の顕著な動きとして、会話分析と統計分析を結合する試みが、今日までの会話分析の展開を中心的に担ってきた研究者たちによってなされている (Heritage et al. (2007)、Stivers and Majid (2007)、Stivers et al. (2003) など)。この動きに関しては、別のところで私自身の見解を示しておいた (Nishizaka 2015)。会話分析と統計分析を結合しようとすること、このこと自体は、もちろん悪いことではないし、実際、かれらの研究は、その可能性を説得力ある形で示している。ただ、このことを正当化するのに、会話分析はもともと量的分析という側面をもっていたという言い方をすると (例えば、Stivers 2015)、逆に、会話分析の重要な側面が見失われてしまう。上の文章において、この重要な側面を「行為や表現の規範的な結合関係の経験的な解明」という、あえて矛盾を含む言い方により述べておいた。

　本章では、現在の会話分析研究において1つの流れを作りつつある(しかし、消えてしまうかもしれない)別の話題を3つ取り上げる。それについて、上の会話分析の重要な側面を意識しつつ、私なりに論点の整理を試みたい。最初に取り上げるのは、ハーヴィ・サックスが1960年代後半から1970年代初頭にかけて取り組んでいた「成員カテゴリー化装置(membership categorization device; MCD)」に関する研究に着目しなおす動きである。とくに「成員カテゴリー化分析 (membership categorization analysis; MCA)」

を標榜しつつ、会話分析とは一線を画したところで、一定程度の研究の蓄積がなされつつある（Eglin and Hester 2003、Fitzgerald and Housley（eds.）2015、Hester and Eglin 1997、Stokoe 2012 など）。しかし、会話分析との関係で、このサックスの初期の研究とどう向き合うべきなのかは、現時点で考えておいてよいだろう。次に取り上げるのは、「連鎖組織」（第 2 章参照）に係わる。連鎖組織の組織原理として、いわゆる「隣接対」を基軸に据えた研究（第 2 章参照）といわゆる「優先組織」に関する研究（Nishizaka and Hayano（2015）、Pomerantz and Heritage（2013）参照）は盛んに行なわれている。が、それでは、うまく説明しきれない連鎖組織上の現象があるように見える。そのために、雑駁に「共感」と呼ぶべきものが連鎖組織にどう作用するかを考えよう。この話題は、「知識」をめぐる問題群（第 7 章）とも関係している。最後に取り上げるのは、相互行為を組織するための資源様式の複合性（いわゆる「マルチモダリティ」（第 4 章参照））に関わる話題である。相互行為資源の様式の複合性に着目する研究は、チャールズ・グッドウィンおよびマージョリー・グッドウィン、それにクリスチャン・ヒースの 1980 年代の研究を嚆矢として、その後、私自身の研究も含め、多くの研究成果が公表されている。しかし、その大半は、資源様式の複合性とはいっても、基本的に、音声資源と視覚資源のみを扱ってきた。その他の資源様式については、確かに、無視されていたわけではないとしても、しかし、それ自体が研究の対象となることのないまま、研究のなかで利用されてきたと言うべきだろう。近年、重要な資源様式の 1 つとして、触覚資源が注目を集めている。触覚や、さらに自身の身体部位の運動・位置の感覚を分析対象とすることの意味、その可能性について触れてみたい。

2. 成員カテゴリー化装置

　1989 年に、サックスの 1972 年の論文を北澤裕氏と訳出し出版した（サックス 1989）。この論文の原文は、英語としてきわめて難解であるけれども、「成員カテゴリー化装置」について、最も体系的な論文である。「成員カテゴ

リー化装置」という考えによって、サックスがもともと狙っていたものが何であったかを、今一度きちんと整理したうえで、現在の会話分析の展開のどこにそれを位置付けることができるか(あるいはできないか)を、検討したい。いくつかの論点がある。

第1に、「カテゴリー化」ということの意味である。まず、サックスが2つの「カテゴリー適切使用規則」(サックス 1989: 99, 109–110)を定式化していることを思い出したい。それは、(例えば、「男」「女」といったカテゴリーを含む「性別」装置について、「男」は何人、「女」は何人、というように)すべての人びとについてそれぞれのカテゴリーに当てはまる人を数えるのに使用できるという規則、および、(「成員の配置が予め指定されている」カテゴリーを含む装置——「父」「母」のように何人が配置されているかが予め指定されているカテゴリーを含む「家族」装置など——について、「母親」がいない、というように)足りない数を数えることができるという規則である[1]。これを見るかぎり、サックスが「カテゴリー」として言及していたのは、あくまでも、人びとを分類するためのタームであった。つまり、人を特徴付けるためのタームがすべて「カテゴリー」であるとはかぎらない。この点を、まずはおさえておこう。

第2に、分類のためのタームであるということは、それが原理的にはいつでも任意の(特定の)人びとに対して適用可能だということでもある。成員カテゴリーは、もともと社会(もしくは文化)の成員がどのような成員身分を持っているかに係わるカテゴリーである。つまり、カテゴリーは、そのつどの相互行為機会を超えて、各成員に当てはめることができる。だからこそ、その適用の「正しさ」と「ふさわしさ」が区別可能となる(例えば、私が「男」であることはいつでも正しいが、入学のための面接試験においては「男」というカテゴリーの担い手であることは、必ずしもふさわしいものではなく、むしろ「大学教員」であることがふさわしい)。そうなると、「発言順番により生成されるカテゴリー」(Psathas 1999, Watson 1997, 2015)という言い方には、注意が必要だろう。例えば、「質問者」や「返答者」がそのようなカテゴリーの例とされることがある (Fitzgerald and Housley 2015: 11)。しかし、

「質問者」であることが正しく、かつ「質問者」であることがふさわしくないということは、質問がなされているかぎり、論理的にありえない。

ロッド・ワトソンは、電話における「かけた側」と「かけられた側」を、発言順番により生成されたカテゴリーの例として挙げている。確かに、1つの電話の途中で、会話者の一方が「かけた側」であることとは無関係なやりとりが一時的になされることも、あるかもしれない。サックス自身も、「かけた側」と「かけられた側」というアイデンティティについて、講義の何箇所かで論じている。しかし、サックスは、このアイデンティティをカテゴリーとは呼んでいない[2]。もちろん、ワトソンは、サックスの機械的な分析装置構成法を換骨奪胎し、サックスの目指した一般的なメカニズムの解明ではなく、むしろ、相互行為参加者自身による局所的秩序産出の様々なやり方の解明に向けた分析道具を再構成しようとしている。しかし、カテゴリー概念をこのように拡張するならば、分析の焦点がむしろぼやけてしまうことを危惧する。この点は、下で「第4」の論点としてあらためて論じる。

第3に、サックスが提案した「R」と呼ばれる装置が、しばしば様々に拡張されて解釈されているように見える（例えば、Hester and Eglin (1997: 4)）。Rは、特定の人に対して、任意のもう1人が持ちうる2人関係を包括的かつ相互排他的に分類するための装置である[3]。私に対して、Xは「親子」関係にあり、Yは「夫婦」関係にあり、Zは「友人」関係にあり、…Oは「他人どうし」である、という具合である。この関係は1つの集合として、私たちの社会（もしくは文化）において用いられている。サックスは、この2人関係は「標準化」されていると述べている（サックス 1989: 107）。すなわち、その関係内の一方が他方に対してどのように振舞うかは、その具体的な担い手が誰であろうと、一般的に期待できる。一方、「医者－患者」「教師－生徒」のような2人関係も、ある意味で「標準化されている」と言えるだろう。しかし、それは、Rの要素とは根本的に性格の異なるものである。もしこのような2人関係も、Rの要素と同列に理解してしまうならば、これらもろもろの2人関係がどのような一まとまりをなすか明確に規定できないかぎり、それらは分析的にルーズなものとならざるをえない[4]。実際、サックスは、R

第 9 章　会話分析はどこへ向かうのか　257

と K を区別していることを思い出そう。K とは「専門家 – 素人」という（知
識配分の不均等にもとづく）カテゴリー・ペアである。「医師 – 患者」等は、
むしろ、K の 1 つの具体的な形と言うべきだろう。

　ちなみに、R は次の発話の産出の仕掛けの一部として、析出された装置で
ある。自殺志願者のためのホットラインにおける電話のなかで、自殺志願者
たちが繰り返し語る「頼れる人がいない」という発話が、それだ。サックス
によれば、この発話において、話し手は、自分と相手を「他人どうし」に分
類している。まずは R 装置を手がかりに助けを求めるべきだという規範的
期待とともに、そのような手続きを取ることの断念が、この発話には表現さ
れている。言いかえれば、その発話は、K の要素である「専門家」を頼って、
ホットラインに電話をかけてきたことの理由説明でもある。夫も、親も、友
人もいないがゆえに、という具合である（下の「第 5」の論点を参照）。

　第 4 に、カテゴリーは様々な（ある種の）「ステレオタイプ」と結びつく
（Sacks（1992a: 339–340, 577）など）。「男は XX である」「女は XX である」
というステレオタイプ的な知識を、サックスは、「帰納から免れた知識」と
呼んでいる（Sacks（1992a: 336）など）。これは、分類タームとしてのカテゴ
リーに結びつく相対的に安定した特徴の 1 つである。活動や発言順番と直接
結びついたアイデンティティについて、そのような特徴を語ることはできる
だろうか。なるほど、電話を「かけた側」という概念には、電話をかけると
いう活動が結びついている。しかし、これは同語反復以上のなにものでもな
い。あるいは、電話を「かけた側」には、最初の話題を提起するという活動
や、電話の終了を開始するという活動が結びついている。しかし、これは、
上のようなステレオタイプ的な知識からはほど遠い。それは、むしろ、電話
における会話の全体組織の分析により取り出すべき特徴である（「呼びかけ –
応答」連鎖の非完結性（Schegloff 1968）、すなわち、呼びかけを行なった者
は、連鎖終了後、新たな〔本題となる〕連鎖を開始するべきであることを思
い起こそう）。この 2 つの特徴（ステレオタイプ的知識と全体組織の分析的特
徴）を同じ水準でとらえてしまうならば、元来、活動の、あるいは活動への
参加の組織の特徴として分析されなければならないものが、分析されないま

ま、分析のために使われることになりかねない。

　さらに、カテゴリー集合がカテゴリー集合としてのまとまりを維持しているのは、1つの集合内の諸要素（諸カテゴリー）のあいだにも、一定の関係がステレオタイプ的に想定できるからにほかならない。例えば、Rの各要素（2人関係）は、関係の強度にしたがって順序づけることができる。また「子ども」「少年」「大人」「老人」といったカテゴリーを含む「人生段階」装置においては、ステレオタイプ的に、「子ども」「少年」は「大人」に向かって成長し、「老人」は逆に「大人」からの衰えと捉えられている。つまり、「大人」を頂点とした序列が想定されている。それだけではなく、「大人」は、誰がまだ「子ども」で、誰が「少年」に成長したか、そして誰が「大人」になっているかを判断する権利と義務を持っている（サックス（1987）参照）。

　以上を踏まえ、さらに一般的なことを2点確認しておこう。第5に、以上のような限定的な特徴を持つ「成員カテゴリー化装置」は、特定の発話がなんらかの行為もしくは記述でありうるための仕掛けの一部として、析出されたものである（Sacks（1972）も参照）。例えば、グループセラピーにおいて、もともと参加していた1人の男の少年が、新たに入ってきた別の男の少年に対して、「ぼくたち自動車の議論をしていたんだ」と語る例（Sacks 1992a: 300–302）を思い出そう。これが「誘い」として理解できるための、その理解可能性を生み出す仕掛けとして、「性別」と「人生段階」を組み合わせた装置を析出することが可能である。「自動車の議論」という活動を、「男の子」とステレオタイプ的に結びついたものとして、この発話の産出者は用いている。言いかえれば、「男の子は自動車の議論が好きだ」という（帰納を免れた）特徴を用いている。つまり、同じ「男の子」（に分類可能な者）が、別の「男の子」（の分類可能な者）に宛てて、そのカテゴリーに結びついた活動を行なっていたことに言及するならば、その言及された活動に相手の少年を誘っていると聞くことができる。また、この同じ仕掛けは、「誘い」の反対のタイプの行為（「拒絶」）の産出・理解をも、同時に可能にする。つまり、同じ装置の別のカテゴリーに属する者（「女の子」）に宛てて、自身のカテゴリー（「男の子」）に結びついた活動を行なっていたことに言及するならば、その活

動に、すなわち現在の相互行為にその相手が入ることを拒絶することとなる。

　一方、行為や記述の産出・理解のための仕掛けとして、成員カテゴリー化装置はあまりにも限定的すぎる。サックス自身も指摘するように、上の分析に対して、産出位置の特定を加えなければ、「誘い」の理解可能性（「認識可能性」）の仕組みを捉えきれない。

　第6に、したがって、成員カテゴリーは、会話における人物指示とも人物の記述とも独立である。それは、あくまでも話し手と聞き手、もしくは言及対象を分類するためのタームである。確かに、言及対象の分類のために成員カテゴリーが用いられるとき、それはその人物の記述でありうる。しかし、上の「自動車の議論」や「頼れる人がいない」の例には、成員カテゴリーは、いかなるタームとしても出現していない。つまり、そこでは、サックス自身、成員カテゴリーについて、人物指示のタームや人物記述のタームとしてではなく、あくまでも、特定の行為を（「誘い」や「拒絶」、あるいは「助けを求めること」など）産出・理解するための仕掛けの一部として語っている（Schegloff（2007a）の整理も参照）。

　以上、6点にわたり概念的な整理をこころみた。成員カテゴリー化装置は、あくまでも行為や記述の産出・理解の仕掛けの、きわめて限定された領域に留めておくしかない。あるいは、相互行為参加者たちが用いている多様な概念のなかの、1つの限定された概念タイプと位置付けることができるだろう。その多様な概念のなかには、様々な行為概念（「誘い」「拒絶」など）もあるし、様々な位置概念（会話の開始部、発言順番の開始部、前の発言順番の完了可能点の直後、など）もある。これらの概念は様々に規範的につながり合っている[5]。「男の子」という成員分類概念と「自動車の議論」という活動概念もそのような規範的なつながりの1つである（西阪（2008）参照）。もし会話分析の現在までの仕事を、参加者自身が用いる概念間の規範的なつながりの経験的な解明と捉えなおすことができるならば、成員カテゴリー化装置は、そのような概念の規範的つながりのなかできわめて限定された1つの領域を構成するものと言えよう。他の概念タイプと混淆することなく、概念間のつながりおよび概念タイプ間の関係にきちんと適切な見通しをどう与えて

いくかが、重要な課題となるだろう。

3. 適合配列・優先関係・共感[6]

　すでに本書の第2章で詳細に論じられているように、発話もしくは発言順番を前後に配列するための組織は、これまで「連鎖組織」の研究として、様々な場面において探求されている。最小の、しかも強固な連鎖が「隣接対」と呼ばれ、これを基底に据えた連鎖の拡張が最重要な焦点となってきた。隣接対を基底としたものであれどうであれ、2つの連続的に配列される発言順番は、基本的に、タイプ上適合的であることが期待される。隣接対は、この適合配列が最も強い規範的な制約のもとにあり、発話タイプ（「質問」もしくは「返答」というタイプ）の連鎖自体が、連鎖としてタイプ（「質問 – 返答」［質問されたら返答する］というタイプ）を構成するような連鎖の組織である。他方、最初に評価がなされたならば、しばしば続いて第2の評価が別の話し手によりなされる。これも発話タイプの連鎖であるにはちがいないが、隣接対のように、「評価 – 評価」という連鎖タイプが構成されるとはかぎらない。ともあれ、連鎖を開始する発話タイプのあとに、それへの応答として適合的な発話タイプが配列されるとき、この配列を「適合配列（alignment）」と呼んでおこう。

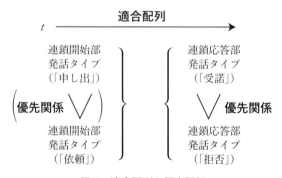

図1　適合配列と優先関係
（連鎖開始部に優先関係があるかは未決なので、（　）で括ってある）

第 9 章　会話分析はどこへ向かうのか　261

　一方、連鎖を開始する発話タイプに対して、応答部を構成する発話タイプ
に複数のタイプがあることが観察されている。「誘い」という開始部発話タ
イプに対して、その「受諾」もしくは「拒否」の 2 つのタイプが応答部にお
いて産出できる。いずれも適合的に配列されている。しかし、応答部の両タ
イプは対称的ではない。多くの場合、同意タイプの応答のほうが優先的であ
る(すなわち、「受諾」など同意タイプの応答は端的になされるのに対して、
「拒否」など不同意タイプの応答は、遅延、限定、理由付けなどの特徴を伴
う)。このような応答タイプ間の非対称的関係を「優先関係 (preference)」
と呼ぶ(第 2 章の説明も参照)[7]。また、連鎖開始部の発話タイプ間にも非
対称性があるという見解もある (Schegloff (2007b) など)。例えば、相手が
依頼をする前に、こちらから申し出を行なうほうが、望ましいように思え
る (Levinson 1983)。あるいは、同じことでも、助言としてより、提案とし
て行なうほうが望ましいように思える。この問題にはここでは立ち入らな
い[8]。いま重要なのは、開始部と応答部のあいだのタイプ上の関係が適合配
列であるならば、それぞれの部におけるタイプ間の非対称性が優先関係であ
るという点である。適合配列がタイプ間の前後関係に対する制約であるとし
たら、優先関係はタイプ間の選択関係に対する制約である。いずれも発話タ
イプ間の関係であることに注意しよう(図 1)。

　さて、別稿(西阪 2015)でも引用した、次のやりとりは、適合配列および
優先関係だけで、うまく捉えることができるだろうか。3 人の女性が畑野の
家に集まりコーヒーを飲んでいる。01 行目で畑野は、コーヒーの「おかわり」
の申し出を行なっている。それに対して、02 行目で川原は、端的にそれを
受諾している。「申し出」という発話タイプに対して適合的な発話タイプで
ある「受諾」が産出されており、01 行目と 02 行目の 2 つの発話は、適合的
に配列されている。しかし、問題は、03 行目である。川原の端的な受諾を
聞いた直後(最初、01 行目の発話に宛先表現を付け加えかけていたのを中断
して)、畑野は、あたかも命令を受諾したかのような応答を産出している(08
行目も参照)。川原自身および高崎も、これとほぼ同時に笑うことにより(04
行目と 05 行目)、02 行目の端的な受諾を可笑しなことと受け止めている。

それぱかりか、09 行目以下では、川原はそのような（02 行目のような）応答をしたことの言い訳を行なっている。つまり、参加者全員が、02 行目の端的な受諾を普通ではないものとして扱っている。この「普通でなさ」は、どのように記述できるだろうか。

（1）
```
01   畑野：おかわり分，作っておきましょうか.
02   川原：は[い.
03 → 畑野：   [川原さ- は[い わかりました(h)
04   川原：            [hahahahahhhhhhh
05   高崎：            [hhhhhhhhhhhhhhh
06   畑野：[ .h h h h    h e h e h   [heheh .hh heheh=
07   川原：[す(h)いま(h)せ(h)ん(h)ね(h):[ehehh hhhh
08   畑野：=¥はい. [いま すぐ. ただ[いま]¥.
09   川原：       [お昼を-     [あの]おひるをさ すっごい=
10   高崎：                    [hehehhhhhhh
11   川原：=勢いで食[べて:
12   畑野：      [あh あたしも: heh [.hhhh   heh
13   川原：                     [でもね お茶が
14        飲めなくて:
```

　1 つは、申し出のように話し手が一方的に供益者となり受け手が一方的に受益者となるような発話タイプが連鎖を開始したとき、受諾・拒否という 2 つの応答タイプ間の優先関係が逆転するという考え方である。しかし、もし川原の受諾が「非優先的応答の特徴」を伴っていたとしたら、どうだろうか。もし（例えば「（（沈黙））えーと，はい」というように）沈黙による遅延、あるいは様々な躊躇による遅延を伴っていたら、それは「普通の受諾」として受け止められるというより、むしろ、（相手に合わせて「はい」と言っているだけで）本当はほしくないと聞かれるかもしれない。つまり、やはり受諾のほうが優先的と扱われるように思える。むしろ、02 行目の端的な受諾は、適合的に配列されかつ優先的な応答であるにもかかわらず、適切な態度

が示せていないと言うべきだろう[9]。

　もう1つ別稿で引用したやりとりとも一緒に検討することで、この「適切な態度が示せていない」ということの意味を掘り下げておこう。野田は、最初に「びっくりしたことがある」と述べ（データ引用なし）、続いて、ある学会で報告したとき、「死んでいると思っていた」「堂本さん」が目の前に現れたことを、語っている。断片（2）の01～06行目は、野田の話の山場となっている。野田は、そのときの様子を、両者（「堂本さん」と野田自身）の台詞の引用という形で語り、その終局（自ら礼を述べ、そして堂本が名乗りをあげたところ）において、笑いを含ませつつ語っている。この笑いに誘われて(Jefferson 1979)、07行目で古谷は笑い始める。一方、もう1人の聞き手である青木は、最終的に(14～15行目)、野田の話を情報価値あるものと受け止める(「ああ ああ ああ：な：るほど.」)が、笑うことはない。

（2）

```
01  野田：'んで： tchtch てっきり堂本さんて： 死んでると
02       思ってたら： tchtch報告した後：(.)あのひょこっと：
03       (.)来て：tchなんかいろいろ (.)tch言い始めて,
04       (.)tchこれの- これを-報告まとめたほうがいいですよ
05       って言って(.)tch ああ, どうもありがとう(h)
06       ござい(h)ます(h)ていったら： 私 堂本ですけども(hh)
07  吉谷：hh hehehhhhhhhh .hhh hehehh hh
08  野田：もう： ね(h) [びっくりしましたよ  (とにかく.)
09  吉谷：              [hehe
10  吉谷：hehe [hhh
11  青木：     [ああ ああ
12  野田：てっきり:: こう： 死んでる::::  (.)
13       か[と 思っていた人が突]然 目の前に現れて.
14→青木：  [ああ ああ ああ：    ]
15→青木：な：るほど.
16       (1.6)
17  野田：そういう年寄ばっかりだったす 昔は. (.) で:: tch
18       その次の年：も どっかで ぼく 行ったんだけど・・・
```

そもそも、青木は、14 行目にいたるまで、はっきりと野田の話全体を受け止めることをしていない（11 行目の短い「ああ　ああ」は、野田の話全体に対する応答というよりは、むしろ、依然、聞き手としての姿勢を示しているように聞こえる）。つまり、14 行目にいたるまで、そもそも適合的な応答タイプが配列されていない。実際、野田は、その話が「びっくりしたこと」に関する、いわば面白い話であること（08 行目）、および何が面白いのか（12 ～ 13 行目）を述べることで、青木による適合的な応答タイプの産出を追求しているように見える。そして、14 ～ 15 行目の青木の応答が得られると、17 行目で野田は、自分の話のきっかけになったこと（すなわち、昔は「そういう年寄ばっかりだった」こと）を再び述べ（野田がこの話を開始する前に、野田自身、その学会について、自分が入れと言われていたころは「ほんと年寄ばっかだったから」と述べていた［データ引用なし］）、17 ～ 18 行目にかけて、その学会の別のことに話題を変える（「その次の年もどっかで・・・」）。つまり、野田は、適合的な応答タイプが欠けていたときのように、さらに青木の応答を追求することは、もはや行なわない。しかし、2 つの点に注意するべきだ。1 つは、16 行目の 1.6 秒の沈黙である。野田は、青木が「なるほど」という応答に何かを付け加えるのを待っているようにも見える。もう 1 つは、17 行目の野田のまとめ（「そういう年寄ばっかだった」）の構成である。もはや、自分の話の面白さとは無関係なことを述べている。すなわち、自分の話の情報としての要点を述べている、しかも、「そういう年寄」という言い方により、「堂本さん」が、あくまでもその（情報としての）要点の例示であったことを明らかにしている。

　以上をまとめると、次のようになる。野田の話に対する青木の応答は、その面白さに同調することのない、非同調的なものであった。それに対し、野田の最後の（17 行目の）まとめは、青木のその非同調的な（情報のみを受け止める）応答に同調した構成（情報の要点の再説）を取っている。青木の「なるほど」という応答の非同調性は、野田の話の、まさにその組み立て方の特徴に、青木の応答の組み立て方が一致していなかったことにある。つまり、野田は、その話の終局に笑いを含ませることで、笑うべきこと（面白いこと）が

語られているという、自分の話に対するそういう態度を明確にしていた。しかし、青木から最終的に得られた応答には、そのような態度は示されていなかった。一方、青木の最終的な応答のまさにその（笑いを含まない）組み立て方に合わせて、野田の次の発話は組み立てられている。

　もし発話の組み立てのうちに何らかの態度が示されたとき、その態度への何らかの同調が期待されているとしたならば、ここには広い意味での共感（affiliation）の原理が働いていると言えるだろう。適合配列も優先関係も、発話タイプに係わる原理だった。それに対して、広い意味での共感（態度への同調）は、実際に個別の発話（もしくは発言順番）がどのように組み立てられているかに係わっている。発話の組み立てには、笑いながら話すというような非言語的な特徴も含む。あるいは、断片（1）の 01 行目における畑野の申し出のように、供益・受益関係が示されることもある。そもそも申し出という発話タイプは、ある対象もしくはサービスの話し手から受け手への移動という点において、依頼という発話タイプと選択的である。であるならば、畑野が、川原からの依頼を待たずに自ら申し出を行なったと言えるだろう。畑野が、他の可能な発話タイプ（依頼）の余地を残さないよう、あえて申し出という発話タイプを産出したのだとしたならば、そこには畑野の川原に対する「気遣い」の態度が表れている。だから、もし川原がこの態度に同調的な応答をするとしたならば、それは端的な受諾（「はい」）ではなく、感謝の表現による受諾（「ありがとうございます」）であったろう。川原の（02 行目の）応答に欠けていたのは、この態度の同調にほかならない。

　さて、発話の組み立てにおいて表わされる態度といっても、それは多様である。その態度のタイプを混淆することなく、それぞれについてきちんと検討していくことが必要だろう。その態度は、特定のことがらについて自分および相手のあいだの知識の配分に対するもの（Heritage 2012a, 2012b, Heritage and Raymond 2005, 本書第 7 章）であったり、供益・受益関係に関するもの（Clayman and Heritage 2015）であったり、あるいは（断片（2）の野田の話に表われているような）感情に係わるものであったりする。とくに、感情的な態度への同調的応答を、狭義の共感的応答と呼ぶことができるだろ

う (Stivers 2008, Stivers, Mondada, and Steensig 2011, 西阪ほか 2013)。それだけでなく、今後の課題として、それぞれの態度の表わされ方の諸タイプについても検討されなければならないかもしれない。前節で吟味した「成員カテゴリー化装置」による、相互行為参加者および相互行為において言及されている人びとの成員身分の区分けは、例えば、知識の配分に関する態度表明のやり方の1つと位置付けることもできるだろう。

　とりあえず、以上のように整理しておいたうえで、最後に、もう1つ複雑なことを述べよう。非優先的発話タイプを避け優先的発話タイプをあえて行なうことが、気遣いを示すための1つのやり方でありうることを、上で示唆しておいた。同様に、応答タイプ間の実際の選択も、発話の組み立て方の一部である。だから、誘いを拒否するにしても、できるだけ同意に近い形を用いることは、そのこと自体何らかの態度（気遣い、など）の表示となる。すなわち、優先関係と共感は、互いに独立の組織原理であっても、それぞれ互いにとって資源でありうる。同じことは、適合配列と共感についても言える。すでに述べたとおり、「一まとまりの話をすること」（という発話タイプ）に対しては、その話の完了したところで、その趣旨の受け止め（という反応タイプ）の配列が適合的である。しかし、その一方、「エンターテイメントとして面白い話をすること」（という発話タイプもしくは活動タイプ）に対しては、その面白さの享受という（共感的）応答タイプの配列が適合的と言えるかもしれない。確かに、「賞賛」や「非難」のように、それ自体共感的もしくは非共感的な発話タイプもあるように見える。しかし、それでも、発話タイプという考え方をどこまで拡張してよいかという問題は残るだろう（「面白い話をすること」が本当に、「話をすること」とは別の、連鎖タイプを構成する発話タイプでありうるだろうか）。が、そのような拡張が一定程度可能だとしても、だからといって、適合配列と共感の相互独立性が否定されるわけではない。両者は、そのうえで、互いを自らのための資源として用いることができるからである。

4. 相互行為における触覚と感覚

1990年代に入り、ビデオカメラおよび録画媒体の小型化、録画・録音の解像度・音質の飛躍的向上、そしてなによりも、コンピュータによるビデオの処理能力の向上により、会話分析の基本的なデータは、電話の録音から対面的な相互行為へと変わっていった。言葉もしくは音声だけではなく、視線の向き、身振り・手振りが、同時に考慮されるようになる。しかし、相互行為参加者たち自身が自分たちの相互行為の組織のために利用可能な資源のうち、多くの場合、研究者の注意は、もっぱら音声資源と視覚資源に向けられていた。

とはいえ、近年、他の様式(モダリティ)の資源も扱われ始めている。とくに触覚資源が注目されている。いくつかのことに注意したい。第1に、触覚資源といっても、多様なものを含みうる。表面の(堅さ・形状などの)触覚的知覚、身体を動かされることで引き起こされる運動感覚、触れられることで引き起こされる(痛みなどの)感覚。これらはすべて異なる。第2に、これら触覚的知覚・感覚は、それ自体コミュニケーション的でありうる。例えば、触覚的知覚は、身体部位への「指し示し」のための資源でありうる(Nishizaka 2007, 2011a, 2011b, 2014)。手芸の教師が生徒に手の動かし方を教えるとき、手を実際に動かして生徒に運動感覚を引き起こすことがあるだろう。このとき、その運動感覚が、教えるという活動の資源となっている(Lindwall and Ekström 2012)。また運動感覚は、大人が子どもを実際に動かして子どもの振舞いを指図するとき、その指図の伝達手段となりうる(Cekaite 2015)。第3に、多様な資源様式間の相互転換も、相互行為の組織を考えるうえで、無視できない。触れることにより引き起こされる(痛みのような)感覚は、声で表わされうる(「痛い!」など)。例えば、ヒースは、医師が患部に触れることで引き起こされる痛みの感覚を患者が音声資源に様式転換することにより、その感覚が当該相互行為の焦点となるような事例の分析を行なっている(Heath 1989)。あるいは、物体の重さの触覚的知覚が、手振りによって表現されることもあるだろう。

268 西阪 仰

　以上の整理は、体系的なものでは決してない。これまでの研究に即して、暫定的に整理したものである。とりあえず、次の2点について考えたい。第1に、自身の運動および自身の身体部位の位置の感覚は、相互行為参加者どうしの身体接触を含まない相互行為においても重要な役割を果たしている。この、きわめて個人的に見える運動・位置感覚は、相互行為上の意味を持ちうるだろうか。第2に、基本的に視覚情報と音声情報しか伝えないビデオによって、触覚資源は、どのようにして接近可能になるのかという方法論的論点がある。この2つの論点は、あとで明らかになるように、互いに無関係ではない。

　最初の論点は、例えば、身体をどう動かすかのデモンストレーション場面において、つねに問題となりうる。デモンストレーションとは、例えば、教師が生徒に視覚情報として身体の動かし方を実際に示すことである。断片（3〔1〕）は、その単純な例である[10]。4歳の子どもにバイオリンの弓の引き方を、プロのバイオリニストが教えている場面である。01行目で、教師（バイオリニスト）は、「こう」と言いながら、自分の右肘を左手で指す。この指示表現に誘われて（Goodwin 1986）、子どもは、視線を教師の右肘（腕）に向ける。教師は、この子どもの視線の動きを確認したあと、03行目で正しい右手の動かし方のデモンストレーションを行なう。（ちなみに、「わんわん」というのは、四分音符の拍を表現したものである。）子どもは、その動きを見たあと、低い位置にあった自分の肘を上げ（図2と3）、視線をバイオリンに移し、実際に弾く用意を始める。（以下の断片では、行番号のある行には発話を記し、その下に、視線とその他の身体の動きを記してある。それぞれ発話との位置関係が「|」によって示される。「---→」は動作が続くことを示し、「---≫」は動作が行を超えて続いていることを示す。視線の向きはアルファベットによって示され、それぞれ何を表わしているかは、そのつど欄外に注記されている。ただし、「XX」は、相手の顔に視線が向けられていることを示す。また、小文字は、視線が向かいつつあること、もしくは外れつつあることを示す。）

(3〔1〕)
01 **教師:**　　|**こう**<
　　教.視線：|((前を向く))
　　子.視線：|ta*
　　教師：　|自身の肘の内側に触れる

02　　　　　|**(1.0)**
　　教.視線：|xxxxxxxxxx((顔はまっすぐ前を向く))
　　子.視線：|TATATATATAT*　　*TAは「教師の右腕」
　　教師：　|腕を動かす----≫

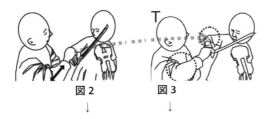

　　　　　　　図2　　図3
　　　　　　　 ↓ 　　 ↓
03　**教師:**　　**わ**ん　**わ**|ん　|**わ**ん
　　教.視線：xxxxxxxxxxxxxxxxx
　　子.視線：TATATATAT bbBB*　　*Bは「弓」
　　教師：　　---------------→|
　　子ども：　　　　　　|右肘を上げて，弓を
　　　　　　　　　　　　バイオリンの上に置く

　子どもは正しい位置に自分の肘を上げることにより、教師の示した正しい肘の動かし方をきちんと見たこと、そしてその要点を正しく理解したことを、明確に示している。デモンストレーションは視覚的な活動である。「教師はそれを子どもに見せ（子どもの視線が自分の腕に向いていることを教師は見ている）、子どもはそれを見た（子どもは教師の腕の動きに視線を向けている）」という記述がここでは可能である。

　しかし、身体の動かし方のデモンストレーションにおいては、視覚が運動知覚に結び付けられていることが、決定的に重要である。実際、この時点において、子どもは、自身の腕の動きに視線を向けてはいない。しかし、教師

がデモンストレーションしたことと同じことを行なっている。つまり、教師の腕の動きを見ながら、同時に、いわば自身の運動感覚をも「見ている」。このように、見ることは、しばしば光学的な現象であるだけでなく、複合感覚的でもある。

　このことは、断片(3〔1〕)に続く断片(3〔2〕)において、明確になる。子どもが肘を上げて弓をバイオリンに戻すとき、教師は、その弓の方に両手を伸ばし(04行目)、「あら::?」と、何らかの「異常」に気付いたことを明らかにする(05行目)。そして、そのまま弓を両手で押さえる(06行目)。07行目で、教師が「銀色の:ちょっと↓上:」と言うとき、教師がどのような「異常」に気付いたかが明らかとされる。「銀色」とは弓の銀色部分を指し、この銀色部分は、弦に弓のどの部分を置くかの目印として、いつも用いられている。つまり、この銀色部分の「ちょっと上」の部分と弓とを接するべきことを、教師は、子どもに思い起こさせている。しかし、子どもは、教師が弓を押さえたとき、(07行目の「CE」で示されるように)視線を自分の肘のほうに向けていく。つまり、子どもは、教師の気付いた「異常」を自分の肘の位置であると理解(誤解)したこと、このことが子どものこの振舞いにより明らかにされる。

(3〔2〕)

```
04            |(0 . 2)
   教.視線： |BBBBBBB
   子.視線： |BBBBBBB
   教師：    |両手を弓の方に伸ばす

05 教師：    あら::_?
   教.視線： BBBBBB
   子.視線： BBBBBB
   教師：    ------≫

06            |(0 . 2)
   教.視線： |BBBBBBB
   子.視線： |BBBBBBB
   教師：    |弓を両手で押さえる
```

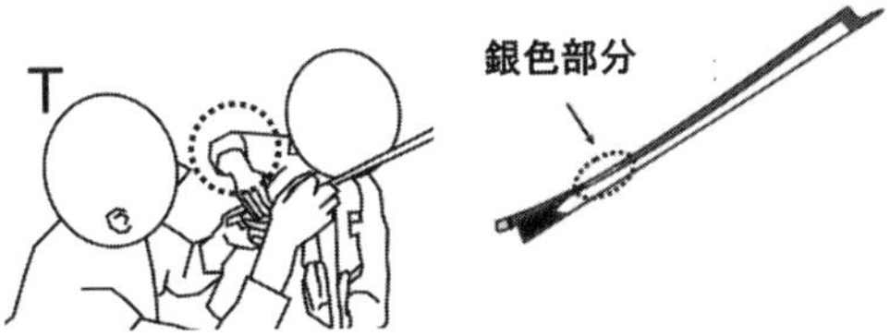

図 4

↓

```
07  教師：     はい |銀色の： |ちょっと↓上：
    教.視線：BBBBBBBBBBBbxXXXXXXXXX
    子.視線：bbceCECECECECECECECECE*        *CEは「子どもの肘」
    教師：        |銀色部分の少し上を右手で
                  指さす------------------≫
    子ども：        |右肘を動かす


08          (0．8)|
    教.視線：XXXXXXXX
    子.視線：CECECECE
    教師：    ---------→|
    子ども： --------≫
```

　デモンストレーションは、視覚資源に頼った活動である。デモンストレーションは生徒によって見られなければならない。一方、特定の対象に視線を向けることは、その対象を見ることと強い結びつきを持っている。デモンストレーションにおいて肘が一定の高さに維持されるのを見たことを実証するために、子どもは、自分の肘の高さが自分の見たものと同じ状態にあることを、いま視覚的に確認している。しかも、単に事実として確認しているだけではなく、「確認していること」を、教師の前で（いわば、それとわかるように）実際に行なっている。しかしながら、この子どもの振舞いは、デモンストレーションによって示されたことに、むしろ反している。「デモンストレーションを正しく見た」ことが子どもに帰属できるのは、視線を、弓に（より正確には弓が弦と接する場所に）向けたまま（すなわち、肘の高さを視覚的に確認することのないまま）、教師と同じように「やって見せる」ことによっ

てのみである。

　この事例より、デモンストレーションを見ることとは、運動・位置感覚を
も同時に伴う、いわば複合様式の視覚であることが、明確になる。このよう
に、身体接触を伴わない相互行為においても、とりわけ「身体の動かし方を
見る」ことがなされるとき、視覚以外の多様な知覚・感覚資源が関与しうる。

　一方、相互行為参加者どうしの身体接触を伴う相互行為の場合、参加者た
ちの触覚資源は、分析者の分析に利用できないように思えるかもしれない。
かれらが触覚的に感じているものを、観察者は同じように感じるができない
からだ。しかし、相互行為の分析において、それが相互行為参加者当人に利
用可能であるかぎり、無視することはできない。もし先に述べたような様式
転換がなされているならば、分析者も、当人たちが音声的にもしくは視覚
的にそれに接近するように、それに接近できるだろう。が、それだけではな
い。いま検討した複合様式の視覚（運動感覚を見ること）は、じつは分析にお
いても利用可能である。つまり、分析者がビデオを見るとき、人びとの振舞
いを、（触れることにより引き起こされる）運動感覚もしくは痛みの様相にお
いて見ることができる。

　この点について例示しよう。確かに、分析者に接近できない触覚資源はあ
るだろう（ただ、そのように言うならば、分析者に利用できず、しかし当人
たちには利用可能な音声・視覚資源だってあるだろう）。しかし、それでも、
複合様式視覚と様式転換を手がかりに、単なる推測や解釈ではない（より「直
接観察的」な）記述が可能となる。

　次の断片は、在宅でのマッサージ施術者と片麻痺を患うクライアントのや
りとりである。施術者はクライアントの左脚を「上げる」施術を行なってい
る（図5参照）。施術者は、01行目で上げ始めた足を、02行目で止め、その
姿勢を維持したまま、痛みについて質問する（02行目）。そして、クライア
ントが痛みを感じていないことを確認しながら、足をさらに上げていく（つ
まり、前方に倒していく）。

(4)
01 施術者：｜足を上にあげていきま↓す↑ね:::
　　施術者：｜足を上げる-----------------------≫

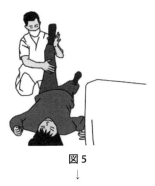

図5
↓

02 施術者：.hh｜痛↑み::は ありま↓すかねhh
　　施術者：----->｜足を上げた姿勢をそのまま維持する

03 クライ：°まだない.°

04 施術者：｜大丈夫ですか::?
　　施術者：｜足をさらに前方に押す

　問題は、施術者が、足を上げていくのを、どの位置まで上げたところでやめたか、である。とりあえず、足が伸びきったところと言うこともできよう。しかし、足が「伸びきった」というのは、どう判断できるのか（もちろん、分度器で図っているわけではない）。おそらく、ここに触覚資源（足を前に倒していくのにどのくらいの力がかかるかの差異）が利用されている。この観察には、主に2つの手がかりがある。第1に、02行目の施術者の痛みに関する質問は、「痛みはありますかね」と、同意の（すなわち優先的な）応答が「痛みがある」になるよう構成されている。つまり、クライアントがその時点において痛みを感じていてよいという判断が、その質問の構成に反映されている。第2に、クライアントの返答は「まだない」という、あたかもこの運動の続きにおいては、さらに痛みの生じる可能性があることを含意

する構成になっている。ここに分析のための2つの資源がある。1つは、いま述べたような質問と返答のデザイン（ある種の——触覚資源から言語資源への——様式転換）であり、もう1つは、私たちが図5の足の位置を、触覚的様相においても「見る」（つまり、痛みが引き起こされていてよい位置として見る）ことができるという分析者の視覚能力である。この両者が合わさり、相互行為参加者たちの触覚資源が、分析者にとっても利用可能になる。すべての触覚資源が利用可能ではないにしても、じつは、すでにビデオが導入されたそのときに、触覚資源は、私たちに分析的資源として利用可能になっている。

5. 「身体性」を取り戻すこと

　以上、一見、なんの脈略もない3つのテーマについて、論点整理を試みた。しかし、これらのテーマは、まったく無関係であるわけではない。この3つのテーマを貫いているのは、相互行為の根源的な「身体性」にほかならない。

　メルロ゠ポンティや廣松渉が、触覚的知覚の重要さを強調していたのは、人間が身体を持ち、身体を持つという事実からどうしようもなく逃れられないということを、直視したからだった（メルロ゠ポンティ（1967–1974）、廣松（1982）など）。しかし、相互行為の触覚資源について、それが相互行為のなかで実際にどのように用いられているか、そして、それがどのように分析可能かについて、まともに論じられたことはこれまでほとんどなかった。

　一方、個別の発話の組み立てに示される様々な態度の研究（3節）は、例えば、どのような声色を使うか、どのような音調を伴うか、どのような高さで発声するか、ということに直接係わってくる。それは、音声資源の、いわば身体的側面である。とりわけ、狭義の共感と係わる感情的な態度は、笑い声を用いる、低い声・甲高い声を用いるというような、音声資源の身体的側面に直接係わっている（Goodwin, Cekaite, and Goodwin（2012）など）。知識の配分、供益・受益関係などに係わる態度については、そのような身体性の直

接的係わりは、明確ではないかもしれない。しかし、ごく普通の言い方における「自信を持った言い方」は、知識配分に関する態度を示す1つのやり方だろうし、「哀願するような言い方」は、供益・受益関係に関する態度を示す1つのやり形だろう。このような言い方は、何らかの身体性と係わりうるように思える。

　話し手が、自分たちを特定の成員身分に分類することは、自分たちのあいだの知識の配分に関する主張を伴う（例えば、Raymond and Heritage（2006）など）。逆に、ある特定の対象（例えば、日本人の行動様式）に対する知識の非対称的配分の主張を含意するような語り方は、自分たちを特定の成員身分（「日本人」と「非日本人［外国人］」）に分類する（西阪1997）。この「語り方」には、発話のデザインだけではなく、身体的な音声資源も含まれうるだろう。

　さて以上より、本書の締めくくりとなる章で、会話分析の向かう方向の1つを示すとするならば、それは身体性を取り戻すこと、と言えるかもしれない。

注

1　サックスは、「成員カテゴリー化装置」を分類するにあたり、1型と2型を区別している。後者は、「複製的装置」と呼ばれることもある（Sack（1992a）など）。例えば「母親」「父親」「きょうだい」「子ども」などのカテゴリーを含む「家族」装置のように、そのカテゴリーの担い手たちが複数の単位（つまり家族）を複製的に構成するような装置のことである。「家族」という単位を私たちは、人びとのあいだに複製的に見出すことができる。それに対して、1型は、そのような複製的な単位を構成しない装置である（「性別」の複数の単位があるわけではない）。2型の装置は、「成員の配置が予め指定されている」という特徴を持つが、1型の装置でも（あとで紹介するRのように）この特徴を具えるものもある。サックスは、さらに、Pn適合型とPa適合型の2つを区別している。前者は、人びとの任意の集合を一挙に分類する装置であるのに対して、後者は、限定的な人びとを分類するためにしか用いることができない。この2つの区別（1型・2型の区別とPn適合型とPa適合型の区別）は互いに独立であり、したがって、計4つのタイプの装置

が得られる。

2 残念ながら、私自身、2001年の著書において、活動および参加の枠組みの組織を分析するなかで、カテゴリーという表現をルーズに用いてしまった。

3 Rは「Pn適合1型」だと言われている（サックス 1989: 111）。

4 ここの議論は、2つのカテゴリーから構成される成員カテゴリー化装置があることと矛盾しない。別のところで、「日本人－（日本における）外国人」というカテゴリー・ペアにより、当該相互行為の、「異文化間コミュニケーション」としての理解可能性がどのように生成されるかを、論じたことがある（西阪 1997）。

5 ここで「規範的」という表現は最も弱い意味で用いられている。サックスの「帰納から免れた」とほとんど同義である。つまり、経験によっても覆されることのない（成員自身の）一般的把握のことである。

6 この節の議論は、最近の小論（西阪 2015）の議論と一部重なっている。

7 preference を「選好」と訳す向きもあるが、私は賛成できない。「選好」は経済学において、とくに個人的な好みを表現するためにあえて作られた造語である。それに対して、ここで言う優先関係は、いかなる意味においても個人的好みではない。もともと日本語になかったこの奇異な造語をここで用いることは、むしろ語弊がある。ちなみに、「優先」という訳語は、もともと山田富秋によって用いられた。山田は、自身の研究として会話分析研究そのものに深く携わることはなかったものの、当時エスノメソドロジーおよび会話分析が社会学界においてゲテモノ扱いされていたなかで、彼の紹介は正確かつ大胆であり、その後の日本における会話分析の展開に大いに貢献した（山田 1981）。

8 Kendrick and Drew (2014) は、依頼と申し出の関係について（とくにシェグロフの議論にそくして）、様々なデータにもとづく検討を、あらためて行なった。その結果、依頼よりも申し出が優先的であるという主張を支持する経験的根拠は、見出されなかった。

9 2008年の著書において、私自身、川原の端的な受諾を非優先的応答と扱っていた。

10 この事例については、別の角度から、2008年の著書において、詳細に分析した。

引用文献

Cekaite, A. (2015) Coordination of Talk and Touch in Adult-child Directives: Touch and Social Control. *Research on Language and Social Interaction* 48(2): pp.152–175.

Clayman, S. and J. Heritage. (2015) Benefactors and Beneficiaries: Benefactive Status and Stance in the Management of Offers and Requests. In Drew, P. and E. Couper-Kuhlen. (eds) *Requesting in Social Interaction*, pp.55–86. Amsterdam: John Benjamins.

Eglin, P. and S. Hester. (2003) *The Montreal Massacre: A Story of Membership Categorization Analysis*. Waterloo: Wilfrid Laurie University Press.

Fitzgerald, R. and W. Housley. (2015) Introduction to Membership Categorisation Analysis. In Fitzgerald, R. and W. Housley. (eds.) *Advances in Membership Categorisation Analysis*, pp.1–22. London: Sage.

Fitzgerald, R. and W. Housley. (eds.) (2015) *Advances in Membership Categorisation Analysis*. London: Sage.

Goodwin, C. (1986) Gesture as a Resource for the Organization of Mutual Orientation. *Semiotica* 62(1–2): pp.29–49.

Goodwin, M., A. Cekaite, and C. Goodwin. (2012) Emotion as Stance. In Peräkylä, A. and M-L. Sorjonen (eds.) *Emotion in Interaction*. pp.16–41. New York: Oxford University Press.

Heath, C. (1989) Pain Talk: The Expression of Suffering in the Medical Consultation. *Social Psychology Quarterly* 52(2): pp.113–125.

Heritage, J. (2012a) Epistemics in Action: Action Formation and Territories of Knowledge. *Research on Language and Social Interaction* 45(1): pp.1–29.

Heritage, J. (2012b) The Epistemic Engine: Sequence Organization and Territories of Knowledge. *Research on Language and Social Interaction* 45(1): pp.30–52.

Heritage, J. and G. Raymond. (2005) The Terms of Agreement: Indexing Epistemic Authority and Subordination in Talk-in-Interaction. *Social Psychology Quarterly* 68(1): pp.15–38.

Heritage, J., J. D. Robinson, M. N. Elliott, M. Beckett, and M. Wilkes. (2007) Reducing Patients' Unmet Concerns in Primary Care: The Difference One Word Can Make. *Journal of General Internal Medicine* 22(10): pp.1429–1433.

Hester, S. and P. Eglin. (1997) Membership Categorization Analysis: An Introduction. In Hester, S. and P. Eglin. (eds.) *Culture in Action: Studies in Membership Categorization Analysis*, pp.1–24. Lanham: University Press of America.

Hester, S. and P. Eglin. (eds.) (1997) *Culture in Action: Studies in Membership Categorization Analysis*. Lanham: University Press of America.

廣松渉（1982）『存在と意味』岩波書店

Jefferson, G. (1979) A Technique for Inviting Laughter and Its Subsequent Acceptance/Declination. In Psathas, G. (ed.) *Everyday Language: Studies in Ethnomethodology*, pp.79–96. New York: Irvington Publishers.

Kendrick, K. H. and P. Drew. (2014) The Putative Preference for Offers over Requests. In Drew, P. and E. Couper-Kuhlen. (eds.) *Requesting in Social Interaction*, pp.87–114. Amsterdam: John Benjamins.

Levinson, S. C. (1983) *Pragmatics*. Cambridge: Cambridge University Press. (S. C. レヴィンソン　安井稔・奥田夏子訳 (1990)『英語語用論』研究社)

Lindwall, O. and A. Ekström. (2012) Instruction-in-interaction: The Teaching and Learning of a Manual Skill. *Human Studies* 35(1): pp.27–49.

メルロ゠ポンティ, M. 竹内芳郎・小木貞孝訳(1967)『知覚の現象学 1』みすず書房

メルロ゠ポンティ, M. 竹内芳郎・木田元・宮本忠雄訳(1974)『知覚の現象学 2』みすず書房

西阪仰(1997)『相互行為分析という視点』金子書房

西阪仰(2001)『心と行為』岩波書店

Nishizaka, A. (2007) Hand Touching Hand: Referential Practice at a Japanese Midwife House. *Human Studies* 30(3): pp.199–217.

西阪仰(2008)『分散する身体：エスノメソドロジー的相互行為分析の展開』勁草書房

Nishizaka, A. (2011a) Touch without Vision: Referential Practice in a Non-technological Environment. *Journal of Pragmatics* 43(2): pp.504–520.

Nishizaka, A. (2011b) The Embodied Organization of a Real-time Fetus: The Visible and the Invisible in Prenatal Ultrasound Examinations. *Social Studies of Science* 41(3): pp.309–336.

Nishizaka, A. (2014) Instructed Perception in Prenatal Ultrasound Examination. *Discourse Studies* 16(2): pp.217–246.

Nishizaka, A. (2015) Facts and Normative Connections: Two Different Worldviews. *Research on Language and Social Interaction* 48(1): pp.26–31.

西阪仰(2015)「相互行為における言葉のやりとり：適合配列・優先関係・共感」伊福部達・西阪仰ほか著『進化するヒトと機械の音声コミュニケーション』pp.19–30. エヌ・ティー・エス

Nishizaka, A. and K. Hayano. (2015) Conversational Preference. In Tracy, K., C. Ilie, and T. Sandel. (eds.) (2015) *The International Encyclopedia of Language and Social Interaction, Vol.1*, pp.229–236. Boston: John Wiley and Sons.

西阪仰・早野薫・須永将史・黒嶋智美・岩田夏穂(2013)『共感の技法：福島県における足湯ボランティアの会話分析』勁草書房

Pomerantz, A. and J. Heritage. (2013) Preference. In Sidnell, J. and T. Stivers. (eds.) *The Handbook of Conversation Analysis*, pp.210–228. Oxford: Wiley-Blackwell.

Psathas, G. (1999) Studying the Organization in Action: Membership Categorization and Interaction Analysis. *Human Studies* 22(2–4): pp.139–162.

Raymond, G. and J. Heritage. (2006) The Epistemics of Social Relations: Owning Grandchildren. *Language in Society* 35(5): pp.677–705.

Sacks, H. (1972) On the Analyzability of Stories by Children. In Gumperz, J. J. and D. Hymes. (eds.) *Directions in Sociolinguistics: the Ethnography of Communication*, pp.325–45. New York: Rinehart and Winston.

Sacks, H. (1992a) *Lectures on Conversation, Volume 1.* Oxford: Blackwell.

Sacks, H. (1992b) *Lectures on Conversation, Volume 2.* Oxford: Blackwell.

サックス，H. 山田富秋・好井裕明・山崎敬一訳 (1987)「ホットロッダー」山田富秋・好井裕明・山崎敬一編訳『エスノメソドロジー：社会学的思考の解体』pp.19–38. せりか書房

サックス，H. 北澤裕・西阪仰訳 (1989)「会話データの利用法：会話分析事始め」北澤裕・西阪仰編訳『日常性の解剖学：知と会話』pp.93–174. マルジュ社

Schegloff, E. A. (1968) Sequencing in Conversational Openings. *American Anthropologist* 70(6): pp.1075–1095.

Schegloff, E. A. (2007a) Categories in Action: Person-reference and Membership Categorization. *Discourse Studies* 9(4): pp.433–461.

Schegloff, E. A. (2007b) *Sequence Organization in Interaction: A Primer in Conversation Analysis, Vol.1.* Cambridge: Cambridge University Press.

Stivers, T. (2008) Stance, Alignment, and Affiliation during Storytelling: When Nodding is a Token of Affiliation. *Research on Language and Social Interaction* 41(1): pp.31–57.

Stivers, T. (2015) Coding Social Interaction: A Heretical Approach in Conversation Analysis? *Research on Language and Social Interaction* 48(1): pp.1–19.

Stivers, T. and A. Majid. (2007) Questioning Children: Interactional Evidence of Implicit Bias in Medical Interviews. *Social Psychology Quarterly* 70(4): pp.424–441.

Stivers, T., R. M. Smith, M. N. Elliott, L. McDonald, and J. Heritage. (2003) Why do Physicians Think Parents Expect Antibiotics? What Parents Report vs What Physicians Perceive. *The Journal of Family Practice* 52(2): pp.140–148.

Stivers, T., L. Mondada, and J. Steensig. (2011) Knowledge, Morality and Affiliation in Social Interaction. In Stivers,T., L. Mondada, and J. Steensig. (eds.) *The Morality of Knowledge in Conversation*, pp.3–24. Cambridge: Cambridge University Press.

Stokoe, E. (2012) Moving forward with Membership Categorization Analysis: Methods for Systematic Analysis. *Discourse Studies* 14(3): pp.277–303.

Watson, R. (1997) Some General Reflections on 'Categorization' and 'Sequence' in the Analysis of Conversation. In Hester, S. and P. Eglin. (eds.) *Culture in Action: Studies in Membership Categorization Analysis,* pp.49–76. Lanham: University Press of America.

Watson, R. (2015) De-reifying Categories. In Fitzgerald, R. and W. Housley. (eds.) *Advances in Membership Categorisation Analysis.* pp.23–50. London: Sage.

山田富秋 (1981)「エスノメソドロジーの論理枠組と会話分析」『社会学評論』32(1): pp.64–79.

索引

A–Z

Garfinkel, Harold　4–6, 15, 27
Goffman, Erving　27, 98–101, 107
Goodwin, Charles　21, 27, 65, 72–74, 91, 102–104, 196, 197, 254
Heritage, John　19, 128, 163, 197–200, 207, 208, 211, 220, 228, 246
Jefferson, Gail　17, 19, 25, 58, 64, 71, 78, 90, 225, 247
Merleau-Ponty, Maurice　274
Moerman, Michael　23, 135–139, 159, 247
Sacks, Harvey　iii, 1, 4, 15–19, 21, 22, 25, 27, 64, 71, 78, 101–104, 121, 158, 187, 196, 225, 226, 228–230, 247, 253–257, 259, 275
Schegloff, Emanuel　iii, 1, 16, 18–21, 25, 27, 42, 43, 56, 58, 64, 65, 71, 78, 91, 102, 105, 159, 187, 225, 226, 229, 230, 243, 247, 259

い

位置と構成（組み立て）(position and composition)　13, 41, 42, 158, 166
依頼　21, 35, 38, 82–86, 163, 167, 168, 260, 261, 265, 276
インタビュー　155

う

受け手に向けたデザイン（recipient design）41, 208–211
うなずき　105
運動感覚　267, 270, 272

え

エスノグラファー　130–132
エスノグラフィ　127–134, 139
エスノグラフィックな情報　6, 128, 129, 132, 136–139, 142, 143, 159
エスノメソドロジー　1, 4, 12, 13, 15–17, 19, 20

お

応答の駆動（要請）(mobilizing response)　40, 210
オーバーラップ　136–138, 227

か

環境　99, 116
観光する身体の組織化　113, 120, 121
間主観性 (intersubjectivity)　53, 55, 56
勧奨形式　179
関与 (involvement)　99, 100, 101, 103, 105, 106
　─配分　100, 101, 112

き

規範　4, 27, 39–43, 114, 253, 257, 259, 276
共感　193, 194, 198, 254, 265, 266
教室場面　11, 46

け

言語学　8, 12, 13, 63, 64, 90, 229
言語構造　65–72, 75, 89, 91, 227
言語相対性仮説　231, 233

こ

（行為）連鎖組織（sequence organization）
　　20, 35, 36, 45, 57, 91, 135, 203, 211, 260
行為の構成（組み立て）（action formation）
　　3, 20, 21, 42, 104, 142, 165–168,
　　207–209, 245
行為の産出　166, 167
後方拡張（post-expansion）　37, 46, 204,
　　206
子育てひろば　146, 147, 150–153, 159
コンテクスト（文脈）　137–140

さ

参与（participation）　99–101, 103, 105,
　　218
参与者の志向（指向）（participants'
　　orientation）　11, 13, 18, 26, 71, 78,
　　89, 109, 138–140, 143, 157, 194, 207,
　　209, 212, 226, 230, 244, 245
参与枠組み（participation framework）
　　99, 101

し

姿勢　105, 272
視線　41, 45, 73, 74, 103, 104, 113, 114,
　　211, 243, 268–271
自然に生起した（naturally-occurring）　5
質問　10, 37, 46, 53, 56, 58, 76, 79, 149,
　　208, 209, 211, 232, 235, 236, 248, 255,
　　273
社会学　iii, 3, 15, 18, 19, 27, 63, 67, 98,
　　129, 231, 276

社会的構築主義（social consructionism）
　　134
社会的世界（social world）　129–132,
　　144, 145, 150, 151
条件的適切性（conditional relevance）
　　38–40, 49
焦点の定まった集まり（focused gathering）
　　98, 99
焦点の定まらない集まり（unfocused
　　gathering）　98, 99
助言　146, 147
処置決定連鎖　169, 170, 187
触覚（資源）　213, 214, 218, 254, 267,
　　268, 272–274
指令形式　171
身体性　274, 275
人類学　23, 102, 131, 226, 229, 231

せ

成員カテゴリー化装置（membership
　　categorization device）　253–255,
　　258, 259, 266, 275, 276
成員カテゴリー化分析（membership
　　categorization analysis）　253, 254
制度的場面（institutional settings）　19
説明可能性（わけがわかること）
　　（accountability）　9, 10, 11, 108, 110,
　　113–116
宣言形式　171

そ

相互行為の一般的諸問題　226–228,
　　230, 246
相互行為の中でのトーク（talk-in-
　　interaction）　1, 63, 90
相互反映性（reflexivity）　11, 114, 121

た

第 3 の位置　82, 83, 84
多言語比較　23, 225, 227–230, 231, 243–247
他者開始修復　79, 234, 235

ち

知識　22, 23, 166, 194, 195, 198–200, 203, 207–210, 219, 220, 223, 224, 239, 240, 248, 254, 265, 266, 274, 275

つ

次の発言順番での証明手続き (next turn proof procedure)　18

て

データセッション　7, 159
適合配列 (alignment)　260–262, 265, 266
デモンストレーション　268–271, 272

と

統計(定量的)分析　25, 26, 253
独立アクセス　195, 197, 205
トランスクリプト　vi, vii, 5, 17, 74, 122, 127

な

なぜ今それを (why that now)　9, 86, 115, 136, 167

に

認識(理解)可能性 (recognizability)
2–4, 6, 7, 9, 17, 35, 57, 69, 113, 165–

168, 207, 258, 259
認識(性) (epistemics)　22, 23, 41, 194, 205–207, 209, 210, 219
　―的テリトリー (epistemic territory) 194, 209, 211, 220
　―的独立性 (epistemic independence) 199, 200
　―的原動力 (epistemic engine)　211
　―的権威 (epistemic authority)　200, 212, 213, 220
　―的主張 (epistemic claim)　199, 206, 212–214, 218, 219
　―的スタンス (epistemic stance)　208, 209
　―的地位 (epistemic status)　208, 209, 220
　―的調和 (epistemic congruence)　206
　―的不調和 (epistemic incongruence) 206, 207
　―的優位性 (epistemic primacy)　201–203, 206, 212

は

発言順番により生成されるカテゴリー
255, 256
発言順番の割り当て (turn allocation)
103
発話デザイン(設計) (turn design)　85, 86, 163–168, 171, 173, 174, 179, 183–186, 209, 210, 274, 275

ひ

比較可能性　243
評価 (assessment)　43, 46, 48, 55, 83, 86, 104, 116, 170, 172, 193, 194, 197, 199, 200, 204–206, 214, 233, 236, 238, 244, 246, 248, 260
　仮定法的 (subjunctive)―　198
　相等 (parallel)―　197

第 1 —　　193, 199, 204, 246
第 2 —　　193, 199, 202, 233, 234, 236, 237, 240, 241, 246
評価的陳述　　174
表情　　104, 153

ふ

フィールドノーツ　　130, 132, 153–155
フィールドワーク　　127–129, 140, 145, 146, 150–152, 156
複合感覚　　270
複合様式の視覚　　272
付随効果 (collateral effects)　　231, 233, 234, 237, 240–243, 246
物質　　99, 106, 107
プロソディ (韻律)　　41, 91

ま

間 (pause)　　70, 74, 78, 80
マルチモダリティ (相互行為資源の複合性) (muliti-modality)　　21, 22, 97, 98, 100, 101, 109, 113, 120, 254

み

身振り (gesture)　　105

ゆ

優先 (性／関係) (prefercnce)　　25, 203, 260–262, 265, 266, 276
　—組織　　39, 77
　—的応答　　40, 50, 82, 194, 203, 206, 261, 262, 276
　非優先的応答　　40, 50, 79, 262
指差し　　106, 268, 270

り

隣接対 (adjacency pair)　　20, 36, 39, 43, 58, 79, 113, 210, 260
　—第 1 成分 (first-pair part)　　37, 38, 40, 87, 104, 112, 210
　—第 2 成分 (second-pair part)　　37–39, 80, 85

れ

連鎖組織 → (行為) 連鎖組織

わ

割り込み　　70

執筆者紹介 <small>(* は編者)</small>

平本 毅 *<small>(ひらもと たけし)</small>

京都大学経営管理大学院特定講師

主な著書・論文――「他者を「わかる」やり方にかんする会話分析的研究」(『社会学評論』62 (2)、2011)、『会話分析入門』[共著] (勁草書房、2017) など。

増田 将伸 *<small>(ますだ まさのぶ)</small>

京都産業大学共通教育推進機構准教授

主な著書・論文――「「わからない」理解状態の表示を契機とする関与枠組みの変更」[共著] (『コミュニケーションを枠づける：参与・関与の不均衡と多様性』、くろしお出版、2017)、『文献・インタビュー調査から学ぶ会話データ分析の広がりと軌跡：研究から実践まで』[共著] (ナカニシヤ出版、2017) など。

横森 大輔 *<small>(よこもり だいすけ)</small>

九州大学言語文化研究院准教授

主な編著書・論文――『話しことばへのアプローチ：創発的・学際的談話研究への新たなる挑戦』[共編] (ひつじ書房、2017)、Registering the receipt of information with a modulated stance: A study of *ne*-marked other-repetitions in Japanese talk-in-interaction. [共著] (*Journal of Pragmatics* 123, 2018) など。

城 綾実 *<small>(じょう あやみ)</small>

滋賀県立大学博士研究員兼非常勤講師、大阪教育大学非常勤講師

主な著書・論文――「科学館における「対話」の構築：相互行為分析から見た「知ってる？」の使用」[共著] (『認知科学』22 (1)、2015)、『多人数会話におけるジェスチャーの同期：「同じ」を目指そうとするやりとりの会話分析』(ひつじ書房、2018) など。

戸江 哲理 *（とえ てつり）

神戸女学院大学文学部准教授
主な著書・論文──「例外扱いする特権：母親による子どもに対する「この人」という指示」（『社会学評論』67（3）、2016）、『和みを紡ぐ：子育てひろばの会話分析』（勁草書房、2018）など。

串田 秀也（くしだ しゅうや）

大阪教育大学教育学部教授
主な著書・論文──『会話分析入門』［共著］（勁草書房、2017）、Steering interactions away from complaints about persistent symptoms in psychiatric consultations.［共著］（*East Asian Pragmatics* 3（1）, 2018）など。

早野 薫（はやの かおる）

日本女子大学文学部准教授
主な著書・論文──『共感の技法』［共著］（勁草書房、2013）、When (not) to claim epistemic independence: The use of *ne* and *yone* in Japanese conversation.（*East Asian Pragmatics* 2（2）, 2017）など。

林 誠（はやし まこと）

名古屋大学大学院人文学研究科准教授
主な編著書 ──*Conversational Repair and Human Understanding.*［共編］（Cambridge University Press, 2013）、『会話分析入門』［共著］（勁草書房、2017）など。

西阪 仰（にしざか あおぐ）

千葉大学文学部教授
主な著書──『心と行為：エスノメソドロジーの視点』（岩波書店、2001）、『分散する身体：エスノメソドロジー的相互行為分析の展開』（勁草書房、2008）など。

会話分析の広がり

Expanding Horizons of Conversation Analysis

Edited by Takeshi Hiramoto, Daisuke Yokomori, Masanobu Masuda, Tetsuri Toe and Ayami Joh

発行	2018 年 9 月 18 日　初版 1 刷
定価	3600 円＋税
編者	平本毅・横森大輔・増田将伸・戸江哲理・城綾実
発行者	松本功
装丁	鷺草デザイン事務所
組版所	株式会社 ディ・トランスポート
印刷・製本所	株式会社 シナノ
発行所	株式会社 ひつじ書房
	〒 112-0011 東京都文京区千石 2-1-2　大和ビル 2 階
	Tel.03-5319-4916　Fax.03-5319-4917
	郵便振替 00120-8-142852
	toiawase@hituzi.co.jp　http://www.hituzi.co.jp/

ISBN978-4-89476-853-6

造本には充分注意しておりますが、落丁・乱丁などがございましたら、
小社かお買上げ書店にておとりかえいたします。ご意見、ご感想など、
小社までお寄せ下されば幸いです。

[刊行書籍のご案内]

話しことばへのアプローチ　　創発的・学際的談話研究への新たなる挑戦

鈴木亮子・秦かおり・横森大輔編　　定価 2,700 円＋税

近年、書きことばに基づく文法記述では説明できない「話しことば」の諸現象に注目が集まっている。本書は、話しことばの言語学を概説する第 1 部と、その応用編として同じ談話データをアプローチの異なる話しことば研究者が分析するとどのような考察が得られるかという野心的な試みに挑戦した第 2 部で構成されている。各章に重要キーワードの解説付き。

執筆者：岩崎勝一、遠藤智子、大野剛、岡本多香子、片岡邦好、兼安路子、鈴木亮子、中山俊秀、秦かおり、東泉裕子、横森大輔

シリーズ　フィールドインタラクション分析　1 （シリーズ監修　高梨克也）

多職種チームで展示をつくる　　日本科学未来館『アナグラのうた』ができるまで

高梨克也編　　定価 3,200 円＋税

職能の異なるメンバーからなる多職種チームが「まだ存在していない」展示を制作していく際、メンバーはさまざまな困難に出会い、これをさまざまな工夫によって乗り越えていく。この巻では、多職種チームによるこうした協同問題解決が「懸念」によって駆動されるさまや、提起された問題が「表象」を利用して共有・解決されていくさまを描く。

執筆者：高梨克也、平本毅、小澤淳、島田卓也、田村大